应用型大学学科专业一体化

建设创新与实践

主　编　张宝秀　张景秋　叶　晓
副主编　黄宗英　刘守合　朱科蓉

知识产权出版社
全国百佳图书出版单位

图书在版编目（CIP）数据

应用型大学学科专业一体化建设创新与实践/张宝秀，张景秋，叶晓主编. —北京：知识产权出版社，2018.11

ISBN 978-7-5130-5967-1

Ⅰ.①应… Ⅱ.①张… ②张… ③叶… Ⅲ.①高等学校—学科建设—研究—中国 Ⅳ.①G642.3

中国版本图书馆 CIP 数据核字（2018）第 262466 号

内容提要

学科建设支撑专业建设，专业建设促进学科建设，专业教学和学科科研相互促进。学科专业一体化建设，就是将学科、专业紧密联系在一起，一体建设，协同发展。学院始终坚持学科专业一体化建设，学科建设和专业建设两手抓、一体化建设，科学规划和优化学院学科专业结构，聚焦文化遗产保护、传承、传播、利用，凝聚学科专业方向和力量，打好"北京牌、应用牌、综合牌、文化牌、竞争牌"五张牌。本书就是学院教师对学科专业一体化建设进行理论和实践探索的成果。

责任编辑：张水华 责任校对：王 岩
封面设计：刘 伟 责任印制：孙婷婷

应用型大学学科专业一体化建设创新与实践

主 编 张宝秀 张景秋 叶 晓
副主编 黄宗英 刘守合 朱科蓉

出版发行：知识产权出版社 有限责任公司		网 址：http://www.ipph.cn	
社 址：北京市海淀区气象路 50 号院		邮 编：100081	
责编电话：010-82000860 转 8389		责编邮箱：46816202@qq.com	
发行电话：010-82000860 转 8101/8102		发行传真：010-82000893/82005070/82000270	
印 刷：北京建宏印刷有限公司		经 销：各大网上书店、新华书店及相关专业书店	
开 本：720mm×1000mm 1/16		印 张：15	
版 次：2018 年 11 月第 1 版		印 次：2018 年 11 月第 1 次印刷	
字 数：295 千字		定 价：64.00 元	

ISBN 978-7-5130-5967-1

序　言

　　金秋十月，北京联合大学迎来了建校四十周年华诞，应用文理学院也喜迎建院四十周年庆典。随着改革开放的春风，北京联合大学从艰难创建到发展壮大的四十年中，全面贯彻党的教育方针，注重提高教育教学质量、注重服务首都北京、注重培养应用型人才，取得许多宝贵的办学经验。我校所属各学院办学经验各有特色，应用文理学院所取得宝贵的办学经验之一是坚持学科专业一体化建设。

　　从四十年来学院的发展历程看，学院的学科专业一体化建设走了一条探索奋斗之路、改革创新之路。学院前任党委书记孔繁敏教授作为学院四十年探索的亲历者，见证了我校学科专业一体化建设的四个阶段：探索初创阶段（1978—1994 年）、整合优化阶段（1994—1999 年）、发展提高阶段（1999—2008 年）、调停并转阶段（2008 年—至今）。经过四十年坚持不懈地进行学科专业一体化建设，我校在应用型学科建设引领应用型特色和优势专业方向方面取得了一定的成绩，形成了学科专业一体化建设的优势特色。

　　学院党委副书记、院长张宝秀教授对我院四十年学科专业一体化建设的内涵、原则、路径亦做了缜密细致的总结、梳理。在四十年的学科专业一体化建设过程中，我们培养、造就了一批善于跟踪前沿、熟悉社会实践的高水平教师队伍，促进了学科带头人的成长和优秀团队发展；通过科研、教学互相促进的手段，使大量应用型科研成果转化为教学内容，同时使教学工作成为推动教师开展科学研究的动力来源，有效地推动了高水平教学科研基地建设，培养了一批具有创新精神、实践能力强的高素质人才。学院鼓励教师在完成教学任务的同时积极从事科学研究工作，吸收国内外学科理论和科学技术发展的最新成果，了解新领域，掌握新方法，更新知识结构，培育科技创新能力，提高学科理论和技术的应用能力，融入区域、服务地方和国家发展。

　　北京联合大学应用文理学院作为较早进行学科专业一体化建设的市属高等院校，在此过程中积累了大量实践探索的经验与典型案例。这本论文集收录了法律系、历史文博系、城市科学系、档案系、新闻与传播系、基础教学部、教务处和科研处教师及管理人员的 30 余篇论文。这些论文从不同视角对学科专业一体化建设进行了探索和研究，体现了学院教师及管理人员对学科专业一体化建设的认同、坚守和成果。

学科专业一体化建设已经成为北京联合大学应用文理学院全体教职工的一种基本共识，也将是我们更好地服务北京全国文化中心建设需要坚守和发扬的一个重要法宝。我们将不忘初心，沿着老一辈开创的应用型学科专业一体化建设之路，坚持"一张蓝图绘到底"，把学院厚实的科研力量内化为专业建设实力，把科研反哺教学的理念内化为高等教育教师的职业素养，把研究生和本科生的科研热情和意识内化为创新创业的科学素养和科研能力，培养出更多更好的能够助力北京全国文化中心建设的应用型人才。

北京联合大学应用文理学院科研与研究生处、教务处
2018 年 11 月

目　录

应用型学科专业一体化建设之路

孔繁敏❶

【摘要】 文章梳理了应用文理学院 40 年来学科专业一体化建设的历程，学院主要围绕为地方经济社会发展服务的需求，凝练学科应用方向，促进原基础研究学科向应用学科转变，形成应用文科、应用理科的办学特色，并在全国率先成为从研究型向应用型办学方向转变的典型。这 40 年走了一条探索奋斗之路、改革创新之路。

【关键词】 应用型；学科专业一体化；学科专业建设

伴随改革开放的春风，我校从艰难创建到发展壮大，已经走过了 40 年历程。40 年来，我校全面贯彻党的教育方针，注重提高教育教学质量、注重服务首都北京、注重培养应用型人才，取得许多宝贵的办学经验。

我校所属各学院办学经验各有特色，我们应用文理学院所取得宝贵的办学经验之一是坚持学科专业一体化建设。从 40 年来学院的发展历程看，学院学科专业一体化建设可划分为探索初创阶段（1978—1994 年）、整合优化阶段（1995—1999 年）、发展提高阶段（2000—2008 年）、调停并转阶段（2009 年至今），共四个阶段。这 40 年走了一条探索奋斗之路、改革创新之路。

1. 探索初创阶段（1978—1994 年，即大学分校成立至北京联合大学文理学院与文法学院合并）

关于北京联合大学的学科专业建设问题，2008 年柳贡慧校长在北京联合大学党委扩大会议发表过《以科学发展观为指导，更好更快地建设应用型大学的学科专业》的重要讲话，其中说："建校 30 年来的发展史上，关于学科和专业建设的关系问题，不同人有不同的理解。是学科建设为龙头还是专业建设为龙头都有各自的道理。为什么研究型大学、学术型的大学可以谈'学科建设为龙头'呢？这是因为研究型、学术型的大学一开始就比较注重学科建设，其专业建设则是在宽厚、扎实的学科基础上发展起来的。但像我们这类学校，各个分校从母体中分离出来，只带来了专业属性，没有带来完整的学科体系，为完成人才培养任务，对学科建设的关注程度不够。——这是发展阶段所决定的。现在我们已经经历了初期发展阶段，明确了办学目标、定位，走上了应用型大学建设的道路。这就要

---

❶ 孔繁敏（1950—），硕士，北京联合大学教授，主要从事历史与高等教育研究。

求我们重新审视我们走过的道路，认真规划我们未来的发展。在学校的总的指导方针下开展学科专业建设。"由此可知，我校对学科和专业建设的关系问题一直有争议，而从 2008 年开始更加重视开展应用型学科专业建设。

我院脱胎于著名的北京大学与人民大学，有人称其为"出身名门、血统高贵"。母校派来的领导较早关注大学分校的学科专业建设。在母校的帮助下，自20 世纪 80 年代初期，学院就不断开展学科专业适应社会需求的调研工作，探索适应首都经济社会发展需要、有别于老大学的应用型本科特色办学道路，找准自己的位置，逐步确立了发展应用文科、应用理科的方向，成为全国较早探索由研究型向应用型办学方向转变的院校之一。

传统的理科学科内涵是以自然科学为主要内容的基础学科的专门教育。随着当代学科的发展以及国家建设，特别是经济发展而出现的社会对人才需求的变化，这种局限性已被逐步打破。从学科看，在自然科学和工程科学之间的中间地带，产生出一批批新的应用学科和技术学科。传统的文科学科内涵就是以人文、社会科学为主要内容的基础学科的专门教育。随着我国经济发展、产业结构变化和新兴学科的不断出现，文科除了要研究重大基本理论问题，也要研究地方经济建设和社会发展中的实际问题，努力为地方发展提供智力支持或咨询服务。学院正是在认清形势的基础上，从国情校情出发，抓住机遇，寻找更多的自身发展机会，较早地明确了着重发展应用文科、应用理科的方向，探索应用学科专业的结构调整，努力培养为地方服务的应用型人才。

建校初期，学院前身北京大学分校、中国人民大学二分校从母校移植了传统的数、理、化、生、地、文、史、法、哲等为主的研究型学科专业。随着教学实践与改革，学科专业为适合首都北京经济社会发展需要，不断凝练应用方向，下文以生物、地理、历史、档案、法学专业为例，进行简单介绍。

1983 年生物系在大量调查北京市食品工业基础上，确定根据社会的需要，采用理工结合的方式，培养食品科学的应用型人才，并将研究功能保健食品理论及新产品开发作为学科发展主要方向。由于长期围绕这一方向开展工作，发挥了自己的优势，致使我们在研究食品特殊生理（即食品保健）功能方面步入了国内领先行列。1989 年，该学科的设置与建设被北京市高教局评为优秀教育成果，1992 年该学科被列为北京市重点建设学科。

1983 年地理系在走访调查了毕业生较集中的对口单位的基础上，将地理专业改为区域规划与管理专业。1986 年，地理系更名为城市与区域科学系，将地理科学、生态科学同经济学结合起来，发展新型的城市科学专业。1988 年再次将城镇规划与管理专业调整为经济地理学与城乡区域规划专业，拓宽人才培养口径。1992 年后随着城市房地产业的兴起，开设了新的专业方向——房地产经营与管理应用型方向，成为北京市最早的房地产人才培养基地。

历史系的改革在首届毕业生以后，首先关注北京市对史学人才要求，加强文史基本功训练，增开写作课、北京史、文物博物馆课程等。1987 年历史学科专业调整方向主要集中在历史学（文物博物馆）、文秘（行政管理）以及文博导游三个方面，同时通过举办夜大、短训班等进行试点，大力推进历史学科的改革。

1983 年起文书档案专业和科技档案专业合并为档案学专业。档案学专业主要为北京市企事业单位培养档案管理方面的专门人才，主动加强了与北京市档案局的联系。北京市档案局极为关心档案专业的发展，局长亲自带领局机关各处室领导来校考察档案专业教育情况，档案局和学院签订了支持档案专业教育的协议书，每年向档案专业捐赠 2 万元奖教金和奖学金，北京市市属、区属的各级档案馆都是档案专业学生的免费实习基地。学生毕业时，在全系统召开招聘会，落实学生的工作岗位。

两个分校的法学专业自 1978—1981 年进行组建调整，1983 年后由理论型向应用型转变，以培养普法人才为主，为北京市公检法系统输送实际工作者，并根据经济发展的需要，增加经济法方面的课程。1987 年起法律系正式招收法学（经济法）本科专业学生。经济法专业的特色与优势是注重经济法理论与应用以及多学科交叉研究，为北京市地方经济建设与民主法制建设服务。我院以刘隆亨教授为代表的专家重视以应用型科学研究促进学科专业建设，提高教学水平，并积累了大量的科研成果。他所著的《经济法概论》已发行多版，在国内经济法学界产生了重要影响。

这一阶段，学院确立了"立足北京，服务首都，依靠老大学，侧重发展应用学科，培养应用型、复合型人才"的办学思路，原有移植过来的研究型学科专业注重面向地方实际，面向学科前沿，选好主攻应用方向，大胆突破旧有的框架，同时注意调整专业培养计划，发挥基础学科基本知识扎实的优势，构建"保证基础、注重应用"的学科专业体系。

2. 整合优化阶段（1995—1999 年，即应用文理学院成立至扩大办学规模）

1985 年北京联合大学成立时，北京大学分校与中国人民大学二分校分别更名为文理学院与原文法学院，1994 年这两院合并成为应用文理学院。当时学院共有 13 个系，17 个本专科专业，涉及法学、文学、历史学、理学、管理学 5 大学科门类。合并后，学院立即决定对如何发挥学院多学科、文理交叉的优势，同时针对学院规模小、招生数量少、效益低的问题开展全院教育教学改革大讨论。在认真分析学院所处的位置，明确办学目标，总结原文理、文法学院的办学经验的基础上，明确了教学改革的基本思路。从各专业、学科之间存在的学科交叉和学科互补的关系出发，进行学科、专业方向改造及布局调整。从 1994 年开始，在不改变系一级行政组织的前提下，将基础相通的多个单一学科组成了学科部或学科群。1994 年 10 月北京市教育工作委员会主编《北京高校工作》（第 22 期）

登载"布局调整推动了北京联合大学的建设与发展"一文。其中说道:"原文理学院和原文法学院的专业分别是从北大和人大移植过来的,与北京市的需要存在着一定差距。两院合并时专业数目多达17个,与社会的需要、与学校的规模和实际的办学力量都是不相适应的。他们下决心,乘合并的机会把原来的偏重基础理科和文科的专业逐步改造成应用理科和应用文科。如将原数学专业改造成计算数学及计算机应用专业、汉语言文学专业向新闻传播方向发展等。另外把一些相关性的专业组合起来形成专业群。"

1995年开始,学院对各专业及专业方向的设置、培养目标和教学内容,逐一进行了审定工作。这次的审定工作,强调基础学科与应用学科之间的互补融合,如数学专业、物理专业、图书情报专业和新发展的信息与计算机科学结合,分别转向信息与计算数学专业(侧重软件编程)、电子信息科学与技术专业(侧重硬件维护)和信息管理与信息系统专业(侧重数据库应用)。将传统学科专业继续向新的应用方向发展,如化学专业侧重于环境科学及室内环境控制技术方向,汉语言文学专业侧重于新闻传播方向,历史学侧重于文博旅游方向,档案学侧重于信息开发方向。此外,对陆续新增的金融学、外国语言学、广告学、公共事业管理学等专业,强调紧密结合北京市经济社会需要,继续凝练应用方向,提升专业建设水平。

为推动学科专业建设,以科学研究促进教学和社会服务工作,1996年学院制定了《关于加强学院科学研究工作的几点意见》。文件在总结"七五""八五"开展科研工作经验的基础上,提出了学院"九五"(1996—2000年)期间科研工作的重要地位和作用、奋斗目标,开展科研工作的基本原则以及深化教育改革,推动科学研究急需解决的问题。文件提出了搞好科研工作要打好"四张牌":"北京牌"——立足北京,服务北京;"应用牌"——积极开展应用性研究,为北京市经济建设和精神文明建设服务,主动适应市场经济的需求;"综合牌"——发挥文理渗透,多学科交叉的综合优势;"竞争牌"——主动参与社会竞争,在竞争中求生存,求发展。在正确的工作方针引导下,进入"九五"期间,学院科学研究有了飞跃发展。据统计,1995—1997年3年间在研各级各类科研项目58项,1998年在研各级各类科研项目52项,1995—1998年获科研经费122.5万元。仅1996年学院就有一项国家"九五"规划课题、六项北京市社会科学"九五"规划课题、四项市教委课题立项。

为加强学科专业建设的规划,1996年学院在第一届教代会上,通过了学科专业建设、师资队伍建设、实验室建设、学校总体规划等四个文件。与此同时,1996年以来,我们又深化在建立学科部的基础上进行系级机构的调整。在全院展开系级机构调整方案的讨论,实质上是一个转变教育思想和教育观念、进一步端正办学指导思想的过程。通过讨论全院达成了共识,形成了最终方案,1997

年迈出了学校发展中的重要一步，将 13 个系合并为 6 个系，即信息科学系、生物化学系、经济学与城市科学系、人文与管理科学系、法律系、外语系。系级机构调整精简了教学行政机构，打破了一个系只办一个专业的格局，也打破了相同专业几处分设的格局，进一步优化了学科专业结构，提高了办学效益。

代表学院本科教学改革成果的"努力办好应用文科、应用理科，培养应用型、复合型人才"项目，总结了学院教育教学改革的经验，荣获 1997 年度北京地区普通高等学校优秀教学成果一等奖。1998 年，我院召开"面向 21 世纪应用学科的高等教育"国际学术研讨会，林文漪、袁贵仁等领导同志到会并讲话，增强了应用型教育的国际影响力。

3. 发展提高阶段（2000—2008 年，即扩大办学规模转为重点内涵发展）

自 1999 年大学开始扩大招生后，我国高等教育规模持续快速增长，实现了跨越式发展。2002 年我国高等教育毛入学率大于 15%，进入了大众化初级发展阶段。北京在全国率先进入了高等教育普及化阶段，高等教育毛入学率 2000 年达 40%、2002 年达 49%、2003 年达 52%，在全国率先实现了高等教育普及化。学院不失时机地抓住机遇，连续 3 年扩大招生规模，在校生达 3000 余人（其中人文系有 1000 多人），同时继续推进应用学科的改革与实践。学院"深化教学改革，努力办好应用文科、应用理科，为首都社会主义建设服务"办学经验总结，获 2000 年校级教学成果一等奖。

伴随学院办学规模迅速扩大的新形势，学科专业建设方面又产生了新问题，这主要表现在：学科专业结构布局不平衡、招生规模差异大，教学管理不顺畅、办学条件不足、高层次人才缺乏等。2002 年，北京市教委颁布了《关于推进北京高等学校学科专业结构调整工作的若干意见》，学院结合实际情况，下发了《关于做好我院普通本专科专业结构调整工作的原则意见》，开始了我院新一轮学科专业结构调整工作。调整的原则是：有利于学科专业的建设与发展，有利于学科专业的管理，有利于办出学科专业的特色，体现应用型的特点，进一步提高办学质量和办学效益。学院下发《学科专业调整方案》，调整工作自 2002 年下半年开始到 2003 年上半年基本完成。学院确定了各学科专业发展目标任务与应用特色，调整了结构布局，同时将 6 个系调整成 11 个系，即国际金融财务学系、法律系、外国语言文化系、新闻传播系、广告系、历史系、信息科学与技术系、生物学系、城市科学系、环境系和管理系。学院这次大规模的学科专业调整，适应了高等教育大众化的新形势，促进了教学管理，提高了办学效益，被称为新世纪实现新跨越的"奠基工程"。

学院在学科专业调整之后，重点开展学科专业建设。2003 年，学院出台《关于加强学科专业建设的若干意见》（应用文理党发〔2003〕19 号、院发〔2003〕31 号），进一步明确学科建设在学院工作中的龙头地位，在完善学科布局结构、做好学科规划、凝练学科建设方向、汇聚学科队伍、构筑学科基地方面做了全面部署，并在当年召开首次学科建设研讨会。2003 年《北京教育》（高教版）出专刊报道我院教学改革、应用学科建设经验。

2004 年，在统一全院认识的基础上，制定了《学院"十五"时期发展计划的延伸与补充》，进一步深化了应用性教育教学思路：面向国民经济主战场，适应首都发展需要，设置应用学科与专业；具备必要理论基础，强化实践教学，提高应用能力；重视应用研究，依托行业企业，促进产学研紧密结合；积极开展国际交流与合作，借鉴吸收优质教育资源，提升教育国际化水平；努力培养德智体美全面发展的具有文理科知识的应用性人才。主管教学的副院长牛志民强调："抓学科建设就是抓住了学校发展的根本，抓住了核心和关键，就能带动全盘。学科建设的状况从根本上反映和体现学校的办学水平、办学特色、学术地位和核心竞争力。因此，必须以科学、务实、创新的精神抓学科建设。"同年，专门史、人文地理学、新闻学被评为校级重点建设学科以后，学院颁布了《北京联合大学应用文理学院关于设立院级重点建设学科暂行规定》，开始设立院级重点建设学科，形成了市、校、院三级学科建设发展滚动机制，确立了以服务地方为方向、以科学研究为动力、以教学体系为基础、以重点学科为示范、以队伍建设为关键、以质量监控为保障的办学优势和特色。

2005 年 6 月市教委副主任线联平同志参加学校"应用文理学院办学道路研讨会"，推广我院应用型学科建设经验。同年 11 月学校应用型教育本科教学改革建设项目组发表《应用型本科教育教学改革研究与实践》研究成果，刊载了主管科研的副院长张宝秀《应用型大学的学科建设、专业建设和科学研究》研究论文，文中首次明确系统提出学科专业一体化建设的原则，强调指出："教育部2004 年重新修订的《普通高等学校本科教学工作水平评估方案（试行）》主要观测点之一'专业结构与布局'的优秀（A 级）标准是'专业总体布局与结构合理，有与重点学科相匹配的、有一定影响的优势专业；新办专业的设置满足社会需要，具有学科基础，教学条件好，教学质量有保证，学生满意'。可见，专业必须依托学科。学科建设可以提高教师的科研水平，教师可以将最新的科研成果融合到教材中，并及时充实课堂教学内容，这极有利于专业办学水平的提高。对于应用型大学来说，专业建设重要的是以应用为导向，充分发挥学科支撑专业建设、专业促进学科发展的作用，明确每个专业的支撑学科，增强专业的适应能力，坚持为地方或区域社会经济发展服务，面向行业、面向人才市场需求设置专业和办好专业。"如何加强学科专业一体化建设，张宝秀在《建设应用型大学之路》《应用型本科人才培养的实证研究》书中做了专门论述。

2006 年是学院学科专业建设的丰收年。2006 年 2 月，国务院学位委员会发布通知，批准学院的食品科学和专门史成为北京联合大学第一批硕士学位授予学科点。集全院之力编写的《建设应用型大学之路》（北京大学出版社 2006 年 7 月出版）一书，获 2006 年度北京联合大学校级教学成果一等奖。我国高等教育开拓者潘懋元先生在此书的《序言》中说："北京联合大学应用文理学院，是一个从研究型向应用型办学方向转变的典型。它的发展，是北京联合大学整体发展的缩影。——这本新著，在实践的基础上形成的系统理论，对于我们高等学校分类定位的研究者，无疑是重要的资料；对于全国应用型大学与学院，也有重要的参考借鉴价值。"（此书又获 2008 年北京市第五届教育科学研究优秀成果二等奖）。学院教务处组织编写的《建设应用型大学研究》（一、二、三册，北京燕山出版社 2006 年 6 月出版），获 2006 年度北京联合大学校级教学成果二等奖。2006 年学院年度教学质量分析报告全文收入北京市教育委员会主编的《北京高等教育质量报告（2006 年度）》。2006 年 10 月教育部对学校开展本科教学工作水平评估，充分肯定学院通过"以评促建"，对教学质量起到的"集中提速"作用，在评估进校考察时，学院所做《应用文科、应用理科办学方向的实践探索和主要成果》情况汇报，获得专家好评。学院经过 28 年的发展，2006 年办学分布于学院路校区、丰盛校区和双清路校区，普通本专科在校生 3525 人，其中本科生 2991 人，专科生 534 人；教职工 455 人，生师比 14.9∶1（统计数至 2006 年 8 月 31 日）。设置经济学、法学、文学、历史学、理学、工学、管理学七大学科门类，15 个本科专业和 8 个高职专科专业，两个硕士学位授予学科点。已有全日制本专科毕业生 13000 余名，其中本科生有 10000 余人，遍及首都基层相关行业，许多毕业生成为单位的骨干和中坚力量，在各自岗位上做出了突出贡献。

2007 年 12 月联大召开科技工作会，张宝秀院长做《夯实学科基础提升科研和教学水平》发言，其中指出："应用型本科院校的学科建设应坚持提高认识夯实基础、为地方社会经济发展服务、突出特色和比较优势、学科专业一体化建设等原则。对于应用型本科院校而言，学科专业一体化建设非常重要。虽然在国家教育部、各省市教育管理部门及学校管理机构层面，学科建设与专业建设目前均分属两个管理部门，其经费也是分别专用，但是以培养应用型本科人才为主的应用型大学应特别注意将学科与专业进行一体化建设，围绕培养应用型人才这一中心任务，将学科建设与专业建设统一起来，发挥二者相互促进的作用。"文中特别介绍学院 2004 年以来学科专业进行分层次建设，形成梯次，由低到高，逐级推进的体会。2007 年，院级重点建设学科环境科学和档案学被评为校级重点建设学科，初步显示了学科培育的效果。2007 年 10 月，经学院学术委员会评审又增补了一批新的院级重点建设学科。学院重视以重点建设学科为龙头，充分发挥其示范、辐射和带头作用，以重点学科建设带动一般学科建设；重视对重点建设学科实行人员编制、岗级档次、岗位津贴、办公面积、资金投入、出国培训诸方面的政策倾斜，为学科专业的可持续发展提供坚实后盾。

2008 年年初，北京市教育委员会在对一期北京市重点学科建设项目验收的基础上，展开了二期北京市重点学科评选工作。北京市教育委员会主编的《北京市重点学科概览（2008—2012）》登载了二级学科北京市重点建设学科的评选条件：①具有硕士学位授予权；②学科方向密切结合北京经济社会发展和科技创新的需要；③具有在同类学科中有一定影响的学术带头人，有结构比较合理的学术梯队，有比较稳定的研究方向；④取得一定数量和水平的研究成果，目前承担着具有一定理论和现实意义的研究项目；⑤培养硕士研究生的数量和质量较高；⑥实验室条件较好，具有较先进的获取信息资料的手段。

北京联合大学入选的市级重点建设学科有 6 个：经济法学、特殊教育学、人文地理学、计算机应用技术、食品科学、旅游管理。其中一半在我院。这是学院长期重视学科专业建设所结的硕果。

4. 调停并转阶段（2009 年至今，即重点内涵发展服从统筹协调）

2008 年学院庆祝建校 30 周年，在学院发表的祝词中指出："在改革开放春风的沐浴下，在北京市委市政府、北京大学、中国人民大学和社会各界朋友的关心与支持下，经过一代又一代领导、教职员工和学生的艰苦奋斗和不懈努力，应用文理学院已发展成为一所以文、史、法、理为主体学科门类，市、校、院级学科专业体系完整，学科专业一体化建设效果明显，以应用文科、应用理科为办学特色的北京联合大学所属规模最大的学院。"校庆之际学院开展总结与展望，其后不久，学院根据上级部署，开展学习实践科学发展观活动。2009 年党委书记孔繁敏做《创新应用文科应用理科教育　培养首都需要的有特色高素质应用型人才》学习实践活动调研报告，其中在"关于我院应用型教育教学体系建设的现状与分析"一节中特别指出存在的问题，主要反映在学科专业数量多，规模小，办学效益低，尤其是近几年学生人数迅速减少，从而导致每个学科专业（群）的教师队伍难以有规模、上水平。过去很多年，我院在校生人数和招生人数一直是全联大最多的，排在第一，2005 年我院在校生人数曾达到 3600 多人，而最近几年我院招生规模和在校生规模一直快速下降，学科专业结构出现新的不平衡，重点学科建设学科带头人出现新老交替、青黄不接等突出问题。形势的变化要求进一步进行应用文科、应用理科的学科专业结构调整。

以往学科专业结构调整、增减专业等主要在学院内部进行，这一阶段结构调整需要学院顾全学校专业布局与调整的大局，适应学校集中统筹发展的要求。如学院于 2009 年将招生具有优势的经管类专业金融学、会计学调整到管理学院，2010 年将广告学转入广告学院。学院内部也加强整合，如将原生物学系和环境科学系合并成立生物与环境技术系；调整公共事业管理专业到管理系，组成档案与公共管理系等。自 2008—2013 年，经过调停并转，原有的 11 个系调整为 6 个系，改善了学科专业方向分散、规模不大、优势彰显不足的状况，瞄准首都经济社会发展需求，内联外合，凝聚了办学力量。

在调停并转阶段，学院学科建设与科学研究稳步推进，其中资源环境与城乡规划管理专业于 2008 年被评为国家级特色专业建设点，历史学专业于 2009 年被评为北京市级特色专业建设点、2013 年被评为国家级专业综合改革试点专业。主体坐落于我院的应用文科综合实验教学中心 2009 年被评为北京市级实验教学示范中心，同年申报成为国家级实验教学示范中心建设单位，2012 年通过教育部专家组验收，成为应用文科综合国家级实验教学示范中心。2013 年 8 月教育部印发了《关于开展国家级虚拟仿真实验教学中心建设工作的通知》（教高司函〔2013〕194 号），正式启动了国家级虚拟仿真实验教学中心建设工作。2013 和 2014 年分别评审立项了 100 个国家级虚拟仿真实验教学中心。2014 年设在我院的北京联合大学文化遗产传承应用虚拟仿真实验教学中心批准成立。国家级"双中心"，即应用文科综合国家级实验教学示范中心、文化遗产传承应用虚拟仿真实验教学中心的成立，依托学校先进的数字校园基础设施，为诸多学科专业提供了实验教学平台，也为学院学科专业建设提到一个新高度。

2008 年学院承担了潘懋元先生负责的国家社科基金"十一五"规划教育学重点课题"遵循科学发展观，建设高等教育强国发展战略研究"的子课题："做强地方本科院校"。其研究成果《应用型本科人才培养的实证研究》2010 年由北京师范大学出版社出版。2011 年学院"应用型本科人才培养模式与途径的实践探索与研究"课题，获北京市高等教育学会"十一五"高教研究规划课题优秀成果一等奖。

学院坚持学科专业一体化建设原则，高层次科研项目数量和科研成果水平稳步提高。2008—2013 年，学院各类科研项目年到账经费翻两番，由 233.25 万元增加到 790.42 万元，共承担国家级项目 25 项，省部级项目 34 项，每年核心期刊发表论文数量均超过百篇，出版学术专著 78 部，其中多部著作在本领域具有较高学术影响力。"十二五"（2011—2015 年）期间，学院科研项目成果稳步增长，各类科研项目年到账经费已近千万元，承担的国家级、省部级项目等均有所增加。学院长期设有文化遗产研究所、民族与宗教研究所、人居研究中心、城市与区域发展研究所、首都法制研究中心、档案事务研究所、奥林匹克文化研究中心、考古学研究中心、广告研究所、网络素养教育研究中心 10 个校级研究机构。研究机构的学术活动在国内外产生了较大影响。

2018 年是学校建校 40 周年，历经多次改革实践探索，学院学科专业发生重大变化。目前学院以文、史、法、理为主体学科，以本科教育为主，硕士研究生规模逐步扩大；设有考古学、中国史、地理学 3 个一级学科硕士点，法律、新闻与传播、文物与博物馆、图书情报 4 个专业硕士点，9 个本科专业招生，每个本科专业都有相应的学科支撑；设有城市科学、法律、历史文博、新闻与传播、档案 5 个系，在校本科生 2400 多人，硕士研究生 130 余人；已为北京市和其他省市培养了近 25000 名毕业生。

在庆祝学校建校 40 年之际，学院进行认真传承展望，将继续坚持学科专业一体化建设原则，深入推进"课程思政"，实施"+文化"教育，不断提高教学质量和人才培养水平，努力为北京经济社会发展做出更大贡献。

5. 结语

回顾 40 年办学历程，学院学科专业一体化建设经历了四个发展阶段，经历了四次学科专业结构大调整，经历了分、合、分、合的管理机构大变动。学院主要围绕为地方经济社会发展服务的需求，凝练学科应用方向，促进原基础研究学科向应用学科转变，形成应用文科、应用理科的办学特色，并在全国率先成为从研究型向应用型办学方向转变的典型。

应用型大学的学科专业一体化建设的内涵主要体现在：依托学科，面向应用；学科是专业发展的基础，专业以学科为依托；学科建设以科研为核心，专业建设以教学为核心；学校的学科建设水平决定着专业建设水平，专业建设水平决定着人才培养质量。

学科专业一体化建设的主要措施是凝练学科方向，调整学科专业结构；制定发展规划，抓好优势学科与特色专业；提升办学层次，不断发展与推进研究生教育。应用型学科专业一体化建设须特别注重以服务地方为方向，以科学研究为动力，以教学体系为基础，以重点学科为龙头，以队伍建设为关键，以质量监控为保障，形成相辅相成、互促互进的教育体系。

学科专业一体化建设对遵循教育规律，坚持正确办学方向，优化人才队伍，提高教学质量、科研水平和社会服务能力，培养应用型、复合型人才发挥了重要作用。

2014 年 1 月学院张连城书记在中国共产党北京联合大学应用文理学院第二次代表大会上做《解放思想　锐意改革　内涵发展　协同创新　为建设高水平有特色的应用型学科型学院而奋斗》报告，其中明确指出："经过长期的积累，特别是六年多来的持续快速发展，学院各项事业取得了新的长足进步。我们深刻认识到，学院事业发展必须始终坚持党的领导和社会主义办学方向；必须始终坚持以人才培养为中心；必须始终坚持以人为本，维护好广大师生的根本利益；必须始终坚持加强党建和思想政治工作，凝聚团结发展的力量。与此同时，学院 35 年的办学实践也给我们留下了一些行之有效的、符合校院实际情况的宝贵经验。"首要的宝贵经验是："必须坚持鲜明的办学特色，坚持学科专业一体化建设，教学科研两手抓，以科研促进教学，不断提高教育教学质量，提升学院的整体实力和社会影响力。"如今又过了 5 年，学科专业一体化建设依然是应用型大学传承发展的宝贵经验。

科研反哺教学的探索与实践

——以法学学科专业为例

王 平❶

【摘要】教学与科研，是现代大学最基础的两项工作，二者既有区别、又有联系，既相融合、又相冲突，但在人才培养这个目标之下，二者又是相辅相成的关系。法学学科近年来科研反哺教学主要体现在促进培养方案修正专业特色定位、促进专业课程体系建设与完善、提升课堂教学效果、提高学生第二课堂质效等方面。实践中存在科研反哺教学基础不平衡、教师认识有偏差以及学生的接受度不足等问题，可以通过加强研讨和沟通，帮助教师提升科研质效、提高认识，积极主动实践科研反哺教学，帮助学生做好学业规划，积极参与法律实践，从实践养成探索、创新的科研意识，提升学习质效。

【关键词】学科；科研；法学；科研反哺教学

现代大学，有人才培养、科学研究、服务社会、传承知识的四大使命，其中最根本的是人才培养。在这个快速发展、需求多元的新时代，大学如何培养适应乃至引领社会发展的高级人才？作为承担人才培养主体责任的大学教师，如何将教学与科研、人才培养与自身发展的"矛盾"转化为相互促进、并驾齐驱的发展动力？学生如何养成科研的意识，运用科研意识做好学业规划，提高大学生活的"获得感"？带着这些问题，结合笔者所在的法学学科专业近年来的探索与实践，本文拟对科研反哺教学进行研究，期待与同人交流互动。

1. 科研与教学关系的一般理论

科研与教学，连同学科与专业，是大学教师每天都要面对的问题，二者也是"相爱相杀"的"亲密冤家"。在人才培养体系中，二者相辅相成，所谓"学科专业一体化、教学科研两手抓"。为此，有必要厘清两者的关系，探讨科研反哺教学的一般意义。

1.1 厘清专业与学科、教学与科研两对关系范畴及相关问题

（1）专业与学科

一般而言，专业主要是指本科专业，重在人才培养，基于人才培养目标，培

---

❶ 王平，北京联合大学应用文理学院法律系教授。

养单位通过一系列课程设置和教学实施，达到专业人才培养规格，其输出的"产品"是符合社会需求的某一领域/专业的毕业生。专业建设主要围绕专业定位、培养目标、课程体系、课程建设、教材建设、教学计划及实施、实验教学、教学研究、教学方法与手段、教学管理制度等开展，其主要目的在于提升人才培养质效和专业发展水平。学科指学术的分类，亦即相对独立的知识体系，学科重在知识、理论的研究，并输出相应的研究成果，同时也产生新的研究方法。学科建设重在队伍/梯队建设、课题研究、社会服务和研究生培养。

二者的区别有二：一是目标不一样，专业是以满足职业和社会分工需求为主要目的，在于输出合格的人才，学科是以探索某一知识体系中的人类未知领域为目的，主要输出知识和理论（体系）；二是建设内容亦不同，前文已有表述，不再赘述。但是，二者又是紧密联系、相互支撑的。

第一，学科建设支撑专业发展。专业注重社会需求，学科关注不断探索未知领域，专业师资一般都是以院系为代表的实体组织，而学科则不一定，可能分散于学校的不同院系，以我校法学为例，应用文理学院的法律系为专业师资组织，而法学学科成员则散见于应用文理学院、商务学院、管理学院、生化学院等学院以及人大所、台研院等研究机构，最终，通过法学专业的课程教学将学科和专业联系起来。学科研究、学科建设输出的知识成果成为专业课程的主要内容，成为教学的基础并广泛应用于教学过程。通过专业这个纽带，学科成为人才培养、科学研究和社会服务、知识传承的具体承担者，也实现了科学研究的价值，支撑了专业发展。

第二，专业需求反作用于学科建设。专业体现着社会分工和社会需求，能够反映社会的职业需求，并将这种需求通过课程予以体现，进而反馈给学科，刺激、引领学科对新的知识予以探索，形成新的成果运用于专业教学。例如，近年来，随着娱乐业的发展及其规范与保障的需要，要求法律人才在"娱乐法"方面有较强的积累和应用能力，但在我们的专业教育中并无"娱乐法"这门课程，相关知识和制度散见于《经济法》《公司企业法》《合同法》《财税法》《商法》等课程中。这样的需求，可以引领学科做更深入的探索，建成《娱乐法》这门课也不是不可以的。诸如此类的某行业或者某领域对专业的需求，可以拓展学科建设的新空间、探索学科研究新方法，促进法学学科的"领域法学"的新发展。❶

（2）教学与科研

如果说专业与学科是从教师团队与相对静态的角度来讲的话，教学与科研则是从教师个体与动态来说的。不管是专业与学科建设，还是教学与科研工作，实

---

❶ 早前的《房地产法》《金融法》《财税法》，近年来兴起的《娱乐法》《网络法》《人工智能法》突破了一般的法学二级学科范畴，主要以行业或者领域的法律制度与理论为研究对象，属"领域法学"。

施主体都是教师，前一组范畴着重考察的是团队和整体建设成效，后一组范畴则重点关注教师个人在教学与科研方面的工作成效，当然，最终都还是要体现在人才培养上。教师是知识的传授者，也是知识的创造者，因而，教学科研两个方面都要抓，二者相互融合、相互促进。钱伟长先生在 20 世纪 80 年代就提出："你不上课，就不是老师；你不搞科研就不是好老师。教学是必要的要求，而不是充分的要求，充分的要求是科研。"

首先，教学是第一位的。以培养人才为第一要务和中心工作，这是其他任何社会组织都不具备的职能❶；作为大学教师，教学是第一位的工作，是最基本的职业活动，因而重视教学也是教师职业伦理的基本要求。当然，各大学对教师的岗位要求和考核制度，也基本反映这个要求❷。

其次，科研对教学意义重大。教师不是"知识的搬运工"，如果仅仅是单纯的知识传授，在资讯如此发达、课程学习渠道如此丰富的当下，完全可以忽略教学工作。但事实是，课堂教学依然不可取代，根本原因在于教师在教学中除了传授已有知识之外，最为主要的是在创新知识并随时保持课堂互动交流，学生在第一时间获得了这种新旧知识和思维的训练，这是其他学习方式和手段难以做到的。要做到这些，要求教师不间断地进行科研研究，并将其充分运用到教学活动中。唯其如此，教师对知识的把握才更为准确、更能贴近现实需要、更具创新价值，教学更易做到"深入浅出"、有的放矢，更加有助于培养学生的创新意识和创新能力。

1.2 科研反哺教学的一般意义

置于学科建设下的教师科研工作，一般情况没有体系要求，由教师根据学科发展要求和自身实际情况"自由"地进行，更加关注学科发展中"点"的问题，研究内容比较灵活、比较新颖，多含价值判断元素，对学科和专业建设都有超前的引领作用。作为专业建设关键环节的教学活动，则在一定的（课程）体系之下进行，有规范性要求，更加注重知识的传授和技能的培养，着重对应着社会对人才的需求，具有适应性的特点。教师的科研工作，是教学的"源头活水"，教师应充分重视科研、做好科研，将科研的成果、科研的思维与科研的方法恰当融入教学，做到"教学为要、科研为基"，促进教学效果，提升人才培养质效。作为典型的地方高校，我校教师基本上都是从事应用性科研工作，融入教学、反哺教学更是如鱼得水。

（1）科研工作引领专业建设新发展

社会瞬息万变，教师的科研工作对此必将有所体现，特别是我校从事应用型

---

❶　其他如科学研究、社会服务等，专门的研究机构、社会组织和企业也可以完成，唯有人才培养只有大学才能完成。

❷　但也许正因为教学是教师最为基本的职业活动，很多大学对教师职称晋升设置了更加注重科研绩效的制度安排，一定程度上影响了教师对教学的投入，不得不说这是非常遗憾的导向。

法学研究的教师而言，更是如此。比如，我系教师近年来从事的互联网消费者权益保护、农村土地拆迁中的农民权益保护、互联网金融监管问题、京津冀协同地方立法等主题研究，都充分体现了他们着眼于研究和解决社会发展实际问题的科研旨趣。每个专业都有各自的培养目标和培养规格❶，并且在一定时期内保持稳定。社会对各专业人才的需求却是不断发展变化的，这些新变化和新要求必将对教师的教学产生影响。但囿于教学体系，很难对课程体系、课程内容做制度上的改变，此时，就可以将教师相关的科研工作运用于教学之中，从整体上反映社会的新需求和新要求，通过一定时间的积累和沉淀，适应一定的程序，将其体现在培养方案、教学计划甚至是课程内容之中。如此循环往复，促进专业不断发展，以适应社会新需求。

（2）科研工作提升教师教学水平

教师有科研做支撑，课堂教学就会有"灵魂"，就不仅仅是在传授知识，也是在阐述观点❷，传授方法。科研意识强、科研水平高的教师，对教学内容思考得更加深刻透彻，对知识的把握更为准确，教学更为得心应手、游刃有余，更有助于提升教学效果。积极开展科研工作，教师能够及时将最前沿的研究成果不断充实到课堂中，将原有课程知识与最新研究之间进行有机的嫁接，弥补课程（内容）自身不能满足社会需求这个缺憾，也能够激发学生对新知识、新制度的学习热情。科研水平高的教师，他们的教研意识也很强，也会积极开展教研工作，申报教研项目、撰写教研论文，形成教研成果，推广教学经验，提升教学的社会效果。

（3）科研运用于教学有助于培养学生的创新意识和创新能力

加强科研工作，教师在其特定的专业领域成为具有原创性的思想者和研究者，对学生具有很强的感染力，激发学生发掘自身的科研素养，养成思考、探索的意识，培养适应社会发展需要和终身学习的毅力、能力。在教学中，科研水平高的学者型教师，他们思考问题的方式、严谨的科研态度和刻苦的钻研精神，对于学生影响更加深远。教师将最新最前沿的科研成果和研究方法运用于教学，一方面激发学生对新知识、新制度的学习热情，另一方面也帮助学生获取隐藏在各种知识背后的智慧及其方法，激发和培养学生的创新意识和创新能力，有助于学生成长为创新型人才。

2. 法学学科科研反哺教学的探索与实践

法学学科有北大分校法律系、人大第二分校法律系留下的深厚学科基础和浓

❶ 2018年4月，教育部陆续发布了各专业人才培养的国家标准，即专业国标，大学在人才培养中必须作为基本遵循。

❷ 钱伟长先生曾说过，教学没有科研做底蕴，就是没有观点的教育。

厚的学术氛围，以经济法学市级重点建设学科为龙头，积极开拓，长期坚持搞好学科建设，教师们坚持教学科研两手抓。从专业开办之初，法学专业就是一个社会需求大、深受广大高考生和家长欢迎的专业；历经 40 年，在建设社会主义法治国家的当下，法学专业的社会需求量再度增加。多年来，我们在如何提高人才培养质量、增强毕业生的社会适应性方面做了大量工作，秉持"学科专业一体化、教学科研两手抓"的理念，积极推进科研反哺教学。

2.1 促进培养方案修正专业特色定位

到 2018 年，法学专业本科办学 40 周年，培养方案、教学计划几经调整、修改，但无论时代如何变迁，法学本科专业培养方案、课程体系都以专业规格、社会需求和本学科专业实际为基础进行调整和完善。1996 年经济法学学科成为市级重点建设学科，后北京市法学会金融财税法学研究会也挂靠在本学科专业，法学专业以经济法学科为重点支撑，发挥金融财税法的研究优势，后来又重点进行民商法（含知识产权法）学科建设，以此为基础，法学本科专业也基本上突出了经济法（含金融财税法）、民商法（含知识产权法）以及普通法律职业三个领域培养特色，培养了 5000 余名符合社会需求的法学本科毕业生，为国家法治建设做出了应有的贡献。

2.2 促进专业课程体系建设与完善

专业培养目标和特色，最终需要以课程体系和课程教学内容予以落实。学科和教师开展的科研活动，对课程体系建设和课程内容的完善起到基础性作用。以经济法这个培养领域为例，我们开始了经济法、金融法、证券法、财税法、环境资源法等系列课程作为支撑来实现培养目标，这就充分发挥了本学科教师团队的科研优势。其中，《经济法》《财税法》《金融法》三门课程的开设与我校著名专家——刘隆亨教授作为这三个学科的（联合）奠基人是分不开的，刘老师也围绕这三门课积极开展课程建设和教材建设，其中《财税法》为北京市精品课程，出版了不同版本的教材近 30 部，《财税法学》为北京市精品教材、《经济法学（第 7 版）》为北京市经典教材，在北京的法律实务部门中，有许多不同年龄段的同志都说自己是读着刘老师的书成长的。现在，即使刘老师已经退休了，但他还是十分关心学科专业的发展，我们也在继续带领法律系经济法学学科团队开展科研工作、课程建设与教材编写工作。《财税法》❶ 课程一直是我校法学专业的特色课程，这与多年来形成深厚的研究基础和与时俱进的科研精神是分不开的。

2.3 搞好科研提升了课堂教学效果

科研对教学工作的促进作用，是不言而喻的。多年来，本学科的教师们在这

---

❶ 据调研，许多学校是不开设《财税法》这门课的，主要原因是这门课难度大、要求高，也不是核心课程，由于这门课涉及国家治理、企业税务、个人税务等综合领域，如果不开这门课，对学生法学知识体系的构建是一大欠缺，对毕业生的从业也会产生一些影响。

方面做了大量的工作，也取得了较好的成绩。从操作层面上看，科研工作对教学的促进，可以从课题申报、申报成功后的课题推进、论文撰写等方面予以体现。以课题申报为例，课题内容可能会涉及教师自己非常熟悉的研究领域，可能也会涉及教师不是很熟悉的领域。课题申报，也是一次知识整合、团队整合、梳理思维的过程，教师完全可以将其运用于教学之中。对于自己熟悉的知识领域，也是属于自己课程的内容，教师专研得更加精、深、新，对教学的促进，大有裨益。对于教师相对不熟悉但课题研究需要、也可能是他人课程的知识，教师要通过学习予以了解，将其部分运用于教学中，可以做到触类旁通、融会贯通，由精、专向博、广转换，打通知识间的"关节"，形成知识网络，更加有利于学生形成知识体系，能帮助学生形成知识间的联系及其多种可能的意识，有利于挖掘学生的学习潜能。这主要体现为知识的传授、创新和思维的训练。课题获批后的实施，则主要着眼于运用理论解决实际问题，因而，可以侧重对学生能力的培养。教师还可从自己的研究项目中提炼出本科毕业论文题目，通过这种方式带动学生直接参与课题科研，更加锻炼了学生的思维、科研和解决问题的能力，效果非常明显。教师以法治建设中的某些新问题、热点问题为选题写作论文，同样能够较好促进教学。例如，撰写有关环境保护税征管的论文，教师就得充分研究环境保护税制、税收征管制度以及调研环境保护税征管的特点与难点等，方能完成这篇论文的撰写，把这些准备工作以及论文成果分享到教学工作中，学生对环境保护税及其征管问题的学习效果就非常好，而且也学到了调查研究的治学方法。

2.4 提高学生第二课堂质效

第二课堂是培养学生应用能力、社会责任意识、综合素养的渠道和平台，第一、第二课堂共同作用，能够有效提升学生的法律应用能力和综合素质。本专业目前有四类第二课堂的实践平台：一是专业志愿服务团队，从2011年起，本专业陆续接受市政府机构、法学会等委托，先后成立面向中小学生进行法制宣传的"青春船长"团队、首都大学生"保护知识产权志愿服务"团队、首都"青年普法志愿者"团队，积极开展各类专业志愿服务，成为政府部门和法学会组织的好帮手，学生能力也得到了很好的锻炼和提升。二是各类学科竞赛，有基础类的各级英语、计算机大赛/竞赛，有通用专业类比赛如从校级的"启明星""创业大赛"到市级、国家级的"挑战杯"，还有专属专业类比赛如模拟法庭、模拟仲裁、法律文书竞赛等，激发了学生的积极性、创造性，开阔了视野，养成了团队意识，也提升了专业能力。三是党建和团建活动，学生的党建和团建工作既注重政治性、思想性，同时也跟专业密切结合，党建和团建工作有抓手、落实效果更好。四是专业社会实践，这里特指教学计划之外、学生主动开展的专业实习。法律的生命在于实践，本专业学生对此理解非常深刻，因而，绝大部分学生都能自主做好学业规划，充分利用寒暑假到法律实务部门（多数为本专业的校外人才培养基地）实习，都感到实习收获特别大，对自己后续的学习、职业安排都有积极的影响。

上述学生各类实践活动，都离不开教师全方位的指导，本专业教师也乐于对学生进行指导。以竞赛为例，从吃透竞赛精神和规则、根据竞赛文件选题、组队，到论证选题方案、制作提交文件，再到模拟现场出庭/答辩等，都需要指导教师和竞赛团队有强烈的探索、研究及合作精神，能够准确把握学科专业和行业发展的前沿动态，因此对教师的科研素养也有较高的要求，如此，对学生的指导效果更好，在上下年级之间也形成了很好的传导机制，形成第二课堂的整体效应。

3. 科研反哺教学存在的问题及解决对策

科研反哺教学实质上是将科研的理念、思维、方法和成果具体运用于教学活动及第二课堂的指导，应该是每一位教师长期坚持的常态工作，但是，在具体实践中，还是存在这样那样的问题，需要我们正视，方能发挥其在人才培养中应有的积极作用。

3.1 科研反哺教学实践中存在的问题

其一，教师之间科研意识和水平有差距，科研反哺教学的基础不太均衡。教师队伍中，由于梯队差距、个人意愿与能力的不同，教师们的科研意识强弱、科研水平高低、科研成果丰俭等方面都存在差距，实践科研反哺教学的基础也不一样，因而，教学与课外指导也存在不同的风格和样态。其二，部分教师认识不到位，科研反哺教学的实践不够充分。还有部分教师，科研基础非常好、成果较为丰富，但在反哺教学方面，还存在认识偏差，认为科研是科研、教学就是教学，教学投入多了，会挤占做科研的时间和精力，将二者对立起来❶。因而，反哺教学的意识和实践都不够充分，这是比较可惜的事。其三，学生参与第二课堂的程度参差不齐，科研反哺教学的效率不够高。如前述，完整意义上的教学活动，除了课堂教学之外，课外的第二课堂也是其中非常重要的一部分。法学专业的学生，教学计划内的课业负担相对就比较重，再加上还要参加法律职业资格考试、研究生入学考试等，一部分学生参加第二课堂的态度不够积极，致使教师指导的覆盖面不够广，实际上也影响了指导效率。

3.2 提高认识、完善措施，提高科研反哺教学质效

其一，求同存异、加大科研投入，打好科研反哺教学的基础。对于更加重视教学投入的教师，要尊重其个性；对于科研意识强但在科研方面存在一定困难的教师，要积极完善科研激励措施，帮助其在科研工作中有突破，增强其科研信心，并引导其将科研成果用于教学。其二，加强研讨和交流，提高认识，引导教

---

❶ 这样的认识，在大学里其实是比较普遍的，这跟大学对教师的评价考核机制有关。

师积极实践科研反哺教学。对于认识偏差，固然有制度上的原因，也有部分教师是想做但又不得法，因此，制度层面外的问题，还是可以通过加强研讨和交流来改变并提高对科研反哺教学的认识，进而达到思想上认可、行动上践行。其三，加强指导，引导学生平衡课内学习和课外实践的关系，实现法学理论和法律实践共同提高。法学专业学生课业负担重，这是不争的事实，但法律的生命力在于实践，因而，要加强指导，使得学生认识到法学理论学习和法律实践之间的互动关系，积极参与到第二课堂中，在实践中接受教师前沿、严谨的指导，在实践中养成探索、创新的科研意识，为进一步学习和实践打牢基础。

4. 结语

教学与科研，是现代大学最基础的两项工作，二者既有区别、又有联系，既相融合、又相冲突，但在人才培养这个目标之下，二者又是相辅相成的关系。在人才培养要求教师在教学中投入更多、个人发展要求教师在科研中投入更多的一般认知悖论之下，大学和大学教师还是应该回归教学，就如同陈宝生部长在成都会议❶上说的，大学要"以本为本"，要将教学、人才培养工作放在大学和教师工作的首位。因而，继续探索和实践科研反哺教学，借此提升教学水平和人才培养质量意义更加重大，还有更长的路要走。

参考资料

[1] 李明堂，杨靖民，王维红，等. 环境类专业科研促进教学的必要性和实现途径分析 [J]. 才智，2017 (1).

[2] 方月善. 探析高校科研促进教学的有效途径 [J]. 中国校外教育，2014 (12).

[3] 张艳. 应用型人才培养模式下科研促进教学途径分析 [J]. 吉林工程技术师范学院学报，2012 (9).

[4] 李慈，徐云，蒋西明. 高校科研在促进本科教学质量中的作用和途径 [J]. 内江科技，2011 (11).

[5] 谢卫红. 科研促进教学的途径 [J]. 中国电力教育，2007 (4).

---

❶ 指 2018 年 6 月 21 日在成都召开的新时代全国高等学校本科教育工作会议。

学科专业一体化语境下源自心灵的教学探索

——基于《教学勇气》的教师自身认同

张万春❶

【摘要】 学科专业一体化的含义和如何建设问题与其说是教育学理论问题，毋宁说是小范围实践探索问题。一体化语境中专业的重要性和教学的重要意义是立论基础。将此作为语境，高等学校教学便具有戏剧矛盾和冲突价值，便具有探索意义。当高校教师面临例行教学而没有幸福感、自身认同出现偏差以及现实教学情境中的分离与痛苦等问题时，教学无形中弱化和异化了。当宏观环境无法改变或者缓慢改变时，从个体而言，帕尔默的《教学勇气》给我们提供了答案：教学活动的内在立体景观、保持心灵的开放以及悖论式反思，便是能用"柔眼"看到教学神圣、自身认同以及幸福感的一种尝试。

【关键词】 学科专业一体化；教师自身认同；教学勇气

约翰·哈蒂在其研究中呈现了历经 15 年在学业成就研究史上规模最宏大的数据处理——对涉及 52637 项研究、数亿名学生的元分析进行综合之后得出的教学的"圣杯"，他将 138 个影响学生学业成就的因素分为学生、家庭、学校、教师、课程和教学六大类别并加以比较、阐释和总结，认为对学生学业成就影响最大的因素是教师，其次是课程与教学，也是和教师密切相关的。因此，认识教师的影响力，重回教师中心的教学，这就是哈蒂所发现的教学的"圣杯"。[1]

1. 学科专业一体化的普通含义以及在本文中作为语境的基础

高等教育范畴中，教学、科研以及社会服务是大学应当承担的三项职能。这其中，教学与科研又几乎为各类高等学校所倚重。而基于各项指标和排名等影响，科研似乎成为衡量一个高等学校水准的特别标杆。科研正在成为各级各类高等学校自我衡量和被别人衡量的标尺。于是，围绕科研产生的各类激励与惩罚措施，各项人才引进政策，各种校内职称晋升制度，五花八门而又十分雷同。

科研的倚重，在不同的学科和不同的高校有不同的表现，不同的高校职能部门和部门领导也有不同的观点。但是无论如何，学科的重要建设者——教师，似乎声音特别微弱。

---

❶ 张万春，北京联合大学应用文理学院法律系副教授。

所以，当学科专业一体化被提及的时候，无论是强调二者的融合与协调也好，还是为了挽回专业的地位也好，对教学都不应当忽视。

在高等院校的学科专业一体化建设中，专业与学科通常被理解为并列的两部分。学科建设指的是高等院校出于学术要求，进行校内学科基地以及人才队伍方面的建设。专业建设指的是高等院校依托一定的专业，围绕提高人才培养质量、优化人力资源配置、调整教育重心、优化课程和教学方案，实现专业化教学体系的建成与完善，从而更好地为社会提供专业高等人才。[2]实践中，学科建设工作则主要侧重于学术研究，专业建设侧重于专业人才和师资队伍，更侧重于教学。

学科与专业须臾不可分离。其实，某种程度上，讨论学科专业一体化就是多余的。因为本身它们就是互相镶嵌在一起，内置在一个整体中。基于上面的倾向性，关于学科专业一体化语境，笔者在本文中更想强调专业的重要性，更想强调教学的重要意义。特别是，对于学科专业一体化的终极承担者教师，在与人们不断增长的美好生活要求有相当差距的背景下，如何突破困惑、探索教学。

2. 教师的幸福感追问与教师自身认同问题

当整个国家、政府和社会对教育所谓高度重视并且要求或实际做出种种改革的时候，当高等教育打着"以生为本"的旗帜在搞各种改革的时候，似乎这改革中心和改革的最终执行者主人公——教师的幸福感被忽视了。在各种各样的高校体制内的教学与科研压力以及社会上打着所谓"尊师重教"的幌子而实际上对教师各种褒贬的环境下，教师的幸福感去哪里了？问题的焦点还不完全在于此，而如果承担这一切的教师本身也觉得自己不幸福了，谈何教师的幸福感？

帕尔默在《教学勇气》中宣称"真正好的教学不能降低到技术层面，真正好的教学来自于教师的自身认同和自身完整"。[3]因此，当教师的幸福感被降到一个很低的标准甚至零的时候，老师内心深处对教育的热情和兴趣又来自哪里？不可能苛求所有的老师都是圣人。老师首先是活生生的人，也会遵循马斯洛的层次需求理论❶。而为了维护自己最低限度的生存需求，教师也当然会放弃内心的热忱与兴趣而在谋生的层面为自己的教学进行安排。教师可能不再那么重视教学，教师可能会将更多的精力放在校外，教师可能为了教学上的安排而进行应付。所以，当教师没有幸福感，当教师的自身认同出现分裂，教学已经开始变形。

所有这一切，无论初衷是什么，无论原因是什么，最终的受害者一定不仅仅是教师群体，还包括围绕在教师周围的学生以及教育事业本身。当然，这一切不

---

❶ 马斯洛层次需求理论源于管理学。马斯洛理论把需求分成生理需求、安全需求、社会需求、尊重需求和自我实现需求五类，依次由较低层次到较高层次。五种需要像阶梯一样从低到高逐级递升。某一层次的需要相对满足了，就会向高一层次发展，追求更高一层次的需要就成为驱使行为的动力。一般而言，前一层次是后一层次的基础。

是灰犀牛，也不是黑天鹅，❶ 它没有系统性金融危机那么剧烈。但是，因为它是构建这个国家和民族精神的基础，说到最严重处，它甚至影响到这个国家和民族的灵魂、创新力、领导力以及未来和希望。

3. 现实中的教学情境：解体的痛苦

似乎教师的幸福感只是教师个人的事情。而围绕教育所发生的那些不幸福的事情也理所当然是教师自己的事情。当高等教育中教师与博士生或硕士生的矛盾被揭开的那一刻，教师的角色仿佛就是注定的老板与施压者。而即使是高校教师与本科生之间，教师也仿佛只是在考试或者评定各种奖学金时最为关键和有用。不知不觉，教师已经成了一种别人可以利用的工具。而且利用这个工具的借口极为高级：教师的责任、爱心等。在这种语境下，教师被这种所谓的口号绑架了，有时候甚至连教师自己也不自觉。

教学一直都是个人生活与公众生活危险的会合。一个优秀的教师必须站在个人与公众相遇之外，就像徒步穿行在高速公路上，处理川流不息轰鸣而过的交通车辆，在百川交汇处"编织联系之网"。❷ 但在这种"网状结构"中，教师正面临"解体"的痛苦。其实，作为教师的困扰不在于没能帮助学生学习他们想要了解和需要了解的东西，而是在于向学生显示我有多聪明，显示我知识多渊博；显示我备课多认真。这其实是一种自我陶醉式的演出，其真实的目标不是帮助学生，而是以此使他们对教师有一个良好的评价。❸

因此，在真实的教育情境之中，为了减少来自社会、学生评价和学术团体的伤害，教师与学科、学生甚至自己分离，在内心和外部行动之间建立了一堵墙。这种自我封闭是因为教师受到了不信任个性真实性的学术文化的怂恿：自我不是有待开发的资源，而是需要规避的危险；不是有待实现的潜能，而是需要克服的障碍。教师常常遭受解体的痛苦。表面上，这种痛苦是因为那些加入学术群体的人发现自己与同事和学生处于疏远、竞争和冷漠的关系。在更深层次，这种痛苦更多是精神层面的，而不是社会学层面的：这种痛苦来源于切断了与教师自身真实的联系，切断了与教师投身教学的热情的联系，也切断了与心灵的联系，而心灵才是干好所有工作的源泉。因此教师要尊重真实的自我。❹

❶ 这两个概念来自对金融危机的描述，"灰犀牛"这一概念是由美国学者、古根海姆学者奖得主米歇尔·渥克（Michele Wucker）于2013年1月在达沃斯全球论坛上提出的，根据他所著《灰犀牛：如何应对大概率危机》一书，"黑天鹅"比喻小概率而影响巨大的事件，而"灰犀牛"则比喻大概率且影响巨大的潜在危机。

❷❸❹ 帕克·帕尔默. 教学勇气：漫步教师心灵［M］. 吴国珍，余巍，等，译. 上海：华东师范大学出版社，2005：11，21，29.

4. 唤醒教师自我觉醒的心灵

如何唤醒教师的"教学勇气"呢？依赖外部的规范？还是自我反思中的自明自断？教师的内心是生命鲜活的核心，一个自我觉醒的心灵才是真正的教育所强调和召唤的。解决之道在于，让教学成为一种更宽容、更人性化的天职图景，成为深层愉悦与外部世界深层渴望相遇交融的圣地。而教学的勇气就在于有勇气保持心灵的开放，即使力不从心仍然能够坚持，那样教师、学生和学科才能被编织到学习和生活所需要的共同结构中。❶

4.1 教学内在景观的立体性

教学的自我内部景观是立体的，集智能、情感和精神三个面于一体。

如果教学仅仅体现为知识传授层面，教学就是冷冰冰的行动；如果教学仅仅体现为情感层面，教学会成为一种自我陶醉；如果教学仅仅体现为精神层面的交汇，教学就会丧失与现实世界的交融。在智能层面，教师思考教与学的方法——人们如何获知和学习的概念、有关学生和学科本质的概念，以及这些概念的形式和内容；情感层面是指在教与学时教师和学生感觉的方式——它既可以增多也可以减少与教师之间的交流；精神层面是指对于心灵和芸芸众生密切联系之渴求的多种相应——一种对生命的爱和对工作的渴望，尤其是对教学工作的渴望。智能、情感、精神依赖于相互之间的整体性，它们本来应完美地交织在任的自我中，结合在教育中。

如何能够更充满信念地为学生服务，提高教师自己的幸福感，与同事建立合作关系，帮助教育给世界带来更多光明？

教师应当面对两个真相：第一，除非教师把教学与学生生命内部的鲜活内核联系起来，与学生内心世界的导师联系起来，否则永远不会"发生"教学。第二，只有教师能够与自己的内心对话，才有资格说教师深入学生的内心中。

因此，教学和沟通方法固然重要，然而能获得最佳实践效果的做法应是去洞察教师内心所想。

4.2 方法与技巧的背后：保持心灵的开放

"好老师"与"不好的老师"其实并不是一个好的分类。但这儿只是用这个说法来概括一个好教师与自身认同方面的关系。好老师有一个共同的特质：一种把他们个人的自身认同融入工作的强烈意识。而不好的教师他们说的话在他们面前漂浮，就像卡通书中气泡框里的话一样。不好的老师把自己置身于他正在教的科目之外，并且也远离了学生。❷

---

❶❷ 帕克·帕尔默. 教学勇气：漫步教师心灵 [M]. 吴国珍，余巍，等，译. 上海：华东师范大学出版社，2005：11，21.

好教师具有复杂的联合能力，能够将自己、所教学科和学生组织成复杂的联系网，教给学生学会去编织一个他们自己的世界。可能所采用的教学方法不尽相同，如讲授法，苏格拉底式对话法，实验室试验，协作解决问题，有创造性的小发明；又如法律学科中常用的案例法和现场学习等。好老师形成的联合不仅仅在于他们的方法，而在于他们勇敢的心灵。有勇气保持心灵的开放，即使力不从心仍然能够坚持，那样教师、学生和学科才能被编织到学习和生活所需要的共同结构中。

教师要想成长，就必须做一些学术文化以外的事，并且必须交流内心生活：自身认同和自身完整是一个处于复杂的、不断需求的、终身自我发现的工程的敏感领域。自身认同在于构成"我"生活的多种不同力量的汇聚，自身完整与这些力量的联合方式有关，使我的自身完整协调，生机勃勃。❶

因为教师这一职业是一个与人打交道的职业，而因为惧怕触及个人的内心，在技术、人际距离和抽象的学科知识中寻找安全感，对教师而言是无法获得成长的。自身认同形成一种自我发展的内在联系，是生命中力量的汇聚，自身认同达成后才能形成自我的完整，才能获得真正的成长。

4.3　悖论式反思

现实中高等教育教与学分离，其结果是老师只说不听，学生只听不说，这种情况比比皆是。帕尔默认为这是因为教育世界中充满了被分离的悖论：教师头脑与心灵分离，其结果是头脑不知道如何去感知，而心灵不知道如何去思考。事实与感觉分离，其结果是如今使世界冷漠和疏远的冷酷事实和把事实降低成跟着感觉走的盲目情感。理论与实践分离，其结果是理论跟生活无关，而实践也未得益于理论。❷

因此，需要再次审视教室中的"低头族"，不能仅仅是怀疑他们的学习态度，而应从这种悖论中获益，重新思考高校的教学问题。教师应该尊重学生头脑和心灵的统一，重新思考对于他们而言的理论与实践的联系。教学中所讨论的学科知识不是非此即彼，相互分离的。当教师意识到现实事物陷于分离时，应该具有保持、恢复和接受悖论的能力；不能匆忙地用教师言语填塞学生的沉默，也不要迫使学生只说教师想听的话。

悖论式反思的过程其实是令人备受折磨和痛苦的，必须要耐心地对待心里所有尚未找到答案的问题，要尝试去喜爱这些问题本身。不要期望短时间内得到答案，关键在于去体验一切。关于教学设计中的针对性建议，帕尔默认为教师在做教学设计的时候要充分考虑教与学中的以下因素：①这种空间既是有限的又是开

❶❷　帕克·帕尔默. 教学勇气：漫步教师心灵 [M]. 吴国珍，余巍，等，译. 上海：华东师范大学出版社，2005：14，68.

放的；②教学气氛的营造：令人愉快又有紧张的气氛的统一体；③尊重全面意见：既鼓励个人表达意见，也欢迎团体的意见；④既尊重学生们琐碎的"小故事"，也重视关乎传统与原则的"大故事"；⑤应该支持独处并用集体的智慧做充分的支撑；⑥沉默和争论并存。❶

对于教师这个职业来说，工作的对象和目的是双重指向的，即同时指向学科和学生，教与学的空间指向实现师生、生生之间有目的和有意义的沟通，可以说既是学科教学的手段，又是教学的根本目的之一，同时也是学生意识的培养。

5. 结语

再次回到学科与专业。每个学科都有一个格式塔❷、一个内在的逻辑、一个与伟大事物相关联的特有模式。每个学科都像一张全息摄影的照片，全息摄影图的每个部分都含有整体所拥有的全部信息。每一门学科都有其内在逻辑，这种逻辑如此精深，以至于每一块关键组件都包含重组整体所需的信息——如果用激光照射，一组有高度组织结构的光就会把所有的一切都重组起来。这组光就是教学行为。❸教学活动不是线性的、静态的，而是圆形的、互动的和动态的。"伟大事物"居于中心地位，认知者平等地围坐在周围，相互对话，通过各种方式接近"伟大事物"，从而形成一种真正的学习共同体。

要形成这样的学习共同体，师生应在课堂展开各种形式的沟通，分享各自的观察和解读，互相纠正和补充。之所以能形成这样的共同体，首先是师生都一致关注那个认识的对象，这不是一个客观的、只有专家才能得到并通过教师来传授的"知识"，而是一个具有其自身生命力和完整性的"伟大事物"，是能和教师发展关系的主体，跨越了理论与实践的鸿沟，连接了大家的头脑与心灵。

因此，教师职业需要培养一种神圣感。"柔眼"是在教师注视着神圣的现实时能引起感情共鸣的现象。教师的眼睛应当是开放的、善于接纳的，能看到世界的伟大和伟大事物的魅力。❹学科专业一体化语境之下的以学生为中心的课堂，教师的核心任务是要建设学习的共同体，为伟大事物提供一种声音，让学生听到并理解。于教师而言，要坚持做自己，去追寻伟大事物的魅力。

参考资料

[1] 约翰·哈蒂（John Hattie）. 可见的学习：对800多项关于学业成就的元分析的综

---

❶❸❹ 帕克·帕尔默. 教学勇气：漫步教师心灵 [M]. 吴国珍，余巍，等，译. 上海：华东师范大学出版社，2005：21，76-79，133.

❷ 格式塔为德文"Gestalt"的音译，心理学概念，此处指学科中具有分离特性的不同部分构成的有机整体。

合报告 [M]. 彭正梅，邓丽，高原，等，译. 北京：教育科学出版社，2015：译者序第 6 页.

[2] 林军. 学科专业一体化协同创新发展策略探索 [J]. 黑龙江教育·理论与实践，2016（9）：24.

[3] 帕克·帕尔默. 教学勇气：漫步教师心灵 [M]. 吴国珍，余巍，等，译. 上海：华东师范大学出版社，2005：10，11，14，21，29，68，76-79，133.

论产学研用协同创新对应用型本科教学的促进作用❶

——基于贵阳数控金融平台的金融法实践教学为例

赵承寿❷

【摘要】本文以贵阳数控金融平台项目为例，介绍了贵阳数控金融平台协同创新项目的背景、组织方式及其目标与任务，并以此为基础，阐述了"产学研用"协同创新项目对应用型本科教学的促进作用，并对"产学研用"协同创新项目如何反哺应用型本科教学进行了思考，提出了合理化建议。

【关键词】协同创新；应用型本科；人才培养

"产学研用"协同创新是产业界、高等学校、专业研究机构和实践运用部门，为推动技术进步，立足于社会实际需要，进行资源整合，发挥各自优势，合作创新的一种发展模式。党的十九大报告在谈到加快建设创新型国家时指出，要"建立以企业为主体、市场为导向、产学研深度融合的技术创新体系"。

为了适应我校应用型本科教学改革的需要，探索应用型人才培养模式，2016—2017年，笔者利用深入企业开展社会实践的机会，与金电联行（北京）信息技术有限公司（以下简称"金电联行"）、清华大学信息技术研究院，贵阳市金融办共同研发了一个基于大数据的"数控金融"平台。在协同创新过程中，对于开展《金融法》应用型课程教学进行了一些尝试，做了一些思考。

1. "数控金融"平台协同创新项目的背景

在互联网时代，中国的金融生态环境正在发生深刻的变化。包括在线支付、网络贷款、网络众筹、网络理财等在内的互联网金融业态和普惠金融得到了快速发展，消费信贷可能出现爆发性增长，中小微企业融资难、融资贵的问题有望依赖市场的力量得以解决。与此同时，无论是传统金融业的风险控制，还是互联网金融创新，金融行业对大数据和云计算技术的依赖越来越强，特别是在风险量化分析、风险定价、金融产品营销、金融风险监测和预警、系统性风险防范和提高金融系统效率等方面，大数据技术都发挥着不可替代的作用。

2015年6月24日，国务院办公厅发布了《关于运用大数据加强对市场主体

---

❶ 本文为北京联合大学2015年教改立项课题"应用型大学法学特色专业建设研究"（课题编号JJ2015Y004）的研究成果。

❷ 赵承寿，北京联合大学应用文理学院法律系教授。

服务和监管的若干意见》（国办发〔2015〕51 号），提出要"以社会信用体系建设和政府信息公开、数据开放为抓手，充分运用大数据、云计算等现代信息技术，提高政府服务水平"，加强金融监管，守住不发生系统性和区域性金融风险的底线，保障金融稳定和经济安全。

"互联网+"时代科技金融和监管科技的发展不仅是现代金融业发展的前沿热点问题，也是《金融法》应用型本科教学改革所重点关注的内容。从金融监管法的角度看，虽然囿于一行三会的固有体制，对以跨界发展和模式创新为特点的互联网金融监管，在中央层面进行监管存在协调成本较高、效率低的问题。但在地方层面，由于地方金融监管当局在许多问题上都具有相应的监管权限，除备案登记管理之外，金融办还将承担新金融市场准入监管、信息披露监管、投资者保护、打击非法集资、金融风险处置等重要职能，具有很强的监管协调能力，能够为金融监管大数据平台提供全面的数据支持和强有力的保障措施。贵阳市金融办立项的"数控金融"平台项目就是在这一背景下，为了提高贵阳市金融办在"互联网+"时代的履职能力，守住不发生区域性金融风险的底线，保障实体经济健康发展，推动普惠金融的发展而启动的。

2. 贵阳市"数控金融"平台产学研用协同的组织方式

贵阳市金融办是"数控金融"平台的立项单位，在贵阳市委和市政府的大力支持下，联合金电联行和清华大学信息技术研究院共同开发。

金电联行成立于 2007 年，作为我国第一家大数据信用服务专业机构和我国大数据金融行业的领军企业，是中国人民银行第一批批准备案的全国性企业征信机构，也是融信息技术研发、金融与社会信用服务于一体的国家高新技术企业。

清华大学信息技术研究院在大数据研究、云计算等领域积累了大量的科研成果，包括：面向复杂应用环境的海量数据存储系统关键技术；面向金融领域的大数据管理与分析的关键技术与系统；支持数据驱动和知识工程的服务支撑平台等方面的科研成果，需要实现科研成果的转化。

清华大学还与金电联行通过强强联合，成立了金融大数据联合研究中心，将清华大学在信息技术领域的学科、技术和人才的优势和资源，与金电联行在大数据金融领域的产品优势进行有机整合，为建成校企联合的信息科技创新优秀研究团队和先进的开放合作平台提供保障，同时聚集和培养金融大数据方面的高端人才和创新团队，促进相关领域交叉学科的技术创新，推动新兴学科的培育，打造引领金融大数据产学研一体化的国际一流研发平台，运用先进的大数据理念，研发领先技术，开发数据资源，推动大数据技术的运用，防范金融风险。

贵阳市"数控金融"平台是为市金融办的业务管理提供全面的信息化管理支持，提高其行政管理效率和履职能力，特别是对新金融的有效监管能力，遵循"依法监管、适度监管、分类监管、协同监管、创新监管"的原则，科学合理界定各业态的业务边界及准入条件，落实监管责任，明确风险底线，促进新金融健康发展，更好地服务实体经济。同时将金融办的业务管理活动纳入"数据铁笼"监管范围，实现全流程、全事项、全人员的动态和可追溯监督，以及对管理风险的实时预警和处置。

3. "数控金融"平台协同创新目标与任务

贵阳市"数控金融"平台是利用大数据和信息技术手段对政府权力进行约束和规范，提高金融办行政管理效率和履职能力的重要创举，也是贵阳市"数据铁笼"工程的重点项目，对党风廉政建设和反腐败斗争具有重要意义。

作为一项数据驱动型政府治理方式改革，"数控金融"平台是一个体系化的创新，包含理念创新、科技创新、管理创新、服务创新、模式创新与制度创新在内的全面创新与改革，是对数据化后的权力、制度、行为和流程进行规范的平台，不仅是解决行政权力从"不敢腐"到"不能腐"的重要路径和重要抓手，而且对于防范和抑制互联网金融风险、推动贵阳互联网金融健康发展以及政务数据的共享开放进程，具有重要的意义。需要实现以下几个基本目标。

首先，要通过不断完善信息化基础设施与应用系统，提升金融办业务管理的信息化水平。

其次，需要打造规范金融办行政行为的"数据铁笼"，保障市金融办在金融业务管理活动中严格秉持"法定职责必须为，法无授权不可为"的基本原则。

再次，解决贵阳市金融办与各政府部门间数据共享与交换的现实问题，消除部门间的信息孤岛，增强部门间的横向联系，优化、综合利用政府政务信息资源。

最后，解决新金融业务监管的技术难题，采用大数据及区块链技术，积极探索新兴信息技术在金融办业务监管和信息服务中的运用，适应互联网和大数据时代对新金融业务管理的需要，提高金融办的履职能力和服务能力。积极探索区块链技术在新金融监管领域的应用，通过"数控金融"平台的制度建设和技术保障的有效结合，对新金融进行全方位、全过程风险监控，实现线上线下、监管层面与业务层面的实时交互对接，守住不发生行业风险和区域性金融风险的底线。

贵阳市"数控金融"平台协同创新项目需要完成以下几方面的具体工作。

第一，开发"数控金融"平台的业务管理系统，针对的行政相对人主要是小额贷款、融资性担保、网络借贷（P2P）业务等机构，通过信息化手段，对小额贷款公司、融资性担保机构以及网络借贷平台的经营进行全生命周期的金融监管，支持其创新和发展、营造良好的新金融环境、规范从业机构的经营活动，规范小额贷款、融资性担保和网络借贷市场秩序，促进全市以及全省相关市场的良好发展。

第二，开发"数控金融"平台"数据铁笼"系统，以大数据构建权力约束与规范体系，促进金融办政府治理能力现代化，通过大数据手段和思维，对地方金融办监管权力的运行进行风险控制，将权力、制度、行为和流程数据化，通过数据管住人、事、物，以数据为重要核心，完善权力监督的技术体系。

第三，开发"数控金融"平台数据资源管理系统，通过在数据共享交换、数据开放以及数据增值管理等子系统，与贵阳市政务数据共享交换平台对接，推动政务数据的开放和利用，提高数据的使用价值。

贵阳市"数控金融"平台作为新金融的监管和服务平台，需要实践"中央定方向、地方出规则"的规制思路，深化对新金融运行特点、发展路径和监管规律的认识，探索新金融监管创新模式，形成具有全国，乃至全球借鉴意义的新金融监管贵阳经验。

4. 贵阳市"数控金融"平台产学研用协同创新项目反哺应用型本科教学的几点体会

贵阳市"数控金融"平台协同创新项目经过合作各方一年的努力，2017年年底通过验收。项目实施的过程，也是笔者探索应用型本科教学改革的过程。在项目实施过程中，不仅运用项目的研究成果及时对课堂教学内容进行更新和补充，还非常注意将项目研发过程中遇到的现实中的金融监管法律问题在课堂上进行讨论，启发他们自主探索解决方案，并且还带领部分本科生和研究生亲身参与了该项目的研发，培养他们深入实际、解决实际问题的能力。

首先，应用型本科教学改革的切入点，必须瞄准经济和社会生活中的前沿热点问题，才能够有效增强相关课程对学生的吸引力，真正践行学以致用的改革宗旨。

以《金融法》的应用型本科教学为例，传统的《金融法》的课程建设是围绕银行、证券、保险、证券三大领域的传统业务展开的，并且注重理论层面构建和原理解析，与"互联网+"时代的金融实践差距甚远，存在理论和实践相脱节的情况，不能有效激发学生的学习积极性，难以适应应用型本科教学的需要。

例如，现有《金融法》课程的支付结算法律制度只涉及传统支付结算模式（电汇、信汇、票汇、托收、信用证等）下当事人之间的权利义务关系及其法律责任，而对学生来说几乎每天都会接触到的依托互联网进行的第三方支付却付之阙如，诸如P2P和互联网理财产品，都是开展应用型本科教学改革的非常好的切入点，与学生的日常金融生活联系紧密，容易引起他们学习兴趣。在开发贵阳市"数控金融"平台的协同创新过程中，为了做好顶层设计，我们对这些所谓的新金融业态涉及的法律问题进行了全面的梳理，对金融监管所面临的实际问题有了切身的体会和深入的了解，使得在开展应用型本科教学的过程中，能够更接地气，更容易激发学生的学习兴趣，否则，难以实践学以致用的应用型本科教学培养目标。

其次，从教学内容来看，应用型本科教学改革不能囿于既定教材和课程教学大纲的僵化规定，必须结合最新的金融发展动态，与时俱进，更新和增加教学内容，与现代金融业务相结合，组织教学内容。如果过于重视《金融法》的既有理论体系和课程内容之间的逻辑结构，很容易闭门造车，走入"唯理论而理论"的死胡同。

改革开放后，我国的金融体系已经发生了巨大的变化，特别是国际金融危机之后，以金融创新、互联网金融为代表的科技金融和以沙箱监管为代表的监管科技得到了快速发展，而金融法教材体系的相应调整和更新大大落后于金融业的快速发展，金融业务和金融监管法与传统的金融业和监管模式已经发生了根本性的变化，从原理到业务模式，包括风险控制和合规管理，根本就不是学生在课堂上所能够接触到和理解的，照本宣科的填鸭式教育完全行不通，因为根本就没有"本"可"宣"，不仅教科书中的内容赶不上金融业的发展步伐，即使是金融监管法本身也总是不能跟上金融创新的发展。如果不能将最新的金融业务纳入教学内容之中，根本就谈不上是应用型本科教学，培养出来的学生当然不能满足金融行业发展的需要，学生也无法真正理解科技金融与监管科技所引发的现代金融业的革命性变革。

通过参与这次协同创新，这里应该特别强调的是，笔者能够深刻地体会到，随着金融创新的发展，金融业务和金融产品更新的速度越来越快，修改再快的教科书也不能适应金融领域加速创新的发展需要，因此，应用型本科教学改革必须从根本上摒弃脱离教科书和课程教学大纲就无法组织教学内容和实现培养目标的观念，学会从金融实务和创新业务中充实教学内容。

再次，从教学方式来看，要坚持问题导向，更多地采用启发式教学的方式，引导学生根据需要解决实际问题，积极主动地探索解决金融法律实际问题。在这方面，翻转式教学是应用型本科教学改革，特别是在实践教学环节最值得推广的教学方式。

以《金融法》为例，金融业的发展有一个基本规律，古今中外，金融法律制度鲜有是按照某种既定理论进行设计建构的，通常都是在金融机构追求利益最大化与保障金融体系安全之间，围绕基于公共利益的金融监管与金融机构基于利益最大化的法律规避而展开博弈的结果。这点在现代金融业最具代表性的美国和英国表现得最为明显。华尔街也好，伦敦金融城也罢，金融业的发展史就是一部在金融机构追求利益最大化的过程中引发一系列严重的经济动荡后，为维护公共利益，通过政府监管对金融行业进行行业矫治的结果。1929—1933 年经济大萧条后罗斯福新政时期的系列金融立法、2008 年的国际金融危机后华尔街改革法案，以及英国的历次金融立法变革莫不如是。金融法的历史不是某种金融理论自我演化的历史，相反，整个金融理论和金融法律制度只不过是解决金融现实问题和处理金融危机的经验总结。

由于金融业务的专业性和金融产品的复杂性，即使是传统《金融法》教学方式中的案例教学，其中经过抽象过的类型化案例，与金融业务的实际法律问题也是大相径庭，对学生解决金融实际问题的能力无所助益，因为实际的金融业务和涉及的法律问题，远比案例本身要复杂得多。为此，可以通过翻转式教学方式组织教学，让学生大量阅读教师精心选择的阅读材料，通过学生的自主学习，来弥补金融业务专业知识的欠缺和有限的课堂教学课时，并结合实践教学和专业实习来增强学生的感性认识，否则，学生可能根本不能理解所学内容。这次开发"数控金融"平台项目对各种新金融业态进行了较为全面的分析，对涉及的相关法律关系进行了系统研究，积累了大量的背景资料和立法文件，为《金融法》进行翻转式教学提供了大量的素材和学生的课外学习资料。

在某种意义上，金融与《金融法》只有在金融实践中才能逐步学会，或者说，金融与《金融法》的教学更多的是一种技能培养，虽然离不开理论总结和指导，但只有在金融实践中才能培养学生发现问题和解决问题的能力。应用型本科教学也必须改革目前课堂教学的单一模式，采取走出去、请进来的方式，面向应用，组织学生深入参与社会实践，在实践中学习知识，提高分析和处理金融实务中复杂法律问题的能力。

最后，开展应用型本科教学改革，必须与优秀的企业和研究机构合作，注重多学科知识的学习和综合能力的培养。

例如，在本协同创新项目中，负责"数控金融"平台研发的金电联行是我国第一家大数据信用服务机构，也是中国人民银行批准备案的全国性企业征信机构，中国中小企业协会副会长单位，国家发改委、工信部主管的信用服务平台认定的信用体系建设和中小微企业信用融资评价机构。作为一家融信息技术研发、金融与社会信用服务于一体的国家高新技术企业，是我国金融大数据行业的领军企业。为"数控金融"平台提供数据处理技术和人工自然语言报告自动生成技术的清华大学信息技术研究院在这些领域也是处于国内领先地位。贵阳市金融办强有力的组织协调能力则是项目得以完成的重要保障，体现了行政机构的资源动员能力和行政特点。这些业界翘楚和技术引领者，包括贵阳市金融办的行政管理方式，可以使学生零距离接触到最前沿的信息技术及其在金融领域的运用和政府项目的组织形式，极大地开阔学生的视野，培养他们的创新意识和资源协调能力。

"数控金融"平台是一个跨领域、多学科、跨专业的多方协同创新的成果，涉及金融、信息技术、法律、行政监管、宏观调控等多领域的学科交叉和专业知识，非常有利于培养学生融合多学科知识的能力和综合技能的培养。

模拟法律诊所教学中教师的作用探讨

郑　晶❶　刘婧娟❷

【摘要】法律诊所提倡学生参与真实的案件处理，在此过程中培养学生的职业素质。但在案源、教学时间、师资等条件有限的情况下，模拟法律诊所也不失为一种可选择的教学模式。从教学的实际开展情况来看，学生在模拟过程中存在定位不清、忽视程序性问题、知识储备不足、将法律诊所与案例教学相混淆的问题。因此，需要教师发挥引导作用，以达成法律诊所的教学目标。

【关键词】法律诊所；情景教学；实践教学

法律诊所课程自 2000 年在中国人民大学、清华大学等 7 所高校开设以来，其基本的教学定位在于改变传统的案例教学法的教学方式，教会学生如何去学习和运用法律[1]，鼓励和支持学生在法律实践中学习法律，在法律实践中获得法律的创造性思维[2]。虽然法律诊所强调学习的互动性和答案的开放性，主张以学生为主体，但这并不意味着教师在法律诊所的教学环节中只是一个消极的角色，尤其在模拟法律诊所的教学中，教师的引导作用对教学活动的顺利开展是不可或缺的。

1. 模拟法律诊所在教学中的应用

1.1　法律诊所的开展模式

法律诊所的开展模式，要根据开课院校的资源来加以设定，尤其是开课院校及其合作单位能够提供的案件资源和师资资源。

为了体现法律诊所的价值理念，实现法学院的学生现实切入法律实务的教学目标，与法律援助相结合成为法律诊所的一种重要开展模式。较早开展法律诊所的华东政法大学、北京大学、中国人民大学都有将法律援助与法律诊所相结合的经验，诊所相应的案源来自法律援助中心，如北京大学法学院法律诊所的案件来自本校的法律援助中心，中国人民大学法学院法律诊所案件则来自北京"大学生志愿者法律援助中心"[3]。考虑到法律诊所的产生背景，法律援助方式的介入与法律诊所为弱势群体提供服务的价值理念确实相当契合。但是这一教学方式的开展，不仅仅是一门课程的设置，而且是整个教学培养方案和培养方式的调整，现行的高校管理体制和教学体系很难对此种法律诊所提供制度上的支持，尤其是持续性的教学安排。所

---

❶　郑晶，北京联合大学应用文理学院法律系副教授。
❷　刘婧娟，北京联合大学应用文理学院法律系副教授。

以，也有学者建议，通过建立社区法律诊所，来解决法律诊所教育所面临的难题[4]。社区对法律诊所所提供的法律服务无疑有很大的需求，但社区的管理能力能否支持社区法律诊所的持续设立和开展在现实中是存疑的，而且持续性的教学安排仍然难以得到现行教育管理体制的有效支持。

所以，考虑到法律诊所在法学教育中的持续性开展，在强调学生必须参与法律实务操作的同时，对法律诊所还可以进行有效的课堂教学设计，如复旦大学对法律诊所的"个案全过程教学法"探索[5]。此外，开设"模拟法律诊所"，模拟真实案例的发生场景，也不失为一个可行的方法。

1.2 模拟法律诊所的现实意义

文献资料显示，美国大学法学院所设置的法律诊所大致可以分为三种：第一种是"内设式诊所"，学生在指导教师的具体指导下，为有关的当事人提供直接的案件代理服务；第二种是"外置式诊所"，学生被安置在法学院之外的一定机构中，并且在非教师的法律从业人员（主要是律师）的指导下从事法律服务工作；第三种诊所可以称为"模拟法律诊所"，学生在一个模拟的环境中学习律师执业技能和职业道德[6]。

从教学效果来看，"模拟法律诊所"中的学生并不为真实的当事人提供服务，多少和现实操作存在偏差。但是，其过程的可控性相对于现实操作而言可能更有利于教学活动的开展[7]。这就要看法律诊所在现行的法学教育体系中是什么地位了。至少在现阶段，法律诊所无法成为中国法学教育方式全面改革的切入点，更多的可能只是作为实践教学环节来看待[8]，"模拟法律诊所"的存在因此有了合理性。在这一层面上，"模拟法律诊所"是对学生既有的法律知识的深化，促进其知识的内化过程；同时，"模拟法律诊所"也可以为学生进入真实的法律场景提供必要的前期准备。

1.3 模拟法律诊所教学中教师的角色扮演

模拟法律诊所教学在教学方法上属于情景教学，在这一教学过程中教师要扮演组织者、引导者、总结者和评估者的角色。但与此同时，教师又要留给学生必要的空间，让学生自由发挥、自主学习。这细致分寸的拿捏需要教师有丰富的教学经验，做到密切关注教学全过程；同时还应具备相应的实务经验，有能力从实务的角度来评价学生的学习效果。当好"主持人"是对教师角色较为认同的角色设计，但具体应当如何操作和把握则鲜有细致的分析。

2. 模拟法律诊所教学中的典型教学情景分析

2005 年，北京联合大学应用文理学院法律系开始采用法律诊所的教学方法，之后又正式开展了法律诊所课程。根据学校的教学条件和学生数量，在教学模式上采用课堂教学、实务实践以及模拟法律诊所相结合的方式。其中，模拟法律诊所较多地应用于接待当事人咨询环节。具体的操作方式是：一组学生扮演咨询人，另一组学生扮演律师。咨询人向律师说明案件情况并提出权利诉求,律师为咨询人提供法律解决方案。在这个过程中,进行律师角色扮演的学生要充分考虑到当事人的权利诉求,实现其利益最大化,通过这一互动环节,让学生学会"律师思维",而并非通常案例教学中的"法官思维"[9]。

2.1 典型教学情景描述

情景一

咨询人:律师,您好!我有一个问题想向您咨询一下。

律师:您好!请说。

咨询人:我买了一袋巧克力,20多元钱。回家一吃发现巧克力里有虫子,太恶心了!您说我该怎么办?

律师:根据《食品安全法》的规定,您可以要求退回20多元的价款,并得到1000元的赔偿。

情景二

咨询人:律师,您好!我在＊＊购物网站上购买了一部手机,现在手机有质量问题,我可以要求向买家要求退货吗?

律师:根据《合同法》和《消费者权益保护法》的规定,手机有质量问题,消费者可以要求修理、更换、重做。

情景三

咨询人:律师,您好!我有一个家庭问题想向您咨询一下。

律师:好的!(开始记录,将案由记录为婚姻家庭问题)

咨询人:我20岁时和同村的女友结婚,当时年纪小,乡政府不给办结婚登记,所以我们就只是摆了酒。结婚第二年我们的孩子就出生了,当时没上户口。现在我们年龄到了,也登记了,但孩子的户口还没上,您说这该怎么办?

律师:……(内心旁白:《婚姻法》没规定啊)

2.2 模拟法律诊所教学中的常见问题

从上述教学情景不难看出,模拟法律诊所会因为学生角色定位不清,或者内心认定了一些假定前提,导致模拟的过程出现偏差,因而影响了学生的学习效果。

(1) 定位不清,没有从律师的角度思考

情景一中,扮演律师角色的学生在没有充分询问咨询者诉求的情况下,就直接给出了咨询意见,这样会导致两种结果:第一种可能的结果是,律师给出了咨询者预想的答案,毕竟双方都是法律专业的学生,整个咨询过程就此结束,双方都会进入无法对话、学习的尴尬状态。第二种可能的结果是,律师所给出的答案和咨询者预设的答案不同,双方会因此发生争论;还可能是由咨询者按照自己的理解来询问律师,以得出自己所预想的答案。在第二种情况下,扮演律师和咨询者的学生都发生了角色错位或者交叉。

在情景一的对话中，如果从律师角度思考，首先应当确定的是咨询者的诉求，而不是直接为其确定诉求。咨询者是在实体上有什么诉求？他是希望获得赔偿，还是换货？咨询者的诉求是否在程序上？他是想通过什么方式来解决他所面临的问题？咨询者如果想获得赔偿，那么他的居住地在哪里？他在什么地方购买了巧克力？巧克力的生产商又是谁？……也就是作为律师，他并不代咨询者做出决定，但是他应当主导整个咨询的过程，通过询问获得案件的具体信息，综合案件事实和法律的具体规定，为咨询者提供一个最佳的解决方案。如果扮演律师角色的学生依照相应的定位循序渐进地提供咨询服务，其理解和运用法律的能力在这一训练过程中会得到有效的提高。

（2）假定事实，忽略程序性问题

除了对获取完整案件事实的重要性缺乏认知之外，学生在扮演律师角色时还会忽略咨询人所陈述事实的可证明性。这当然和模拟法律诊所的参与者之间的关系有关。两类角色的扮演者是彼此相熟的学生，这使得咨询者所陈述的事实会被想当然地认为是真实的，这在情景二中表现得尤为突出。

情景二所设定的咨询案件是网络购物。在处理此类案件时，确定交易的真实性和交易相对人的身份是两项很重要的工作，但是却被律师的扮演者给忽略了。他轻易地就认定了咨询者所提供的事实，而没有向咨询者询问是否有发票，能够证明咨询者是从何处、何人手中购买了商品；如果咨询者没有在交易中取得发票，则是否有其他证据能够证明交易过程，这些证据是什么形式的，是否已用恰当的方式加以固定。可见，学生假设事实的真实性，导致重要的训练内容无法展示在模拟过程中。

（3）知识储备不够，不能应对相应的问题

为了尽可能接近现实的咨询场景，通常情况下，扮演律师的学生组是不应当在咨询前知晓咨询案件的具体信息，而一些看上去似乎稍显冷僻的案件就会给咨询工作的进行带来困扰。

在情景三中，咨询人所咨询的问题如果要得到解决，要参看户籍管理方面的法律规定，学生在这方面的知识储备不够，会影响模拟咨询的开展。相较于不熟悉法律的具体规定这个短板，学生在法律关系认定方面的错误更为致命。户籍管理属于行政管理范畴，如果学生按照这个思路来分析问题，即使具体条款不够熟悉，也可以提供正确的分析路径，至于具体的条款则可以在咨询过程中通过法律数据库的检索来加以完善。

（4）无法突破案例教学法的既定模式

在所有的教学场景中，学生都急于得出所咨询案件的法律分析结论，而忽略案件的操作过程。这只能归结于案例教学法对学生的影响。常见的案例教学模式中，教师在向学生详细讲解基本概念或具体规定后，为了加深学生的理解，会向学生展示一个典型案例并进行分析，同时案例分析也是法律考试中的常见题型，以检验学生的知识掌握程度。这一教学方法对学生所产生的影响可谓根深蒂固，所以学生不自觉地会将此种模式代入模拟法律诊所的教学场景中，认为只要对案件中的法律关系或者法律问题得出分析结论即可。

但事实上，模拟法律诊所是要求学生能够独立地处理案件，而不是仅仅得出一个分析结论。如何获得事实信息，如何取得并固定证据，如何确定一个最优的解决方案，都是模拟法律诊所的训练内容。而在案例教学中，许多案件事实，尤其是重要的案件事实往往已经假定是真实的，并不需要学生对相关事实进行调查取证；学生在得出分析结论时所依据的信息也是充分的，并不需要考虑是否还有其他信息需要获取。意识不到两种教学方法在训练内容和角度的不同，是学生对模拟法律诊所的教学目的和作用产生困惑的根本原因。

3. 教师具体的定位和应对策略

正如之前所述，教师在法律诊所中的定位是"主持人"，既要保证学生的主动学习，又要对整个进程进行把控。针对学生在模拟法律诊所过程中容易出现的问题，教师可以采用以下应对策略。

3.1 充分把控教学内容

对教学内容的把控有赖于教师课外的准备工作。通常的操作方法是，扮演案件当事人角色的学生，要在案件模拟演示开始之前，将相关资料提交给教师。教师首先可以从资料内容来判断，是否适合在模拟法律诊所中使用。一般情况下，教师不要做出否定性结论。教师更应当做的准备工作，是对案件的处理形成判断，并在之后的教学过程中和学生形成互动。最后，如果学生所提供的案件存在证据上的瑕疵，教师也未必需要向学生提示并要求改进，因为证据瑕疵也是现实案件的常见状态。教师更应当关注的是这种瑕疵会在案件模拟过程中产生什么影响，并做好相应的应对。

3.2 不急于指出学生的过错

对学生在模拟过程中所发生的错误，不论是实质性的还是程序性的，教师都不要急于指出，这在教学过程中极为重要。既然将法律诊所强调为学生的自主学习平台，那么教师不恰当地进入就是对学生学习过程的干扰。

设想一下，如果发现学生的错误并立即指出，这样整个模拟过程就中断了，学生丧失了对模拟过程进行整体设计的机会，之后就是教师主导的模拟过程，这和法律诊所自主学习的要求不匹配。即使发生最极端的情况，如模拟过程中出现了冷场或者是激烈的争论，教师也要观察学生是否无法再继续模拟过程进而决定是否介入。

3.3 通过还原过程对学生加以引导

由于在角色扮演和模拟过程中，教师的作用主要是观察而非纠偏，那么要发挥教师的引导作用，则主要是在学生完成了模拟过程之后进行。教师要还原学生在模拟过程中的表现，提示学生其中存在的问题，让学生考虑如何进行纠正；或者由教师来重新模拟案件的处理过程，和学生的模拟过程进行对比，和学生探讨什么方式更加合理。

　　一言以蔽之，在正确的时间、以正确的方式对学生加以引导，是教师在模拟法律诊所教学中应当起的作用。这对教师的教学能力提出了较高的要求，同时也需要教师在时间和精力上有较多的投入。那么如何提高教师的实务能力，教学时能否做出更灵活的安排，则依然是一个需要探讨的命题。

参考资料

[1] 陈建民. 从法学教育的目标审视诊所法律教育的地位和作用 [J]. 环球法律评论，2005（3）：285.

[2] 陈岚，赵慧. 诊所法律教育论纲 [J]. 武汉大学学报（人文社会科学版），2000（6）：813.

[3] 王立民. 法律援助与"诊所法律教育"[J]. 政治与法律，2005（1）：27.

[4] 崔冬，胡敏. 建立社区法律诊所：法律诊所教育之创新途径 [J]. 教育探索，2013（11）：97.

[5] 杨严炎. "个案全过程教学法"的价值与功能 [J]. 法学评论，2013，31（5）：155.

[6] 陈建民. 从法学教育的目标审视诊所法律教育的地位和作用 [J]. 环球法律评论，2005（3）：283.

[7] 甄贞. 一种新的教学方式：诊所式法律教育 [J]. 中国高等教育，2002（8）：33.

[8] 马永梅. 法律诊所教育与法学教学实践评价模式的改革研究 [J]. 理论导刊，2007（2）：74.

[9] 陈中泽. 美国诊所式法律教育的特点与借鉴 [J]. 交通高教研究，2002（2）：72.

试论国际法教学方式的多元化

李晓丽❶

【摘要】国际法是法学本科生的核心课程，因与日常生活联系较少，不易激发学生的学习热情，探索国际法教学方式的多元化对国际法学科的教学具有重要意义。在传统讲授国际法教学内容的基础上，参考黄进教授提出的 3D 教学模式，进行双语教学，引入模拟国际法庭、模拟联合国等实践教学模式，加强案例教学，利用影视资料、视频资料等多媒体教学手段，有利于提高学生学习的兴趣和积极性，提高国际法课堂教学效率。

【关键词】3D 教学模式；模拟法庭；案例教学；双语教学

国际法课程是法学专业的必修课程，面向本科学生开设。通过对国际法的学习，其主要目的是让学生掌握国际法的基本概念和基础知识与原理，初步了解有关国际法理论，构建一个对系统的国际法框架的认识，增强学习兴趣与主动性，重点培养学生发现问题以及将所学国际法知识用于分析和解决国际社会中现实问题的能力，以加深他们对国际法适用性的认识并激励创新能力。但本课程具有理论性很强，涉及范围广，学习难度较大的特点，学生学习时不免觉得枯燥，缺乏学习动力。在教学上采取多元的方式，是培养学生学习兴趣，提高学生对知识理解和运用能力的重要手段。

1. 国际法教学方式多元化的必要性

国际法教学方式必须要多元化，这是由国际法学科的特点所决定的。只有教学方式的多元化，才能最大限度地激发学生学习国际法的兴趣，加强其主动性和积极性。相对于其他国内部门法而言，学生学习国际法的兴趣并不那么高，可以说很低。对于目前的国际法教学而言，大部分学生处于一种被动的、不感兴趣的学习状态，只是因为《国际法》是法学核心课程，不得不机械地学习和接受，以应付考试和学分要求，学生普遍缺少主动的学习精神。而反观其他一些国内法的教学，如刑法、民法、婚姻法等，因为与日常生活密切相关，很多学生学习起来非常有兴趣，课堂教学效果也就更好。学生对国际法学习的"冷淡"，与国际法在维护国家权益、促进世界和平发展方面所起到的越来越重要的作用，形成鲜明的对比。一方

---

❶ 李晓丽，北京联合大学应用文理学院法律系讲师。

面，随着全球化时代的来临，我国对外交往的日益频繁，国际法的价值日益凸显，国家和国际社会也需要越来越多的涉外法律人才。但另一方面，由于学生对国际法学习兴趣不浓，现有人才培养方式难以满足国家对于涉外法律人才的需要，使得国际法人才短缺。要解决这一问题，改革国际法教学方式，培养学生学习国际法的积极性和主动性，是第一步，也是基础。

国际法的日益重要与国际法人才的短缺这一矛盾的产生，根本原因在于广大法科学生对国际法兴趣不浓，本科毕业之后选择继续攻读国际法硕士、博士学位的人数，相对于其他国内部门法而言，少之又少。国际法研究人员基数的稀少，决定了高级涉外法律人才的缺失。为什么学生对于国际法的学习兴趣不浓呢？这要从国际法自身的特点说起。国际法所教授的相关知识，与学生的日常生活相距甚远，不像刑法、民法等部门法与日常生活密切相关。国际法所涉及的案例，具有非生活化的特点，均是一些大型的、跨国的案例，与学生的生活经验距离较远，这导致国际法课程的教授上，理论与实践脱离，学生很难有机会亲身到外交部门、国际组织等参与实践，感觉除了用于考试，国际法知识很难找到用武之地。此外，在司法考试中，国际法部分的分值不高，仅为十分左右，这也导致部分学生学习国际法的积极性不高。

2. 国际法教学方式多元化途径

国际法学特点明显，如果依然沿用传统教学方式，无法满足我国对于涉外高级人才的需要。要解决这一问题，促使更多的学生能够对国际法产生兴趣，更好地普及国际法基本知识，培养更多的国际法专门人才，需要结合新时代的发展，针对国际法自身的特点，对传统国际法教学方式进行改革。所以，加强国际法课堂教学方式的多样性，从而提高学生积极主动学习国际法的兴趣，也就成为不二之选。国际法教学方式的多元化是指针对国际法学科的特点以及讲授的具体内容，选择不同的教学方式来完成教学目标。之所以要针对不同教学内容设计不同的教学模式，实现教学方式方法的多样性，根本目的在于提高学生学习国际法的兴趣。所以，如何提高学生学习国际法的兴趣，提高教学效率，是改革国际法教学的重要研究内容。

2.1 国际法课堂教学手段多样化

在这一点上，可以参考黄进教授提出的 3D 教学模式❶。"3D"即 discussion（讨论）、dialogue（对话）、debate（辩论）。[1]也就是说，国际法的课堂教学，不能局限于传统的讲授式教学方式，而应综合采用讨论、对话、辩论等师生互动的方式，加强教师与学生在课堂中的互动性。这样做的好处在于，能够使学生积极

---

❶ "3D"课堂教学模式是 2002 年 9 月在华东政法大学召开的中国国际私法学会年会上，黄进教授提出的理念之一。

参与其中，学生不再是被动地接受，而是主动地学习知识，培养了学生独立思考、发现问题、解决问题的能力，同时也锻炼了学生的逻辑思维能力和语言表达能力。最重要的是，通过这样一种方式，提高了学生学习国际法的兴趣。教学相长，教师也可以从与学生的互动过程中，获得有益的启示和启发。

2.2 采用双语教学

国际法相对于国内法而言，具有鲜明的国际色彩，需要更多地接触外国文献和国际条约。国际法学科的这一特点，使得课堂进行双语教学，比其他部门法更具有优先性和可操作性。国际法是为了培养具有国际竞争力的对外人才，第二语言或者说外语就成为一个基础的要求。国际法的主要渊源如条约、司法判例等，大部分一手资料均是英语。能够获取第一手资料并直接进行研读，这也是学好国际法的必备要求。只有进行专业的训练，才能培养出使用英语与国外机构或人员进行国际法有关问题的交流、沟通的专业人才。此外，进行双语教学，能够提升国际法与其他国内部门法的区分度，如果再结合 JESSUP 国际法模拟法庭来进行，会大大提高学生的兴趣和双语学习的动力。

为此，教师应提高自身的英语水平和能力，合理制定双语教学的目标，并根据学生的英语水平和接受能力，循序渐进，逐步加大外语的使用比例，最终使学生能够运用母语和外语与不同人员进行国际法的交流和沟通。

2.3 引入模拟国际法庭、模拟联合国等实践教学模式

引入模拟国际法庭、模拟联合国等实践教学模式，有利于提高学生学习兴趣，加强学生运用国际法的能力。理论性强，实践性弱，是传统国际法教学的主要弊端。在国际法的实践教学环节，学生难以有机会进入外交部门或国际司法机构、国际组织进行实践，也就难以获得亲身体验和经历。对于已经发生的重大国际法事件，只能进行人云亦云的评说，难免有隔靴搔痒之感。而参加国际法模拟法庭、模拟联合国等比赛，可以通过模拟国际法庭审判、模拟联合国相关程序，加强学生运用国际法进行实践的能力。创办于 1959 年的 Philip C. JESSUP 国际法模拟法庭大赛（或称"JESSUP 模拟法庭"）是以美国著名国际法学家菲利普·杰赛普（Philip Jessup）的名字命名，由国际法学生协会（ILSA）和美国国际法学会（ASIL）联合举办的世界上规模最大、历史最久的专业性法庭模拟赛。JESSUP 国际法模拟法庭大赛至今已经有近 60 年的历史，吸引了包括我国在内 80 多个国家的 500 多所法学院参加。[2] 我们应该积极利用这种加强学生实践能力的平台，开展"模拟国际法庭"和"模拟国际仲裁法庭"活动，并把它与国际法教学有机地结合起来，既可以大大提高学生学习的兴趣，又可以加强学生实践能力的培养和锻炼。

2.4 加强案例教学

国际法的教学，应该加强案例教学，积极引进国际时事与国际热点问题，加

强对中国国际法实践的研究，培养学生的爱国主义情怀，学会如何运用国际法维护国家权益。

国际法教学实行案例教学法，虽与国内法有所不同，但也具有重要价值和意义。根据《国际法院规约》第38条之规定，司法判例及各国权威最高之公法学家学说，作为确定法律原则之补充资料者。也就是说，司法判例是国际法辅助渊源之一，对国际法的发展有重大的促进作用。所以，研习国际法的司法判例，进行案例教学，除了可以使理论和实际有机的结合，提高学生的兴趣，对国际法教学而言，还可以对国际法某些法律原则的发展，有进一步清晰的认识。[3]如陈致中教授就认为，"体现在案例中的国际法，是实践中的国际法，从实践中学到的国际法，就是活的国际法"[4]。案例教学法并不是拿出一个案例，设置几个问题来回答。首先教师应该提前布置相关资料进行阅读，让学生了解案件的相关背景知识和主要问题。在教学过程中，实行分组讨论的模式，鼓励学生独立思考，自主发现问题、提出问题并最终解决问题。最后根据讨论结果，教师进行言简意赅的点评，将案件材料与所涉及的国际法内容有机结合起来，加深学生的理解和掌握。

国际司法机关的判例，固然具有代表性和典型性，对国际法某一方面的发展起到了促进作用，但正在发生的国际时事和国际热点问题，更能反映国际法最新的发展趋势。所以在教学过程中，一定要引进国际时事与国际热点问题，将经典案例与时事案例相结合，加强对中国国际法实践的研究。对国际法的学习而言，学生很难得到国际司法机构、国际组织实习的机会，所以很多学生感觉国际法离自己很遥远，很难产生兴趣。针对这一情况，需要在国际法教学课堂上，有意识地把中国参与国际法的实践加入进来，既能激发学生的学习热情和兴趣，又能培养学生运用国际法维护国家利益的能力，同时也可以加强学生的爱国主义情怀。如近期发生的菲律宾"南海仲裁案问题"，就可以结合海洋法、国际组织法等相关知识进行讲解，既使学生了解了相关的国际法知识，又加强了学生的爱国主义教育，激发学生利用国际法维护国家利益的主动性。针对不同的国际法内容，应该融入不同的时事国际法案例。如讲到国际罪行中的海盗罪时，可以结合索马里海盗来谈，分析对于海盗行为的国际法问题。在讲解海洋法时，可对中国和日本东海划界的争端等情况进行介绍和分析。讲到引渡和庇护时，就可以加入斯诺登案和赖昌星引渡案进行介绍、分析。这样一来，就会让学生感到国际法的用武之地，提高学生的学习兴趣。

我国作为发展中的大国，越来越多地参与到国际实践当中，在国际法的很多领域，都表达过自己的观点。而且这部分国际法资料的获取相对较为容易，外交部等部门都进行过相关书籍的整理和编撰。此外通过官方网站也可以获得中国政府参与国际事务的最新动态。国际法课堂教学，要积极利用好这些资源，激发学生的学习兴趣，提高教学的效率。

2.5 利用影视资料、视频资料等多媒体教学手段

充分利用影视资料、视频资料等多媒体教学手段，提高国际法课堂教学效率。正是因为学生对国际法学习的兴趣不高，所以要利用一切可以利用的教学手段，培养学生的兴趣。加强国际法课堂的影视教学，积极利用影像资料，让学生主动在观影中学习国际法有关知识，对国际司法实践有一个直接的感性认识。此外，通过视频资料，可以把最新的国际法热点问题引入课堂，使学生对事件的背景有着直接的感受，从而激发学生的学习兴趣，培养学生独立思考、加强国际法运用的能力。一个界面很好的 flash 动画或者一段经过编排的国际时事影片给学生留下的印象要比单独的幻灯片授课深得多。[5]但要注意，影视资料的播放，只是教学的辅助手段，而非目的。所以课堂播放的影视资料，需要经过教师的精心选择，一定不能脱离国际法这个主题。国际法课程知识点繁多，本来课时就相对紧张，所以课堂播放影视资料需要把握好时间，一般的时事短片不宜超过五分钟，国际法历史资料片段不宜超过十分钟。只有这样，才能最大限度地发挥影视资料的作用，而不是喧宾夺主，变成观影课。

3. 小结

激发学生学习的主动性和积极性，并对所学产生兴趣，才是成功的教学。国际法因其自身的特点，使得大部分学生难以产生兴趣。而且国际法体系庞杂，知识点繁多，教师出于完成教学计划的目的，将大量知识点通过传统方法灌输给学生，导致课堂教学效果难以把握。所以要想激发学生学习国际法的兴趣，只有对传统讲授式的课堂教学方式进行改革。实行多元化的教学方式，针对不同的内容，实行不同的方式，能最大限度地引起学生的好奇心，从而激发兴趣，达到提高教学效率的效果。但是不管实行哪种方式教学，教师都应当充当一个引导者，引导学生独立思考，培养学生的创造性思维，使学生初步掌握利用国际法基本原理解决具体问题的能力。切忌为了追求教学方式的多元化而多元化，流于多元化的形式，从而忽视了多元化的目的。实行多元化的教学方式，是为了激发学生的积极性和求知欲，提高教学效率，而非其他。为了不使多元化的教学方式流于形式，教师在其中的作用尤为重要，这也对教师的教学水平和能力提出了进一步的要求。总之，国际法课堂多元化的教学方式，既激发了学生学习国际法的兴趣，也促进了教师教学水平和能力的提高，是一件值得肯定和鼓励的事情。

参考资料

[1] 唐仙丽，等. 3D课堂教学模式在国际法教学中的应用 [J]. 高等教育研究，2014：50.

［2］刘丹. JESSUP 模拟法庭结合国际法双语教学的探索和实践 ［J］. 云南大学学报（法学版），2012（5）：115.

［3］王孔祥. 案例教学法在国际法教学中的运用 ［J］. 当代教育理论与实践，2013（8）.

［4］陈致中. 国际法专论 ［M］. 北京：法律出版社，2009.

［5］陈晓红，等. 网络多媒体技术平台上的案例国际法教学 ［J］. 衡阳师范学院学报，2005（5）：150.

科教融合背景下文科综合实践改革探索❶

吴 蔚❷

【摘要】文科综合实践是科教融合在课程教学上的体现，在实际运行中仍存在诸多问题，如管理壁垒重重，综合性不强；师资力量不足，热情不高；融合不深，创新性不够等。本文提出了三点应对措施：政策引导、平台搭建助力文科综合实践；问题为先、成果导向激发师生创新教学理念；"互联网+"、科技手段解决文科综合实践教学的管理难题。

【关键词】科教融合；文科综合实践；教学改革

"科教融合"从表面上看，即科研与教学的渗透与结合，从深层次看即以培养学生的创新意识为根本目的，以问题为导向的科学探索型教学。近3年，从知网所见以科教融合为主题的高等教育类论文多达178篇，是之前3年的2~3倍以上。可见科教融合已然成为当下高校改革的一个热点话题。与此同时，人们对以创新人才培养为目的的文科综合实践的探讨也取得了一定的成绩，近5年以来有关文科综合教学的论文有20多篇，较以往呈上升趋势。但其中有关国家级文科综合实验教学中心建设的文章占了大多数。如何从科教融合的背景探索文科综合实践改革，仍需要进一步思索。

1. 科教融合背景与文科综合实践的际遇

科教融合其实并不是一个新名词，其来源可以追溯到19世纪初。威廉·洪堡创办了柏林洪堡大学，他改变了中世纪大学为传授知识的场所的观念，奉行研究与教学统一，开启了现代大学的教育思想。后来，这一理念得到延续和发展，在西方国家的高等教育中一直贯穿始终。

相比之下，中国的高等教育走科教融合的道路经历了一个曲折的过程。20世纪三四十年代，现代大学刚刚兴起，学习西方的办学模式，加之许多教师也受过西式教育，科研与教学融合沿袭了西方的做法。在这种理念下，即使在战火纷飞的年代也培养出了一批大师级的人物。新中国成立后，我国高校走了一段科学研究与教育教学相分离的道路。教师的考评、晋升以论文为导向，教师无心教

❶ 本文为2017年度北京联合大学教育教学研究与改革项目"基于科教融合的文科综合实践课开发研究"阶段性成果。

❷ 吴蔚，文学博士，北京联合大学应用文理学院副教授，主要研究方向为中国古代文学。

学，心向科研。潜心三尺讲台的教师得不到肯定，甚至面临下岗的危险；而讲台上一言堂，讲台下的项目达人、科研大咖才是高校中佼佼者。这种状况直到今天在有些高校仍旧如此。笔者的一位老师曾在国家领导人的接见中发自肺腑地说，高校的这种状况不能在持续下去了，要让教育回到课堂。

当然，这种状况也在悄悄地改变当中。2011 年，胡锦涛就曾在清华大学建校 100 周年大会上强调，大力增强高等学校的科学研究能力的同时，"以高水平的科学研究支撑高质量人才的培养"。2016 年，中国科学院印发《中国科学院关于进一步加强科教融合的若干措施和规定》引起了广泛关注。中国科学院大学成为具有中国特色的科教融合育人模式典型案例。2018 年，习近平主席在全国教育大会的讲话中说，"教育是民族振兴、社会进步的重要基石……对增强中华民族创新创造活力、实现中华民族伟大复兴具有决定性意义"。而长期以来，我国的高等教育中重知识、轻创造，教师科研与教学两张皮，培养的人才缺乏创新活力的情况一直没有得到根本改变，"钱学森之问"也常常触动着国人的神经。"大力推进教育体制改革创新，着重培养创新型、复合型、应用型人才"❶ 成为高校改革的方向和目标。

在这种背景下，高校文科综合实践的探索可谓恰逢其时，正与创新型人才的培养目标相契合。2013 年，张宝秀、朱科蓉发表了《"文科综合"的内涵与文科综合实践课程体系建设》一文[1]，以笔者所见这是第一次明确提出"文科综合实践"概念的论文，之前人们大多提的是"文科综合实验"❷。这一概念是具有一定的前瞻性的。此文提出"文科综合实践的目的就是要培养高素质的应用型文科创新人才"。"文科综合实践教学，既包括单一专业内部的综合实践教学，也包括多个文科专业之间联合进行的综合实践教学，所以需要构建单专业系统性、模块化、递进式的纵向综合实践课程和多专业、跨专业、集成化、融合式的横向综合实践课程"❸。这一提法本身不仅具有创新性，也符合科研的思维和需要。文科实践开拓文科应用型人才的培养渠道，"综合"需要探索性的课题和创新思维，文科综合实践是培养文科创新人才的良好途径。

笔者在《以富有地方特色的科研项目来驱动文科综合实践》[2]一文中提出，将科研课题引入文科综合实践，为学生进一步深造打好科研基础，同时实践教学需要综合项目，科研项目的特性也体现综合，科研项目可以使文科综合成为可能。以科研驱动文科综合实践是一条行之有效的途径，而有鲜明地域特色的课题

---

❶ 参见习近平在科学院第十九次院士大会、中国工程院第十四次院士大会上的讲话。

❷ 实验与实践之间还存在一定的差别。实验是为了检验某种科学理论或假设而进行某种操作或从事某种活动。实践有着诸多的含义，包括三个方面的主要内容：①生产实践；②处理社会关系的实践；③科学实验。也就是说实践包含实验，实验是实践的一个内容。而文科的实践，更多的还是实验以外的内容比较多。这部分内容仍旧是不太好把握的。

❸ 张宝秀，朱科蓉. "文科综合"的内涵与文科综合实践课程体系建设［J］. 实验技术与管理，2013（1）.

与文科综合实践的结合能取得更加良好的效果。

2. 科教融合文科综合实践的现状

从目前的众多研究来看，科教融合在实际运行中存在诸多问题，如顶层设计缺乏、制度不够完善、结合不到位等。文科综合实践的探索是科教融合的实践层面，也存在着由于宏观设计不到位、制度不健全而带来的诸如综合性不够、师资力量不足、融合不深入的问题。虽然应用型大学在这方面取得了一定的成绩，但现状仍不容乐观。

（1）壁垒重重，综合性不强

文科综合实践是属于教学层面的探索，而教学的改革需要得到大学的管理层面的支持和配套政策的扶持。综合需要打破课程的界限，打破学科专业的界限，打破院系的界限。课程虽然改革了，但是管理体系没有改，学科专业、院系壁垒重重，各管各的一套，很难从根本上进行文科综合。考核体系也限制了教师探索进行综合实践的热情。笔者所在的大学曾经尝试过一段时间，教师申报文科综合实践项目，学生可以跨专业选择实践项目。但是老师指导跨专业的学生往往在管理上有难度，虽然配置了本专业指导教师，但因为项目不在本专业，也很难管理。为别的专业输送自己的学生，产生的成果也主要属于他人，有点为他人做嫁衣裳的味道。学生也不愿选择这类项目，宁愿做本专业的实践。因此，最后执行不下去，只好恢复到原来的各自为政的状态。

（2）师资力量不足，热情不高

以上问题如果在师资力量充沛的情况下尚可勉强进行协调，如果师资力量本就不足，教师疲于奔命，就更难解决。文科综合实践应以问题为导向，以科研项目为依托，形成实践的小团队。在研究型大学，教师的科研力量较强，一般都有科研项目，且本科生、研究生可以一起形成研究梯队，这个问题比较好解决。但是文科综合实践是出自应用型大学，是以培养应用型人才为目标的教学设计。应用型大学并不是每位教师都能做到有科研项目，教师科研团队本身就不完善，有许多应用型大学还不招收研究生。如果以科研项目引入文科综合实践，在科研梯队上会出现问题。单纯由本科生完成的项目，在教学设计和管理上，有些教师觉得有困难。文科综合实践尤其是人文学科的综合实践与理工科综合实践存在重大区别，较难使实践步骤实现复杂的精密的细化，进行科学有效的管理。这是由其学科的特性决定的。教师费力而不讨好，因此热情不高。

（3）融合不深，创新性不够

虽说"许多单位对科教结合协同育人还停留在'口号大于行动'的初期阶段"[3]，文科综合实践创造了一种可以让学生直接参与科研项目的教学方式，其探索和改革本身就是一种行动，是积极响应科教融合的体现，是值得肯定的。但本科生在文科综合实践中参与科研的程度目前还多属于浅层次，大多局限于教师本人的课题，与科研院所或企业直接合作的选题较少，成果转化率较低，创新性明显不足。由此直接影响到文科综合实践培养创新人才目标的达成度。

3. 文科综合实践科教融合的对策

以上种种问题，有学校管理层面的，有教师执行层面的，也有校企合作层面的，因此在解决这些问题的时候，要多方合作，协同创新。对此，笔者提出了以下几方面的对策。

第一，政策引导、平台搭建助力文科综合实践。

对跨专业科教融合文科综合实践所形成的成果给予大力肯定，在教学成果评奖、科研成果计算等方面予以一定倾斜；对第一单位予以支持的同时，第二、三合作单位也要予以相当的肯定，不能唯第一单位论。对学生从事跨专业的综合实践也要予以一定的教学政策的鼓励，如将其作为辅修专业和双学位的获取的必备条件之类。

在管理上设立专门的机构或人员，搭建科研与教学融合的平台，可以设置在文科中心，也可以设在教务处、科研处，使之成为科研部门和教学部门之间的桥梁，变教师各自为政、单打独斗，为主动将项目引入教学，凝聚各方力量，协同合作，科教融合，产学结合。

第二，问题为先、成果导向激发师生创新教学理念。

培养创新人才的根本在于提高发现和解决实际问题的能力，如果教师本身缺乏问题意识，就谈不上启发学生思考问题。在加强与科研部门合作的同时，还需要积极引导学生发现问题，解决问题。实践项目既可以是由上而下的科研任务，也可以是由下而上的自选问题。从培养人才的角度，后者的价值可能更大。文科综合实践往往是某个专业高年级开设的综合性课程，需要学生综合利用所学的各方面知识来解决实际问题，因此，培养学生自己提出选题的能力也是非常重要的。教师应为学生选题搭建好的团队，通过学校有关部门组合跨专业的力量，为学生完成课题创造条件。

第三，"互联网+"、科技手段解决文科综合实践教学的管理难题。

在"互联网+"时代，解决文科综合实践管理问题，如跨专业、跨学科、跨院系，系统性，最好的办法就是使用目前新兴的科技手段。比如，现在流行的一些教学软件，如云班课、雨课堂、微助教等，大家通常用于理论课教学，实际上在实践课中也能发挥大的功效。笔者指导汉语言文学专业学生进行专业综合实践，编制刊物一本，全班模拟编辑部的组织形式，进行分工合作。但这种分工还不完全等同于真正的编辑部工作，成熟的编辑各司其职，相互之间互不干扰。若学生如此，相互之间无法互相学习，也不利于教师组织教学。完全依靠教师一人的指导，也不利于实践的完成，有可能事倍功半。采访和编辑的工作是比较独立自由的，如果把学生天天聚集在一块，未必能达到良好的效果，学生看着大屏幕来讨论稿件，往往不知所云。笔者采用微助教来辅助教学，起到良好的效果。每周一规定好每个时间点要完成的任务和上交的稿件，将稿件上传至微助教，教师设置小组互评、组间评、自评、教师评，让学生阅读稿件之后，进行评价。评分标准依据不同的内容设定，比如初稿评价选题情况、文章框架结构以及主题和内容，各占一定比例。修改稿则设定修改幅度、修改效果、修改态度等。学生是否阅读，在手机上都可以看到，可以适当加以提醒。到时间则关闭评分，学生即使不集中在一块，也很有时间观念和比拼意识，不至于工作拖沓、不见成效。经过这样的改进，原本需要4~5周才能完成的实践内容，2周半就高效完成。学生的工作能够及时得到反馈，同时在评价他人的作品的同时，也进行了学习，促进了自身的提高。通过这样的方式，不同学院、不同专业的学生即使在不同的校区，也能共同完成同一任务，没有任何障碍。

综上所述，文科综合实践是科教融合在课程教学上的体现，是培养创新人才的良好举措，是顺应当下国家教育改革的大势的。在探索过程中遇到的种种障碍牵涉到高校管理部门、制度、理念等方方面面的问题，需要领导层和执行层，教学部门和科研部门甚至联合企业等各方协同解决。相信有了政策支持、理念创新、科技助力，文科综合实践改革会取得良好的成效。

参考资料

［1］张宝秀，朱科蓉. "文科综合"的内涵与文科综合实践课程体系建设［J］. 实验技术与管理，2013（1）.

［2］吴蔚. 以富有地方特色的科研项目来驱动文科综合实践［M］//王彤. 跨学科多专业协同融合下的综合实践教学改革. 北京：知识产权出版社，2016.

［3］蒋文娟，张淑林. 构建科教结合协同育人的保障机制［J］. 中国高校科技，2018（8）.

作为应用史学专业发展的新方向：文物修复学❶

周　华❷　吕红梅　刘　婕　李若水　顾　军

【摘要】本文根据北京联合大学应用史学的发展历程，阐述了建设文物修复学这一新的应用史学专业方向的必要性和可行性。文中重点讨论了作为应用史学新方向文物修复学专业的内涵与理论基础，讨论了这一跨学科专业建设在社会需求、专业定位、培养模式、课程设置等方面的基本考虑，提出一种可行的新型专业建设思路。

【关键词】应用史学；文物修复学；历史脉络；跨学科

1. 引言

中国高等教育的人才培养目标随着时代的变化而不断发生改变。自改革开放以来，我国高等教育人才培养目标，从最初的"通才"培养演变为多元化培养，与此同时，"应用型人才"也成为部分本科及专科学校人才培养的方向。[1] "应用型人才以解决现实问题为目的，在知识运用的过程中提出问题，要求有更宽广或者跨学科的知识视野，注重知识的有用性，有创新精神和综合运用知识的能力，却不一定需要非常精深的理论知识。"由此可见，"应用型人才"，是从学科知识体系与社会需求、社会实践相结合的角度出发，强调将专业知识和技能应用到实际的生产、生活或者文化等领域的一种人才类型。2018 年 1 月 30 日教育部发布《普通高等学校本科专业类教学质量国家标准》，该国标突出产出导向，要求各专业主动对接经济社会发展需求，切实提高人才培养的目标达成度、社会适应度、条件保障度、质保有效度和结果满意度。[2]

尽管"应用型人才"的培养已经全方位地在中国高校中得到实践，但是作为基础学科的历史学，在这方面的努力还相对滞后。在以市场为导向的专业人才需求中，历史学的本科教育日益显露出自身的疲弱，在 20 世纪末 21 世纪初，由于招生就业的困境，很多历史学专业相对萎缩，甚至出现大量撤销的局面，在二三本院校中尤为明显。[3] 探究其原因可知，长期以来，我们一直把史学作为单一理论科学来对待，只强调总结规律的一面，而忽视指导实践的一面，未能从理论

❶ 本论文得到北京联合大学教改项目"基于校企合作的'3+2+2'文物保护与修复贯通培养课程体系与培养方案的优化研究"支持。

❷ 周华，博士，北京联合大学应用文理学院副教授，研究方向为文化遗产保护与修复。

上探讨和解决史学的应用问题，[4] 从而使史学的社会作用得不到应有的重视。虽然曾有一段时间有专家提出过史学为政治服务、为现实服务的口号，但没有很好地研究史学为政治和现实服务的内容、依据、规律、范围、方法以及作用，结果导致了史学在联系实际上的片面性和庸俗化。[5][6]

实际上，应用史学能够促进理论史学同其他社会科学学科（甚至还有自然科学学科）的相互联系，史学同其他学科的交结点和边缘区往往是空白的，有极大的发展空间。[7]

2. 北京联合大学应用史学的探索

20 世纪 80 年代，在普通本科院校历史专业招生困难、不断撤销的情况下，北京联合大学历史学专业就在老系主任朱耀廷带领下进行了改革，提出为北京社会发展和建设培养应用史学人才。以 "依托学科、面向应用、服务首都" 的专业建设理念，从 1987 年就开始陆续设立了历史学（文物博物馆）方向（1986年）、历史学（文化旅游）方向（1993 年），2012 年又增加历史学（文化遗产）方向，并增加了北京文化史、北京物质文化史方向的研究生。部分传统史学教师相继调整研究方向，开展应用史学的教学与研究工作。老系主任朱耀廷牵头组织并陆续出版了《北京文物古迹旅游》《中华文物古迹旅游》《中国传统文化统论》《中外文化旅游与文物鉴赏》等系列丛书，编著了通俗人物传记和学术专著《成吉思汗传》、电视剧文学剧本《一代天骄》《成吉思汗》《元世祖忽必烈》等。大型历史剧《成吉思汗》首先在中央电视台播出，其后在我国香港和台湾地区，以及韩国、日本、土耳其、中东等海内外播放，获得好评，2005 年获民间评审的最佳优秀剧奖，2006 年获飞天奖。

2006 年以后，历史文博系两任系主任韩建业与顾军教授继续沿着朱耀廷的应用史学之路，发展特色，以文化遗产调查与评估及文博人才培养为特色，扩大了专业和学院在全国的影响，也奠定了历史文博系历史学专业以文化遗产与考古研究为核心的应用史学方向。[8][9]

2012 年开设的历史学（文化遗产）专业方向更加明确了北京联合大学历史文博系历史学专业的人才培养目标。该专业定位于培养历史学基础扎实，具有人文素养、科学素养以及先进的文化遗产保护理念，具备从事文化遗产研究、调查、评估、管理、保护、利用等工作的理论知识与实践能力，能胜任文化遗产管理机构、文化创意产业、旅游行业以及历史研究与教学等相关工作的应用型高素质人才。就业方向主要面向物质文化遗产和非物质文化遗产管理与保护的政府机构和企事业单位，与传统史学就业方向有较为明显的区别。

目前历史学（文化遗产）专业在建筑遗产价值评估与挖掘、非遗口述史调查领域形成一定的特色，招生就业情况获得较大改善，经过近 6 年的建设，该专业从招生困难、办学难以为继，到招生就业良好、社会声誉不断提高，聚焦文化遗产的历史学专业解决了普通本科历史学专业发展受阻的局面，2013 年我校历史学专业获批为国家级综合改革专业、北京市特色专业，可见成效是显著的。

然而由于建筑遗产价值挖掘、非遗口述史调查领域行业覆盖面较小，很容易市场饱和，并不能解决每届 40 多名学生的就业问题。在此形势下，需要寻求文化遗产人才培养新的增长点，开设社会适应型专业方向。

据不完全统计，截至 2017 年 5 月 18 日的世界博物馆日，北京地区各种类型的博物馆已有 179 家，位居全球第二，博物馆事业的快速发展带来大量的文博人才需求，如博物馆藏品研究、博物馆藏品保护、藏品展陈设计等。而博物馆各方面的人才均需要对文物及历史有较为深刻的认识。

在培养应用史学人才的启发下，可以构建以文化遗产研究为价值的认知体系、以文物保护修复为价值的保存体系和以文化遗产管理利用为价值的实现体系"三位一体"的学科体系。[10]

根据调查，到 2018 年年初，全国文博行业总的从业人员约 15 万，专业人才队伍占比很小，且缺乏战略性人才。考古文博类人才培养模式所存在的主要问题有：第一，人才的培养模式与现实需求严重脱节，集中表现在学历教育中的课程框架、培养体系乃至学科理念都与文化遗产事业的现实人才需求相冲突，职业技术教育更呈现出混乱无序的状态；第二，高等院校中考古学、文化遗产管理、博物馆学、文物保护技术等专业设置极不平衡，文化遗产管理、文物保护技术等专业的设置寥寥无几。[11]

本文将根据北京联合大学应用型办学特点与经验，详细介绍文物修复学的应用史学建设情况。

3. 文物修复学内涵及理论基础

3.1 文物修复学专业的学科定义、内涵、特征及研究方法

（1）学科名称定位

意大利文物修复哲学家布朗迪认为：文物修复技术是为了维持某件物品物质性上的无欠缺性、为保证其文化价值的保全、保护而实施、处理的行为。[12]而文物修复学则是根据历史学、化学、美学、材料学的特征来认识文物的真实性及完整性，在此基础上，对破损文物，通过技术手段恢复原状的科学与技术体系。

对文物价值及材料的真实性、完整性的认识和利用，是一门综合的学科。而文物修复则是重要的内容。文物修复是支撑文物保护的核心内容之一。

（2）内涵

从目前我国已在开展的实践和研究内容可以看出文物修复学包括以下内涵：传统文物修复技术（文物修复相关非物质文化遗产）传承与研究，文物材料及文物修复材料研究，文物制作工艺与技法研究，现代文物修复工艺研究。涉及的领域以历史学与文化遗产为主，但离不开自然科学与艺术学。

（3）特征

文物修复学是实践性很强的应用科学，以继承总结传统文物修复技艺为核心，吸取引进其他学科的理论与技术，逐渐发展完善形成自己特有的科学体系。作为一门学科之所以独立存在，是由于其特有的研究对象和所承担的特殊任务而形成的。文物修复学有其独立的研究范畴和理念。

文物修复学具有确定的特有概念和方法论，是一门新的学科，已具备一门学科的所有特征。

文物修复学的特性是专门研究文化遗产的保存并通过技术手段恢复文物原状的行为。它包括恢复文化遗产原状时，保持其真实性、完整性的所有保护行动。"修复"主要包括短期、抢救性的保护措施，要求通过技术手段恢复文物的原状。

文物修复学需要采用多种学科的方法研究并解决如何修复好文物的诸多难题，要求我们把传统文物修复技术和自然科学技术、历史学、艺术学知识结合成为一个创造性的综合体，在文物保护及修复伦理和理念下，进行不断的实践及验证。最终用于文物的保护与修复工作当中。

（4）研究方法

首先要对文物进行工艺研究和病害调查，评估文物的劣化程度，确定是否需要开展保护修复工作；其次需要开展修复材料和修复工艺的筛选及实验研究，确定文物修复方案；然后在修复方案指导下，进行文物的修复实践工作；最后利用现代的科学仪器设备和检测方法对文物的修复效果进行评估。

当然，文物修复学需要和文物保存科学或文物保护技术紧密结合。文物保存科学的任务是研究环境、时间因素，各种物理、化学、生物等因素对遗产本体的作用机理和作用规律，阻止或延缓其逐渐发生不可逆的自然劣变现象。结合考古及人文科学的研究方法，利用现代的科学仪器设备和检测方法对文物的材质与文物表层、内部结构、构造特性的研究，来判断文物的信息与价值；如何将文物资料长久保存的预防性保护研究。这些科学探索和研究为文物修复学在修复材料选择、修复技艺选择方面提供了理论支撑。

文物修复学专业的培养目标就是要让所有学习文物保护与修复的毕业生能够独立确定文物的受损状态，能够保护和修复文物，并采用预防性保护措施减少文物材质的进一步退化。他们可以根据正确的艺术和文化价值对文物进行分类，能够深入了解预防措施所需要的保护和修复方法，系统掌握专业技术知识。总之，文物修复学专业的教育宗旨是培养他们识别与评价病害，并拥有高超的手工技能和灵敏的艺术敏感度。

3.2 文物修复学专业的内核——历史脉络

历史脉络是文物保护与修复工作中一项基础且核心的概念，文物保护修复的第一步便是建立文物的历史脉络和文物修复技艺的历史脉络。

文物的历史脉络内容包括文物的历史、艺术及科技价值的挖掘与评估。文物的价值挖掘与评估是开展文物保护工作的先决条件，对文物历史价值的研究离不开考古学及历史学的学科支撑，对文物艺术价值的研究离不开工艺美术史和艺术史的学科支撑，另外对文化遗产科技价值的认知则需要科技史与科技考古学科的支撑，而后才能开展材料层面的病害诊断、方案设计，及修复方案实施、评估修复效果。

传统文物修复技术历史脉络内容包括传统文物修复技艺的内涵与价值的挖掘、研究与传承，涉及田野调查、传承人口述史调查、文献索引、传承人脉络梳理、技术的考证、技术的革新、技术的传承。

在国际化趋势下，传统文物修复技术还应该面临传统文物修复技术的科学化。以传统文物修复工艺实地调查为基础、以现代科学知识和科学方法为科学化分析手段，并利用现代科学原理、科技理念进行工艺解释，揭示传统技术与工艺的科学内涵，实现技术的不断优化与提升，从口传身授到科学定性、定量，实现将工匠的传统经验上升为科学理论，进而全面推动现代科学技术和传统工艺的有机结合，最终实现建立一套规范化的传统工艺科学化体系的目的。

3.3 文物修复学专业的内核——材料学

材料与历史脉络是文物的两个纬度，历史脉络作为文物精神的一面，是传承、保护的核心内容；材料作为文物的物质载体，同样需要保护与保存，皮之不存，毛将焉附。延长其有效寿命，延缓其劣化，是文物保护工作者的历史使命。

文物的材料学涉及文物材料学与文物保护修复过程中应用到的材料学问题，文物材料学则属于古代材料研究范畴，与文物科技价值认知有相通之处，需要开展科技史与科技考古、工艺美术史等研究；文物保护修复材料学则需要开展材料工艺与材料发展史、材料研发、材料耐候性、材料相适性研究。

从以上两点可知，文化遗产保护和修复研究与人才培养离不开史学与应用史学相关知识的掌握与学习，或者说以考古学、文物学、博物馆学、历史学为核心知识的史学，以科技史、科技考古、艺术史、工艺美术史、各类材料学史为核心知识的应用史学是文化遗产保护与修复专业的核心知识，是该专业需掌握的必要知识与能力。

4. 文物修复学专业培养模式

4.1 文物修复学专业培养目标与定位

文物修复学专业面向文化遗产事业发展需要，培养具有考古学、历史学和博物馆学基本理论和基础知识，具有人文素养、科学思维以及先进的文化遗产保护理念，能在各类博物馆或文化遗产研究机构、文物修复公司以及艺术品拍卖等企事业单位或领域，从事文物保护与修复、文物鉴赏的复合应用型人才。

文物修复学专业是一个文理交叉、理工渗透，现代科学技术与人文科学知识相结合的新兴交叉学科。既需要学生掌握数理化和历史、文物考古的一般知识，又需要学生有一定的艺术修养，为此本培养方案设置了多方面的课程，给学生更多的选择权，让学生达到掌握文物材料病害调查与评估、文物修复、文物鉴赏的能力，并能够为进一步深造打下基础。

文物修复学专业定位是为文化遗产保护第一线培养文物保护与修复复合技术型人才，解决文物保存、保护中的实际问题。

4.2　文物修复学专业培养思路

（1）学历教育与师承教育相结合的培养模式

文物传统修复技艺属于非物质文化遗产，历史的经验告诉我们，非物质文化遗产的传承，师徒相传是最有效的人才培养途径。专业理论知识与现代科技技术的学习由校内的学历教育完成；实操技能的学习采取传统的师承方式：一个行业导师（师傅）带几个学生（徒弟），举行拜师仪式，学生跟随导师在工作室顶班共同劳动，从观摩到打下手，到简单操作，到独立完成工作，经过 3~5 年的训练，毕业后能够直接上岗工作。

（2）订单式培养

订单式培养可通过校外实训基地、校外行业导师等平台和方式，让行业直接参与教学过程，将高校和用人单位进行贯通，在就业上予以优先保障，今后可以为不同的文保单位"定制"所需的人才。

（3）夯实基础，重视实践教学

将技能考核和职业行为规范等要素融入日常教学，建立学业评价与技能鉴定融通机制。二年级以文化课和理论课教学为主，同时在校内实验室进行初步实操训练。三年级、四年级在校外专家指导下确定行业急需的培养方向，安排行业导师，学生在行业导师指导下可以在实验室练习和去单位跟行业导师顶岗学习。四年级完成毕业论文，毕业论文可以以实验报告、调研报告、毕业设计等多种方式完成。

（4）本硕连读机制

基于文物修复学专业跨学科的知识结构和熟练的实践技能，课程种类涉及文、理、工多个领域不同的专业知识、技能和修复方法。四年制的本科教育体系并不能完成文物修复学人才培养的目标。可参照意大利文物修复学本硕连读机制开展。实践模块主要完成对学生实践技能和操作的训练，按照上课地点分为实验室、实践教学基地和工地现场等相关修复场所。前五年主要完成对上述模块课程的学习，这种模式稍类似于早期的学徒制，采取边学习理论边实践的形式培养学生扎实的理论功底和实践技能。第六年除了留出大部分时间供学生完成毕业论文之外还需修读一些辅助性的课程。

4.3　小结

文物修复学专业基于历史学背景，与材料学交叉，聚焦文化遗产，开展文化遗产保护与修复人才培养，可弥补我国文化遗产保护高等教育体系的不足。

5. 结论

文物修复学应用史学人才培养有着广泛的发展前景和就业市场，在国家高度重视中华优秀传统文化传承发展的形势下，加强历史学在文物修复学教学中的作用，加强历史学与自然科学的融合，聚焦文化遗产，以新理念、新模式、新学科探索文物修复学高素质技术型人才的培养模式已经成为突破行业高端人才紧缺的重要途径。

参考资料

[1] 王梅. 我国高校人才培养模式的演变及未来走向 [J]. 课程教育研究，2016 (1)：5.

[2] 中华人民共和国教育部. 普通高等学校本科专业类教学质量国家标准 [S]. 北京：中国标准出版社，2018-01-30.

[3] 胡玉霞. 地方高校历史学应用型人才的人文素养培育路径探析 [J]. 白城师范学院学报，2016，30 (12)：32-35.

[4] 沈一民. 历史学"知识应用型人才"培养模式的构建 [J]. 继续教育研究，2004 (7)：104-106.

[5] 周筱赟，葛剑雄."古为今用"：历史研究还是历史应用 [J]. 学术界，2004 (3)：131-138.

[6] 徐国利，张笑龙. 中国史学与现实关系 [J]. 河北学刊，2010，30 (3)：81-88.

[7] 徐善伟. 公共史学在中国高校发展的可行性及目前存在的问题 [J]. 史学理论研究，2014 (4)：16-19.

[8] 张涛. 应用史学的探索者——著名史学家朱耀廷教授访谈 [J]. 科学中国人，2009 (3)：103.

[9] 朱耀廷. 首都高校发挥着传承古都文化的重要作用 [J]. 北京党史，2009 (2)：28.

[10] 刘艳，段清波. 文化遗产价值体系研究 [J]. 西北大学学报（哲学社会科学版），2016，46 (1)：23-27.

[11] 段清波. 论文化遗产的核心价值 [J]. 中原文化研究，2018 (1)：102-110.

[12] 布兰迪. 修复理论 [M]. 陆地，译. 上海：同济大学出版社，2016：12.

基于产教融合的文化遗产
保护专业实践教学体系建设与探索❶

——以北京联合大学历史学（文遗保护与利用）专业为例

周　华❷　吕红梅　李若水　刘　婕　顾　军❸

【摘要】产教融合是我国高等教育开展应用型人才培养的重要出路，增强高校与社会企业融合的积极性和主动性，自觉把人才培养和社会需求相结合，是促进学校专业实践的水平及人才培养质量的提高的重要渠道。北京联合大学历史学专业自 20 世纪 80 年代，就提出为北京社会发展和建设培养应用史学人才，经过不断改革和摸索，取得一些成绩，希望能为传统基础学科开展应用型人才培养提供借鉴。

【关键词】应用史学；文化遗产保护；产教融合

1. 引言

产教融合通常是指生产与教育的一体化，在生产实境中教学，在教学中生产，生产和教学密不可分，水乳交融。[1]应用型本科院校作为区域知识积累、创造与传播的主体，是原始性创新、技术转移和成果转化的重要载体与平台，产教融合已成为高校自我发展及服务经济发展的重要途径。然而，很多高校产教融合度不够，依存度缺乏，导致产、学、研各方利益不清晰，产学研合作具有偶发性、暂时性和不稳定性的特点。

尽管"应用型人才"的培养已经全方位的在中国高校中得到实践，但是作为基础学科的历史学，在这方面的努力还相对滞后。在以市场为导向的专业人才需求中，历史学的本科教育日益显露出自身的疲弱，在 20 世纪末 21 世纪初，由于招生就业的困境，很多历史学专业相对萎缩，甚至出现大量撤销的局面，在二三本院校中尤为明显[3]。探究其原因，可知长期以来，我们一直把史学作为单一理论科学来对待，只强调总结规律的一面，而忽视指导实践的一面，从而使史学的社会作用得不到应有的重视，未能从理论上探讨和解决史学的应用问题[4]。虽然曾有一段时间有专家提出过史学为政治服务、为现实服务的口号，加强产教融

---

❶　本论文得到北京联合大学人才强校计划支持。
❷　周华，博士，北京联合大学应用文理学院副教授，研究方向为文化遗产保护与修复。
❸　顾军，女，北京联合大学应用文理学院教授。

合，但没有很好地研究史学为社会行业服务的内容、依据、规律、范围、方法以及作用，结果导致了应用史学研究和发展的滞后性。[5][6]

2. 北京联合大学历史学专业产教融合的探索

在普通本科院校历史专业招生困难，不断撤销的情况下，北京联合大学历史学专业在 20 世纪 80 年代，就在老系主任朱耀廷带领下进行了改革，提出为北京社会发展和建设培养应用史学人才。以 "依托学科、面向应用、服务首都" 的专业建设理念，从 1987 年就开始陆续设立了历史学（文物博物馆）方向（1986）、历史学（文化旅游）方向（1993），2012 年又增加历史学（文化遗产）方向，并增加了北京文化史、北京物质文化史方向的研究生。部分传统史学教师相继调整研究方向，开展应用史学的教学与研究工作。老系主任朱耀廷牵头组织并陆续出版了《北京文物古迹旅游》《中华文物古迹旅游》《中国传统文化统论》《中外文化旅游与文物鉴赏》等系列丛书，编著了通俗人物传记和学术专著《成吉思汗传》、电视剧文学剧本《一代天骄》《成吉思汗》《元世祖忽必烈》等。大型历史剧《成吉思汗》先后在中央电视台，我国的香港地区、台湾地区，以及韩国、日本、土耳其、中东等海内外播放，获得好评，2005 年获民间评审的最佳优秀剧奖，2006 年获飞天奖。

2006 年以后，历史文博系两任系主任韩建业与顾军教授继续沿着朱耀廷的应用史学之路，发展特色，以文化遗产调查与评估及文博人才培养为特色，扩大了专业和学院在全国的影响，也奠定了历史文博系历史学专业以文化遗产保护为核心的应用史学方向[8][9]。

目前历史学（文化遗产）专业在建筑遗产价值评估与挖掘、非遗口述史调查、文物保护与修复、考古发掘与研究领域形成一定的特色，招生就业获得较大改善，经过近 6 年的建设，该专业从招生困难，办学难以为继，到招生就业良好，社会声誉不断提高，聚焦文化遗产的历史学专业解决了普通本科历史学专业发展受阻的局面，2013 年我校历史学专业获批为国家级综合改革专业、北京市特色专业，可见成效是显著的。

3. 北京联合大学历史学专业产教融合作用于专业实践的途径

3.1 设计突出应用能力养成的人才培养方案

人才培养方案，即是根据培养目标和培养规格所制订的实施人才培养活动的具体方案。具体来看，人才培养方案是对人才培养目标与规格、内容与方法、条件与保障等培养过程和方式的描述和设计。应用型人才培养侧重于以行业为口径，即培养具有行业领域知识和能力的人才，因此需要从行业胜任能力的角度出发改革人才培养方案。

强调高校和业界的双向互动、深度融合是产教融合的重要特征，因此人才培养方案的改革需要高校和业界协同进行。北京联合大学历史系与首都文博行业很早就共同研讨、修订和改革人才培养方案，从行业发展趋势和人才需求的角度对文化遗产人才培养规格提出具体要求；图1是我校在2011版培养方案与2015版培养方案中根据文化遗产应用型人才培养特点开设的实践课程，更加突出了专业在文化遗产调查评估及文物保护与修复方面的专业实践能力。

2015 版培养方案

课程名称	课时
文化遗产数字化	32
文化遗产调查实务（物遗）	64
文化遗产调查实务（非遗）	64
古建测绘与制图	32
传统手工技艺实践（Ⅰ）	64
传统手工技艺实践（Ⅱ）	64
文物保护技术实验	48
文物保护与修复实践Ⅰ	80
文物保护与修复实践Ⅱ	80
文物保护与修复实践Ⅲ	80

2011 版培养方案

课程名称	课时
文化遗产数字化	32
文物保护与修复技术	128

图1　北京联合大学历史系2011版与2015版培养方案中
根据文化遗产应用型人才培养特点开设的实践课程

3.2　组建校内教师和行业专家相结合的师资队伍

北京联合大学历史学专业不断培养校企双向流动的"双师型"师资队伍，按"不求所有，但求所用"的原则建设实践教学师资队伍。学校从业界柔性引进理论功底较深厚且实践经验丰富的修复师加入教学团队，和校内以理论为主的青年教师结合，以期增加学生的专业实践能力和理论素养。

历史学专业仅在文物保护与修复实践这一门课中，就根据行业人才需求方向与特点，将授课方向由四个调整为五个，并大幅度增加学生的实践课程时间（见表1）。实践证明，效果良好。

表1　不同时期培养方案的课程安排

时间	课程名称	课程安排	授课师资
2011版历史学（文物与博物馆）方案	文物保护与修复技术	四个方向（陶瓷、金属、书画、纺织品），每个方向均学习，课时32，共128学时，首博	首都博物馆专家（吕淑玲、贾文熙、楼朋竹、贾珊）

续表

时间	课程名称	课程安排	授课师资
2014 版文物与博物馆学方案	文物保护与修复技术	四个方向（陶瓷、金属、书画、砖石），四选一学习，各授课128学时，校内	首都博物馆专家（吕淑玲、姚启东）；故宫博物院专家（纪秀文、黄有芳）
2015 版文物与博物馆学方案	文物保护与修复实践	五个方向（陶瓷、金属、书画、古建、古籍），四选一学习，各授课240学时，校内	首都博物馆专家（吕淑玲、姚启东）；故宫博物院专家（纪秀文、黄有芳）
2016 版、2017 版文物与博物馆学方案	文物保护与修复实践	五个方向（陶瓷、金属、书画、古建、古籍），五选一学习，各授课240学时，校内	首都博物馆专家（吕淑玲、姚启东）；故宫博物院专家（纪秀文、黄有芳），中国民族图书馆专家（李莉）

3.3 构建分散集中相结合、校内校外相结合的实践教学体系

在历史学人才培养方案中，实践环节包括课内分散实践环节与集中实践环节。其中课内分散实践环节主要在校内实践完成，集中实践环节多在行业实践中完成（见图2）。

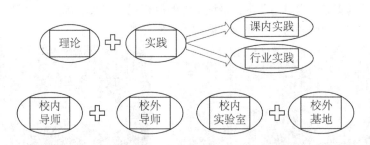

图2　分散集中相结合，校内校外相结合的实践教学体系

校内实践依托校内实验室，北京联合大学拥有国家级文综中心实验教学中心及国家级文化遗产传承应用虚拟仿真实验教学中心。历史文博系实验室主要包括书画装裱与修复实验室、陶瓷文物修复实验室、金属文物修复实验室、非物质文化遗产实验室、传统手工技艺实验室、科技考古与文物分析检测实验室、玉石器考古实验室、文物保护修复基础研究实验室、环境考古实验室、材料考古实验室。

历史文博系实验室目前拥有 X-射线衍射仪、X 射线探伤仪、便携式 X-射线荧光仪、扫描电子显微镜、时域核磁共振分析仪、金相显微镜、三维视频显微镜、万能材料试验机、三维激光扫描、3D 打印机、纤维检测系统等一批用于文物及考古调查、测绘、检测和保护修复的先进仪器设备。依托日渐完善的科研设备和优秀的科研人员，历史文博系将在科技考古及文物保护科技方面开展更为广泛、深入的研究工作，在传统书画装裱技艺、古建修缮技艺、陶瓷修复技艺、青

铜修复技艺、花丝镶嵌技艺等方面开展更为深入的非物质文化遗产传承产学研用实验项目。

在本科生及研究生实验教学环境中，依托上述实验室，围绕首都文化遗产保护、价值挖掘及展示利用开设近10门实验课程，开发实验项目近百个，为历史学（文遗保护与利用）、文物与博物馆学本科专业，考古学、中国史学科及文物与博物馆专业硕士提供完善的实验环境和条件。

校外实践依托校外人才培养基地，历史文博系拥有首都博物馆、故宫博物院等13家校院人才培养基地，这些实践平台为我系开展文化遗产保护应用史学人才培养奠定了基础。

（1）建设与行业对接的高水平校外实践基地

校企合作是一个复杂的系统工程，校企双方联合进行科技研发，共建科研和学生实训平台，都需要投入大量的人力、物力和财力。但是目前的校企合作关系设计多以学校为中心，无法保障企业在合作中的获益，导致企业的积极性不高。我校历史系自2006年就与首都博物馆签订校外人才培养基地协议，考虑到博物馆系统专业研究人员缺乏、科研任务重等特点，我校多次安排学生参与博物馆的真实课题，具体参与到研究一线，进行建筑遗产价值调查与评估，进行实验科学研究，跟踪实验进展。在此过程中，依托真实课题内容与要求，培训学生的调查规范与实验规范，培养学生基本的科学研究素质，与此同时，也完成了博物馆科研任务。

北京市级校外人才培养基地——首都博物馆校外人才培养基地签约仪式

与故宫博物院签订合作框架协议

图3　校外基地签约照片

（2）递进式、模块化的集中实践环节设计

根据人才成长特点、学生特点及兴趣个性化实践模块，制订相适应的递进式实践课程。对非遗感兴趣的学生可以开展非遗人才调查与评估；对修复感兴趣且具有一定动手能力的学生，则可以参加文物修复的专业实践，让学生能够尽可能发挥个性与才能，充分成长。

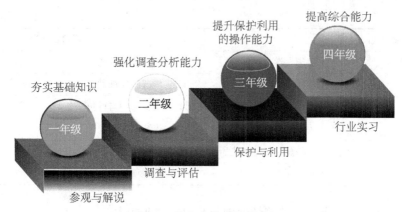

图3　集中实践教学模式

（3）与行业对接的毕业论文（设计）环节设计

毕业实习及毕业论文是大学阶段的收官之战，也是最能体现人才培养质量的一个环节。而应用史学人才培养是否成功，是否达到预期目标就在于毕业论文选题是否具有真实性与创新性。

北京联合大学历史学专业自2017年起在文物保护与修复方向开展双导师指导模式，一个行业导师配备一个校内教师，行业导师提供选题或项目，校内导师把握理论体系构建及论文规范。

文物修复方向共计20名学生得到16名行业专家的指导（见表2），毕业论文质量大幅度提高，学生受益，行业也受益。目前由多篇本科论文修改的论文待刊发表。

表2　文物保护与修复试点班毕业论文行业指导老师一览表

姓　名	单　位	论文题目或方向
马燕如	国家博物馆	金属科技保护与修复
姚启东	首都博物馆	错金银
马铁庭	传承人	古法铜器复制
成小林	国家博物馆	金属科技保护
胡钢	北京大学	金属科技保护与修复
何秋菊	首都博物馆	书画科技
闫丽	首都博物馆	书画科技
李海	北京联合大学	传统书画修复
王红梅	故宫博物院	传统书画修复
候雁	故宫博物院	传统书画修复

续表

姓　名	单　位	论文题目或方向
刘畅	清华大学	古建裱糊技艺
吕淑玲	首都博物馆	传统陶瓷修复
温建华	北京大学（中国台湾修复师）	陶瓷保护与科技
纪东哥	故宫博物院	传统陶瓷修复
周文丽	中科院自然科学史所	金属科技保护
周双林	北京大学	陶瓷科技保护

（4）激活第二课堂，培养学生创新精神和创业能力

课外时间利用是检验学生自我成长的试金石，我系根据学生兴趣，组织学生参加各类别的课外科技活动。图4是我系自2012年起参加"启明星"校外科技项目立项情况，可知我系学生参与完成的"启明星"项目数量稳步增加。大学四年，几乎每人参加至少完成1项"启明星"科技项目。另外历史系也组织学生参加"挑战杯"、北京市实培计划、中科院大学生创新计划等学生创新创业项目。让学生充分利用课余时间，培养自身的创新精神和创业能力。

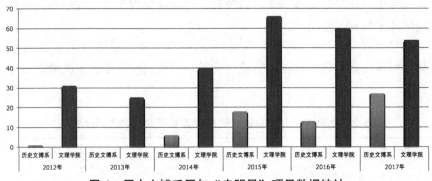

图4　历史文博系历年"启明星"项目数据统计

4. 北京联合大学历史学专业产教融合阶段性成果

4.1　多项教学成果奖

自2012年起，由本专业教师完成的《依托学科、面向应用、服务首都的文化遗产保护与利用人才培养体系的构建》《地方本科高校人文社科类多专业综合实践教学体系建设》《依托校内外高水平实践基地，创新文化遗产应用型人才培养实践教学体系》等获得多项教学成果奖（见图5）。

图5 部分教学成果奖

4.2 学生专业实践获奖

在专业实践过程中，学生增添了知识，获得了专业能力，将实践成果进行汇报、整理，还获得学校的各类实践教学成果奖（见表3）。

表3 学生专业实践部分获奖一览表

年份	科技社团名称	获奖情况	指导老师
2016	寻觅（跨进电商）	第二届中国"互联网+"大学生创新创业大赛（北京赛区）三等奖	周华
2016	3D 创意团队	源流·首届高校学生文化遗产创意设计赛决赛入围奖	周华
2016	我在联大修文物	北京联合大学"启明星"第七届大学生课外学术科技作品竞赛暨"挑战杯"竞赛三等奖	周华
2016	南旺枢纽国家考古遗址公园现状调查与思考	北京联合大学"启明星"第七届大学生课外学术科技作品竞赛暨"挑战杯"竞赛三等奖	周华
2016	北京市核心区文保单位现状及使用功能调查	北京联合大学"启明星"第七届大学生课外学术科技作品竞赛暨"挑战杯"竞赛二等奖	顾军
2016	北京市海淀区六郎庄忠孝五虎棍非遗传承现状及其保护措施研究	北京联合大学"启明星"第七届大学生课外学术科技作品竞赛暨"挑战杯"竞赛三等奖	李自典
2016	张家口地区孟家坟教友村天主教信仰研究	北京联合大学"启明星"第七届大学生课外学术科技作品竞赛暨"挑战杯"竞赛三等奖	杨靖筠
2016	北京联合大学历史文博系文化遗产保护和修复试点班书画组	北京联合大学2016年暑期社会实践优秀团队一等奖	周华

4.3 就业情况

2018届文物保护与修复试点班中，有5位同学考取北京大学中国史研究生，1名同学考取中国香港大学研究生，3名同学被日本相关专业录取，另有8位同学从事文物保护相关工作（见表4）。学生投稿及待录取文章10余篇。

表4 2018届文物保护与修复试点班就业情况一览表

就业单位	就业人数
北京联合大学	6人（攻读研究生）
中国香港大学	1人（攻读研究生）
日本大阪翼路学园	1人（攻读研究生）
日本筑波大学	1人（攻读研究生）
故宫博物院	1人
北京市文物局信息资料中心	1人
古观象台博物馆	1人
白塔寺博物馆	1人
中博文创公司	2人
北京薪火文博文化有限责任公司	2人
其他行业	3人

4.4 媒体报道

北京联合大学开展文化遗产保护专业实践也多次得到媒体的报道和宣传（见图6、图7、图8）。

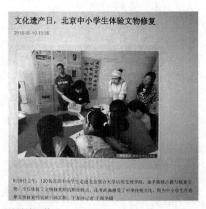

图6 媒体报道

图7　探索发现：海昏侯实验室考古余文物清理

图8　大沽口炮台博物馆专访

5. 小结

产教融合是我国高等教育开展应用型人才培养的重要出路，作为地方院校，自觉把人才培养和社会需求相结合，充分利用社会优质资源促进学校专业实践水平的提高，是我校历史学专业发展的唯一出路。

文化遗产保护应用史学人才培养有着广泛的发展前景和就业市场，在国家高度重视中华优秀传统文化传承发展，加强历史学在文化遗产教学中的作用，加强应用史学教学研究，加强历史学与自然科学的融合，聚焦文化遗产，以新理念、新模式、新学科探索培养文化遗产保护高素质技术型人才培养模式已经成为突破行业高端人才紧缺的重要途径。

文化遗产视野下的考古学学科建设与人才培养

陈悦新❶

【摘要】作为有独特研究对象、研究方法和理论的近现代考古学诞生于
19世纪。第二次世界大战后，考古学成为世界各民族国家论证国家合法性的
重要工具，进而演变为研究和保护民族遗产、弘扬民族文化的重要学科。当
前，各国文化遗产的管理、保护、规划、展示和利用越来越受重视，考古学
也出现了越来越多的分支学科。培养具有现代意识和国际视野，以及较广泛
的人文科学知识和一定的艺术修养，掌握历史学和考古学学科的基本理论与
方法，能够胜任考古实际工作，并进行考古学和文化遗产学的研究的学术后
备力量，成为今天衡量考古学学科发展水平的标尺。

【关键词】考古学；文化遗产；学科建设；人才培养

中国是世界上唯一一个文明未曾中断的国家，也是一个古代文化遗产的大
国。[1]最近列入世界文化遗产名单的古代遗址已有41处，名列世界第三，国家级
文物保护单位获国务院批准的也已有2349处。目前由基础建设带来的遗产保护
问题面临空前的危机，国家进一步加大了文物保护的投入力度，这是考古学发展
的一次少有的机遇。[2]近年来考古学学科发展过程中，文化遗产的管理、保护与
展示研究逐渐增多，成为学科发展的新的增长点，大有整合成为文化遗产学的
趋势。

目前我国的文物保护和抢救发掘虽然完全依赖国家各级考古文博单位，但是
高校也日益成为其中的重要力量。[3]这些高校或承担为国家培训业务人员的任务，
又或者直接承担抢救发掘任务。为了我国文物保护与研究事业的快速发展，各大
高校需要迅速提高文化遗产保护技术和理论研究水平，加强考古学学科的基础建
设，培养出新型的多学科交叉的高水平复合人才。

1. 考古学学科发展的历史

作为有独特研究对象、研究方法和理论的近现代考古学诞生于19世纪。[4]其
前身在西方为文艺复兴时期出现的古物学，在中国为宋代开始兴盛的金石学。由
于19世纪近代资产阶级民族国家在欧洲的出现，对民族历史的研究成为确立民

---

❶ 陈悦新，博士，北京联合大学教授，研究方向为汉唐考古与佛教考古。

族国家合法性的必要手段，而欧洲有文字记载的民族历史非常之短，于是不得不借助于古代遗存进行追溯，考古学遂应运而生。与此同时，在工业革命和科学革命相互激荡之下，近代自然科学体系逐渐确立和完善，地质学和古生物学等自然科学方法融入考古学中，田野考古学和考古年代学的方法有了革命性变革。1825年丹麦考古学家汤姆森提出的石器、铜器和铁器时代"三期说"奠定了考古学的理论基础，同时也成为 C.R. 达尔文进化论的思想源泉，发表于 1859 年的《物种起源》，进而成为近现代人类社会发展普遍的历史观，为两百年来人类思想的解放做出了重大贡献。近代考古学的学科体系也就此建立起来。

近代考古学在欧洲的发展异常迅速，不久就建立了从旧石器时代、新石器时代、青铜时代到铁器时代完整的史前历史体系，并在其他大陆也相继发现了史前遗存。同时，由于欧洲的历史与古代埃及和西亚的历史有着千丝万缕的联系，由考古学开创的埃及学、亚述学、东方学等新的学科由于考古的不断发现而成为近代历史学的重要研究领域。一些失落的古代文明如印度河流域和古代中美洲文明也在这个时期被重新发现。从根本上改变了人类对自己历史的认识，也改变了世界各民族对本民族历史的认识。因此可以说，没有近代考古学就没有近代的史学体系和近代人类的历史观。[5]

随着"二战"后世界各地区民族国家的纷纷建立，考古学成为世界各民族国家论证国家合法性的重要工具，进而演变为研究和保护民族遗产、弘扬民族文化的重要学科。同时，人文和社会科学飞速发展，各种理论不断涌现，各学科不断扩大自己的研究领域，科际界限日益模糊，边缘学科纷纷成为学科发展的前沿和生长点。作为人文科学唯一能够提供新资料的考古学遂成为各学科索取资料、扩大研究领域、拓展研究视野的前沿。更为重要的是，第二次世界大战后自然科学技术的飞速发展，各种化学、物理、生物、地质、环境、数学、地球物理、地球化学、分子生物学、医学、农学等科技方法广泛成为考古调查、发掘、断代以及提取各方面信息的基本手段。考古学也在同其他学科的互动中不断完善学科的理论与方法，成为人文科学中发展最迅速的一个学科。[6]

2. 考古学学科发展的现状

考古学是人文社会科学中唯一一个以物质遗存为研究对象的学科，这就决定了考古学的研究方法、技术和手段必然来自同样以自然物质为研究对象的自然科学，考古学在近代学术体系中的确立和在现代学科中的发展都是在自然科学带动下完成的。而自然科学的发展在现在看来是没有尽头的，因此考古学不断利用自然科学的技术手段，就能够在发展中一方面不断拓展它的研究范围，另一方面也能不断加深已有各个领域的研究，这是其他人文社会科学学科所不具备的优势。同时，由于考古学研究的对象是物质中的文化遗存，因此，在学科性质上必然属于人文社会科学，而不会被自然科学所包容。考古学利用自然科学技术手段研究人类历史，大大拓展了此前文献史学的研究空间、时间和内容，是史学研究在近现代发展的最重要的推动力。[7]

考古学在当代的发展中产生了很多的学科分支。[8]从研究方法上产生的分支，有田野考古学、水下考古学、航空考古学、空间考古学、科技考古学、实验考古学、民族考古学、计量考古学、考古测量学、考古年代学、分子生物考古学等。

从研究对象的时代划分，有史前考古学、原史考古学、历史考古学；还有旧石器时代、新石器时代、青铜时代、铁器时代考古学；进一步细分在西方有古典时代考古学、中世纪考古学、殖民时期考古学、工业时期考古学等；中国有商周考古学、秦汉考古学、隋唐考古学、宋元考古学等。

从地域划分有欧洲考古学、东亚考古学、东南亚考古学、中亚考古学、西亚考古学、中美洲考古学、南美洲考古学、北非考古学、地中海考古学、爱琴海考古学、太平洋地区考古学等。依现代国别划分有中国考古学、日本考古学等。从古代文明或国家划分的有美索不达米亚考古学、古埃及考古学、希腊考古学、罗马考古学、玛雅考古学等。

还有按专题划分的社会考古学、认知考古学、性别考古学、动物考古学、植物考古学、人类体质考古学、环境考古学、美术考古学、宗教考古学、陶瓷考古学、建筑考古学、城市考古学、庄园考古学、农业考古学、工业考古学等。

3. 考古学学科发展的前景

考古学的发展还促进了一些新兴的边缘学科的发展，这些学科有的正逐渐成为考古学的组成部分，有的则有独立发展的趋势，这其中最为重要的是一些边缘学科，如博物馆学、公众考古学、遗产管理学、文物保护学等。[9]

这些分支学科都是世界各个地区和国家在高等学校中可以设立为招生方向的研究领域，代表了目前考古学学科发展的趋势。

首先，作为人文科学的考古学正在和越来越多的其他人文社会学科发生交叉，不断地拓展研究的领域，就连过去被认为考古几乎无法涉足的哲学意识形态领域也开始进入考古学的研究领域。[10]

其次，考古学的分支学科日益专门化，以至于考古从业人员不但要有很多的自然科学知识，甚至还需要有其专门研究领域的自然、工程或农医的专业技术和专业技能，如各种专门考古就必须有相关的专业训练才能够从事研究，同时也意味着会有不同学科出身的研究人员参与到考古学研究当中，考古学研究中正在消除文理的科际界限。

再次，几乎所有的自然科学和不少的工程、农医学科的技术和手段都被应用到了考古学的研究当中，特别在调查、发掘、分析和提取相关信息方面其作用愈发凸显，而且越是先进的技术就越能得到利用，如分子生物学在人类起源和农业起源这类重大课题的研究中已经被广泛地运用。考古学越来越多的分支学科将不断地被造就出来。

最后，随着世界经济的发展和民族国家意识的不断增强，各国文化遗产的管理、保护、规划、展示和利用得到越来越多的重视，[11]这类正在发展中的新型应用学科是在考古学的发展中产生的，必须要以考古学研究作为其基础，这也是考古学今后发展的一个重要动力，将催化出新的研究方向乃至分支学科。[12]

4. 适应文化遗产新型应用学科的人才培养

考古学虽然属于人文科学，但同时也是一门通贯文理的交叉学科。而且，目前仍然包含在考古学一级学科之下的文物保护方向很大程度上属于理工科，而文化遗产学和博物馆学则属于应用型的二级学科，与普通社会科学有密不可分的联系。因此，考古学的基础知识要求十分庞杂，根据不同的二级学科和方向应当有不同的要求，总体来说可以分为三类基础知识，这就是通用工具性知识、人文社会科学知识和自然科学知识。

4.1 通用工具性知识

应当在本科和硕士研究生期间已经获得的工具性知识包括外语、计算机、数理统计、地理信息系统的基本知识。如果不掌握这些工具，就没有获取核心知识、占据学科前沿、从事学术研究的基本能力。

其中，外语能够达到熟练交流的能力，能够阅读相关文献和写作专业论文；能够运用计算机为专业服务，包括文献检索、专业制图、文字编辑、数据库应用等；了解数理统计原理，熟练掌握基本的统计技能并能够运用基本的统计软件；熟练运用地理信息系统从事相关研究和资料的处理。

4.2 人文社会科学知识

考古学在本质上属于人文科学，属于史学范畴。但当代人文科学特别是史学的研究取向和研究方法多来自于社会科学，与社会科学有广泛的交叉。考古学中有些二级学科如公众考古、文化遗产管理等与社会科学更是有密切的联系。因此，学生应当了解人文社会科学的基本理论，具备对前沿史学理论和方法、人类学理论和方法的批判性能力；应当具有中国文学史、中国史、世界史、中国哲学史和艺术史的基础知识。

例如，史前考古方向的学生，须对中国古代史特别是先秦史有深入的了解，对人类学的理论和方法乃至相关的民族志有深入的学习；历史时期考古方向的学生，须对中国古代史有深入了解，能够阅读传统古籍，有阅读相关的石刻史料、简牍帛书、敦煌吐鲁番文书和版本校勘的能力。文化遗产管理、公众考古方向的学生还要求对相关社会科学，如法学、管理学、社会学、心理学、美学、经济学、新闻学、教育学等学科的基本理论和研究方法有基本的了解。

4.3 自然科学知识

考古学还是一门与自然科学密切联系的交叉学科。所有考古学资料的采集和分析方法均来自这些自然科学学科，举凡数理化、天地生、农医工无不有所涉及。因此，学生必须对自然科学的基础知识、基本方法有所了解。二级学科方向的文化遗产保护、博物馆学的学生，还要对各自相关的地质学、地貌学、环境学、景观设计、工程规划、美学设计等学科有深入了解，并具备相关研究的基本技能。

综上，随着考古学学科的发展，培养具有现代意识和国际视野，以及较广泛的人文科学知识和一定的艺术修养，掌握历史学和考古学学科的基本理论与方法，具有扎实的专业基础知识，能够胜任考古实际工作，并进行考古学和文化遗产学的初步研究的学术后备力量，成为今天衡量学科发展水平的标尺。

参考资料

[1] 徐嵩龄，张晓明，章建刚. 中国世界遗产管理体系研究 [M]. 上海：复旦大学出版社，2004.

[2] 单霁翔. 城市化发展与文化遗产保护 [M]. 天津：天津大学出版社，2006.

[3] 国家文物局. 中国考古六十年 [M]. 北京：文物出版社，2009.

[4] 格林·丹尼尔. 考古学一百五十年 [M]. 黄其煦，译. 北京：文物出版社，2009.

[5] 科林·伦福儒，保罗·巴恩. 考古学：理论方法与实践 [M]. 陈淳，译. 北京：文物出版社，2004.

[6] 布鲁斯·G. 特里格. 考古学思想史 [M]. 2 版. 陈淳，译. 北京：中国人民大学出版社，2010.

[7] 中国社会科学院考古研究所. 考古学的历史·理论·实践 [M]. 郑州：中州古籍出版社，1996.

[8] 夏鼐. 中国大百科全书·考古学 [M]. 北京：中国大百科全书出版社，1986.

[9] 唐际根. 立足遗址"核心价值"，大力推广文化景观建设 [C] //唐际根. 考古与文化遗产论集. 北京：科学出版社，2009：354-360.

[10] 何驽. 怎探古人何所思——精神文化考古理论与实践探索 [M]. 北京：科学出版社，2015.

[11] 顾军，苑利. 文化遗产报告——世界文化遗产保护运动的理论与实践 [M]. 北京：社会科学文献出版社，2005.

[12] 复旦大学文化遗产研究中心. 文化遗产研究集刊（1-3）[M]. 上海：上海古籍出版社，2003.

基于 OBE 理念的课程教学改革实践探索

——以《城市规划原理》课程为例

杜姗姗❶ 张景秋❷ 陈媛媛 叶盛东

【摘要】 社会经济快速发展对人才综合素质和能力提出更高的要求，促使我国各高校持续推动深化教育教学改革，如何基于课程这个人才培养的基本单元进行改革以有效提升专业人才培养质量，成为各高校普遍面临的难题。本文以人文地理与城乡规划专业的核心课程《城市规划原理》为例，探索基于 OBE 理念的课程教学改革路径，构建了"明确学习成果，确定教学目标——重构课程教学内容——创新教学实施方式——建立课程评价体系——根据课程评价持续改进课程"的基于人才培养质量的课程持续教学改革机制，为新时代提升人才培养质量的课程改革提供一条可供借鉴的新思路和新路径。

【关键词】 城市规划原理；成果导向教育（OBE）；课程改革；教学方法改革

1. 引言

为提高人才培养质量，我国各高校继续推动深化教育教学改革，以提高教学水平、创新能力和人才培养质量，国内外众多高校都广泛实施 OBE 教学理念，并取得较好的反馈。OBE（Outcome-based Education）教学模式又称为"成果导向教育"理念，它要求所有课程的教学活动过程都要以学习成果为目标进行反向设计，即首先要确认课程的学习成果，由学习成果确定课程的人才培养目标，再由培养目标决定课程的教学内容。[1][2] 教学过程由传统的"内容为本"向"学生为本"转变，不再是"老师教什么"，而是"学生可以学到什么"。

作为城乡规划专业本科职业能力培养重要环节的《城市规划原理》，是国家级特色专业建设点人文地理与城乡规划专业的核心课程，具有很强的综合性和实践性，在城乡规划与设计专业方向教学体系中处于整体集成和综合检验的地位。为培养出更多更优秀的规划人才，各个学校的《城市规划原理》课程一直在进

---

❶ 杜姗姗（1978—），女，博士，北京联合大学副教授。教授的主要课程有：城市规划原理、土地利用规划、详细规划理论与实践、欧美城市规划案例评析等。主要研究方向为城乡发展与规划、都市农业、休闲农业与乡村旅游。

❷ 张景秋（1967—），女，博士，北京联合大学教授。主要研究方向为城市地理学、城市与区域规划。

行着改革研究，如针对实践性教学体系[3][4]、新技术在城市规划教学实践中的应用[5]、结合院校所在城市具有的普遍地域特征开展特色城市规划教学工作[6]、将研究性教学运用于城市规划课程教学之中[7][8]等，但由于我国各地区存在的差异以及各高校办学的基础特色不同，所以至今尚未形成一套适用于全国各大高校的普适模式。北京联合大学城乡规划教学组近年来持续探索基于 OBE 先进教育理念的"城市规划课程"改革，本文将对基于 OBE 理念的《城市规划原理》课程教学改革的主要内容和成绩进行总结。

2. OBE 培养模式的实施原则及要点

20 世纪 80 年代，作为教育强国的美国因为不满意科技方面的贡献和表现，开始反思高等教育的实用性及成果的重要性，掀起基础教育改革运动。在此背景下，1981 年斯派蒂（Spady）提出 OBE 培养模式。该模式注重社会对人才的实际需求，强调围绕学习产出来合理安排教学时间和设计关键教学资源[9]。现已成为美国、英国、加拿大等国家教育改革的主流理念。《华盛顿协议》全面接受了 OBE 的理念，并将其贯穿于工程教育认证标准的始终。

应用 OBE 理念进行教学改革可以分为学校层面、专业层面和课堂层面，对应相关研究主要集中在人才培养模式改革[10]、培养方案优化[11][12]、人才培养质量评价[13][14]、课程教学大纲的制订、课堂改革[15]、课程设计改革、实践实习教学改革等方面。其中课堂改革主要有课程目标达成度评价[16]、课程群体系构建、具体课程的教学改革与实践。

一些教师将 OBE 理念应用于具体课程的教学改革与实践上，集中在 OBE 理念指导下的课程建设、能力培养及学习评价等方面。例如：谢琼、李晓川将成果导向教育理念应用于《酒店管理》课程，构建了一种"教—学—评"循环运作的课程模式[17]；卢竹从课程目标、课程评价、教学安排等方面探讨了成果导向教育在课程中的应用[18]；王庆喜将成果导向的理念导入《区域经济学》课程，探讨了知识传授与论文写作在研究生课程教育中的应用[19]；温晓娟等将 OBE 教学理念结合慕课、SPOC、微课等在线教学手段和体验式教学，构建《管理学》课程混合式教学模式[20]。陈湘青等以《市场调查技术》课程为例，提出了基于 OBE 的 ADDIAI 课程模式，即按照分析岗位能力、明确成果目标、设计课程内容、选择实施策略、开展考核评价、促进改善提高等一系列的工作流程来进行课程开发，实现课程成果目标。[21]已有研究证明，相关课程的改革与实践证实 OBE 教育的确有利于学生职业能力的提升，对教师执教能力的提高亦有帮助。

OBE 是以预期学习产出为中心来组织、实施和评价教育的结构模式，首先明确学习者最终的产出目标，再围绕预期产出进行反向设计。阿查亚（Acharya）提出实施 OBE 教育模式主要有四个步骤：定义学习产出（Defining）—实现学习产出（Realizing）—评价学习产出（Assessing）—使用学习产出（Using）。[22]①定义学习产出——确定学习目标，教师必须清楚通过该课程的学习，学生要学到什么知识、获得什么能力。②实现学习产出——实施教学，围绕教学目标设计教学内容，创新教学方法，课程结束时学生应该达到的预期产出。③评价学习产出——如何综合使用多种教学手段和评估工具，有效地评价学生是否达成了预期的学习成果目标？④使用学习产出——根据课程评价，对课程实施过程中存在的问题进行有效的持续改进。

3. 基于 OBE 理念的《城市规划原理》课程改革

3.1 确定教学目标，根据专业学习成果明确课程预期成果

（1）课程定位与目标

北京联合大学应用文理学院"人文地理与城乡规划"专业是以人文地理学为基础的 4 年制理科专业，《城市规划原理》课程定位为人文地理与城乡规划专业的专业必修课。课程安排在第 4 学期，经过自然地理学、城市地理学等先修课程的学习，学生积累了一定的专业素养，通过学习本课程内容，掌握城乡规划的系统知识和价值观，为后续的居住区规划设计、房屋建筑学、景观设计等课程提供城乡整体感和空间基础知识。

《城市规划原理》课程标准课时 48 学时，课时量适中，但课程内容庞杂，按照章节的重要程度和难度分配课时，课程理论部分结合规划实践，使学生在 48 个学时掌握课程内容及对内容的灵活运用。

经过本课程的学习，应达到以下课程目标：①使学生树立全面正确的城市观念；②掌握城乡规划的基本理论和知识体系，提升学生自主学习能力；③达到培养学生综合职业能力和对相关知识综合应用能力的目的，能在实践中以所学的规划战略思想分析解决城市问题，特别是解决涉及城市职能定位、城市空间布局、历史文化名城保护等专业问题。

（2）课程预期学习成果及其对课程目标的贡献（见表 1）

城市建设离不开城市规划工作，城市规划学科是建设领域的龙头学科，《城市规划原理》是我国高校城市规划、建筑学等专业的基础主干课程，课程呈现出知识面极广、体系庞大的特点，在整个城市规划过程中起着举足轻重的作用；它在课程结构上又具有承上启下的重要作用，一方面加深并综合运用前期课程的知识，另一方面为后续课程的进一步深入研究奠定基础；它在专业学习导向上还具有引导学生入门、深造学习、创新创业的重要作用。

开设本课程的目的在于使学生通过学习树立全面正确的城市观念，了解并初步掌握城市规划基本理论、原理和方法，并能在实践中以所学的规划战略思想分析解决城市问题，特别是解决涉及城市职能定位、城市空间布局、历史文化名城保护等专业问题。同时，为学生进行居住区规划、场地设计、景观规划、城市设计等实践性课程奠定坚实的理论基础。

表1　《城市规划原理》课程预期学习成果对课程目标、专业学习成果的贡献关系

预期学习成果	本课程预期学习成果对课程目标做出的贡献	本课程预期学习成果对以下专业学习成果做出的贡献
第一章：掌握城市的字面含义，理解城市化的概念、特征和规律	（1）使学生树立全面正确的城市观念	（1）具备较为扎实的学科基础知识及本专业基本理论知识
第二章：了解现代城市规划产生的历史背景和理论渊源；掌握现代城市规划的早期思想和发展理论；了解当代城市规划所面临的形势	（1）使学生树立全面正确的城市观念	（2）具备较为扎实的学科基础知识及本专业基本理论知识，了解本专业前沿发展现状和趋势
第三章：了解城市规划的地位、作用和任务，理解城乡规划的公共政策属性，了解城乡规划师的社会责任；掌握城市规划的基本内容和编制体系；了解城市规划与其他相关规划的关系	（2）掌握城乡规划的基本理论和知识体系，提升学生自主学习能力	（3）具有较好的人文社会科学素养、较强的社会责任感，能够在实践中理解并遵守城乡规划职业道德和规范，践行社会主义价值观；了解与本专业相关的职业和行业的方针、政策、法律和法规
第四章：理解城市的功能及其内部结构，以及城市各组成部分之间的关系；掌握城市用地分类及适用性评价	（1）使学生树立全面正确的城市观念	（4）掌握城市与区域分析评价专业核心应用能力
第五章：了解城市发展战略、结构规划和远景规划的含义；掌握城市可持续发展的内容；掌握制订城市发展战略的要点		（5）掌握本专业的问卷设计与实地调查、数据处理与分析、文案写作的基本技能，在解决实际问题时能够综合考虑社会、健康、安全、法律、文化以及环境等因素
第六章：了解城市总体布局的原则；掌握城市总体布局的综合协调的内容；掌握城市总体布局的方案评定和优化方法，掌握城市绿地系统与景观规划、城市的交通与道路规划、城市历史文化遗产保护的规划方法。要求学生紧密结合"北京总体规划"进行本章节学习	（2）掌握城乡规划的基本理论和知识体系，提升学生自主学习能力；（3）达到培养学生综合职业能力和对相关知识综合应用能力的目的	（6）掌握城市与区域分析评价、城市与区域规划设计两项专业核心应用能力，具有科学思维方法及综合运用所学科学理论和技术手段分析并解决本专业相关问题的能力
第七章：掌握控制性详细规划的强制性内容；了解城市设计的主要内容，理解修建性详细规划和城市设计的差别		（7）掌握城市与区域规划设计等专业核心应用能力
第八章：了解镇、乡规划的编制要点；理解村庄规划与城市规划的差别；掌握村庄规划的编制要点		（8）掌握城市与区域规划设计等专业核心应用能力

3.2 以最终学习成果为出发点，重构课程内容

通过比较国内外《城市规划原理》课程内容，广泛地吸收和整合国内外先进研究成果，借鉴近年推行的 CBI（Content-Based Instruction）教学法"主题模块模式"，将《城乡规划原理》课程内容进行重构优化为两个主题模块、七个内容板块（见图1）、八个章节（见表2），使之既涵盖城乡规划工作必备的基础性核心知识，又体现学科领域前沿。教学过程强调课内教学和课外学习相结合、理论教学与实践教学相结合，通过案例教学环节培养学生对课程知识的灵活运用能力，培养学生的创新精神和实践能力。

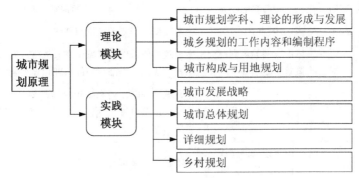

图1 《城市规划原理》课程的建设重点

表2 《城市规划原理》课程内容

性 质	课程内容	内容细分
理论课	（一）城市与城市发展	
	（二）城市规划学科的产生和发展	
	（三）城市规划的工作内容和编制程序	
理论课+实践课	（四）城市构成与用地规划	
	（五）城市发展战略	案例分析
	（六）城市总体规划	城市总体布局
		城市交通与道路系统
		城市历史文化遗产保护与城市更新
讲座	（七）详细规划、城市设计	控制性详细规划
		修建性详细规划
		城市设计
	（八）镇、乡、村庄规划	镇规划
		乡规划
		村庄规划

3.3 创新教学实施方式

《城市规划原理》课程以面授为主，中间穿插进行北京规划展览馆考察、规划案例分析、课堂讨论、项目教学，要求学生进行一定量的课外专业期刊阅读。教学环境设置在多媒体教室，采用主讲教师教授为主、辅助 1~2 次专题讲座的形式开展教学，通过多媒体交互系统、大屏幕投影等手段辅助教学，充分利用国内外优质教育教学资源以及学校的 Blackboard 网络教学平台等进行教学实践。

表3 《城市规划原理》课程授课方式及其可达成的预期学习成果

学与教的方法	学与教的手段	可达成预期学习成果
1. 课堂讲授法	多媒体、PPT	掌握城乡规划的理论与方法
2. 案例分析法	讨论案例的规划解决对策是否妥当	通过具体案例掌握城市发展战略、城市总体规划、村庄规划、详细规划的原理和规划制订要点
3. 讨论法	自主学习法、分组讨论	在城市战略规划和城市总体规划章节开展课堂讨论，培养思维表达能力，激发学习兴趣、促进学生主动学习
4. 项目教学法	分组讨论共同完成实际应用项目	掌握制定城市发展战略的要点
5. 体验教学法	北京规划展览馆考察	学生通过考察北京规划展览馆，帮助理解北京城乡规划

（1）多元化教学实施方式，提升学生学习积极性

在不断探索应用型人才培养的教学模式和教学方法改革过程中，采用多种授课方式，如参观北京规划展览馆（见图2）、参观"迈向国际一流的和谐宜居之都"北京市总体规划（2016—2030年）草案公告展（见图3），并邀请行业专家进入课堂，讲授部分课程内容（见图4、图5）。

图2 参观北京规划展览馆

图 3　参观"迈向国际一流的和谐宜居之都"
北京市总体规划（2016—2030 年）草案公告展

图 4　学生小组作业展示

图 5　产学研合作——专家进课堂授课

（2）多元化教学实施取得的成果

《城市规划原理》授课团队积极进行翻转课堂教学改革，"翻转课堂支撑下的人文地理与城乡规划专业规划设计类课程建设"获得 2016 年校级教学成果奖三等奖（见图 6）。

证书

陈媛媛、刘剑刚、杜姗姗、叶盛东、张远索完成的《翻转课堂支撑下的人文地理与城乡规划专业规划设计类课程建设》，荣获2016年校级教学成果奖三等奖。

特此表彰，以资鼓励。

北京联合大学

二〇一六年十二月十六日

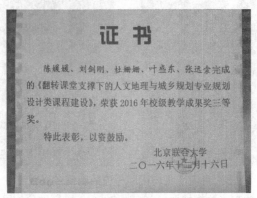

图6　教学成果奖证书

指导学生学会从日常生活中观察城市、发现规划课题，“调查—分析”的思路帮助学生学会将城市规划原理结合日常生活，并将城市规划原理应用到解决城市发展中存在的问题。在课程作业“让城市呼吸起来”基础上，修改发表核心期刊论文一篇（见图7）[23]。

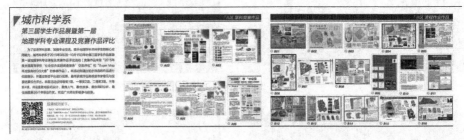

图7　《城市规划原理》课程大作业

图8　城市科学系学生作品展

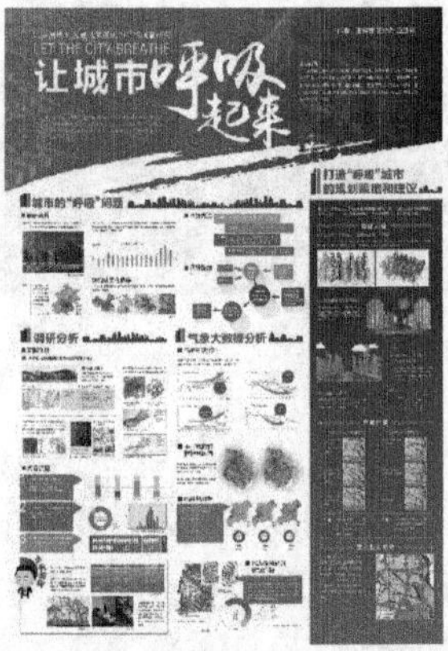

课程作业参加第一届、第二届“城市科学系第三届学生作品展暨第一届地理学科专业课程及竞赛作品评比”，并获得较好成绩（见图8）。

与中国城市规划设计研究院村镇规划研究所等多家规划机构签订校外实习基地合同，并安排部分学生参加规划项目实习，实践城市规划原理知识。

3.4　建立良好的课程评价体系

（1）加强课程教学过程管理

围绕教学大纲和课程教学内容，提出一套科学、全面地评价学生学习成效的考核体系来适时掌握学生的学习成效。新的考核体系采用多元化考核方式，包括过程考核、理论知识考核、实践能力考核和创新能力考核4部分，将

考核贯穿于课程的整个学习过程中；尊重学生志趣、激发学生自信，可有效促进学生对课程知识的建构，激发学生学习的积极性、主动性，同时注重学生创新意识与工程实践能力的培养和评价。

课程考核根据平时成绩和期末考试进行综合评价，所占比例为各占 50%（见表4）。其中平时成绩由考勤和课堂提问等平时表现（占总成绩 5%），课堂讨论（占总成绩 5%），平时作业（占总成绩 15%），城乡规划社会综合实践调查选题汇报（占总成绩 5%），城乡规划社会综合实践调查开展实地调研和相关文献检索、撰写调研报告（占平时成绩 20%）组成。期末考试成绩占 50%。期末考试以闭卷考试作为考核方式。

表4　课程考核方式、权重及对应的课程学习成果

考核方式	权重（%）	评估的课程学习成果
1. 平时表现（考勤、课堂提问）	5	检查学生学习的主动性、自觉性；考察学生是否掌握城市的字面含义，对城市化概念、特征和规律的理解，对现代城市规划的早期思想和发展理论的掌握程度
2. 课堂讨论（城市发展战略案例、总体规划案例讨论，共2次）	5	通过对案例进行课堂讨论，加深学生对城市发展战略、城市总体规划知识要点的理解和掌握
3. 平时作业（一次城市规划理论渊源和发展理论的小测试，5分；一次汇报城市发展战略案例，10分）	15	小测试考察学生对城市的起源、现代城市规划产生的历史背景和理论渊源、城市规划的基本内容和编制体系、城市用地分类及适用性评价的掌握程度；通过城市发展战略案例剖析帮助学生掌握制订城市发展战略的要点
3. 城乡规划社会综合实践调查选题汇报	5	从城市与区域关系、城市发展战略、城市总体布局、详细规划、乡镇规划、村庄规划等方面进行选题，考察学生的观察能力和对课程知识的灵活运用能力
4. 城乡规划社会综合实践调查开展实地调研和相关文献检索，撰写调研报告	20	综合城市发展战略、城市总体布局、详细规划、乡镇规划、村庄规划等课程重点内容进行不同角度的分析、发展问题并进行规划，考核学生的调研能力、分析能力、写作能力和绘图能力，考察学生对课程知识的灵活运用能力
5. 期末考试	50	考核学生对本课程所有重点知识的掌握程度

（2）构建课程评价体系

《城市规划原理》课程形成了专家课程审查和指导小组、多元课程评价反馈体系、进行问卷及成果达成度评价表调查等多种评价和反馈机制。①建立3位专

家组成的课程审查及指导小组，在授课之前和授课过程中，对课程进行审查和指导；②建立有效的多元课程评价反馈体系，通过督导专家听课、学生评教、学生座谈会、课程教学研讨会等方式反馈授课效果。③为了了解本课程对本专业毕业生要求的支撑度、评估学习产出并进行有效的持续改进，《城市规划原理》课程设计了调查问卷及成果达成度评价表。

3.5 根据课程评价结果持续改进课程教学

《城市规划原理》课程使用学习产出——根据课程评价，对课程实施过程中存在的问题进行有效的持续改进。

4. 结语

北京联合大学应用文理学院秉承"应用型大学"的办学宗旨，培养适应首都经济社会发展需要的高素质应用型人才。近年来随着城市规划变革、学校发展转型以及学生就业去向的多元化，北京联合大学应用文理学院关注改革传统的教学内容、探索适应应用型大学的教学体系和方法，在培养方案更新、课程体系调整的同时，加强课程改革研究。作为城乡规划专业的一门内容涵盖面广、理论与实践并重的专业核心课程，当城乡规划行业进入转型期时，紧密围绕应用型本科的人才培养定位和城乡规划行业发展形势，不断进行《城市规划原理》课程教学改革，对城市规划行业的发展尤其具有迫切性和实践意义。

本文提出一个基于 OBE 成果导向教育的《城市规划原理》课程教学方案，以《城市规划原理》教学的最终成果为基础，根据学生通过本门课程要达到的最终学习成果、可获得的能力提升进行反向设计。在基于 OBE 的课程教学模式实施过程中，制订课程目标、教学内容、教学方法等都以教学成果为中心，并评价课程实施中学生取得的成果和能力提升与最终成果的达成度，并据此制订持续改进课程的策略。基于 OBE 理念的《城市规划原理》课程改革与实践证明成果导向教育弥补了现有的教学过程中存在的不足，以提升学生综合素质为最终目的，有效地提高课程教学质量、教学水平和学生的学习成效，真正体现了"以学生为中心"的理念，能有效促进学生职业能力与素质的提高，保证让每一个学生均"学有所获"。基于 OBE 理念的《城市规划原理》课程教学改革所取得的经验，也可以为其他课程的教学提供一种新的思路与方法。

通过教学改革的研究与实践，课程组认识到，教学改革是一个系统工程，本文只是对该研究领域的一个初步尝试，无法确保该项改革能够一步到位地解决教、学、应用过程中的所有问题，有待未来更充分的教学研究来完善。

参考资料

[1] 吴秋凤，李洪侠，沈杨. 基于 OBE 视角的高等工程类专业教学改革研究 [J]. 教育探索，2016（5）：97-100.

[2] 白光娜. O2O 环境下 OBE 工程人才培养模式研究 [D]. 哈尔滨：哈尔滨理工大学，2017.

[3] 李培根，许晓东，陈国松. 我国本科工程教育实践教学问题与原因探析 [J]. 高等工程教育研究，2012（3）：1-6.

[4] 尹宁伟. 中国一流大学实践教学体系建构的新趋势——基于《"985 工程"大学2010 年度本科教学质量报告》的文本分析 [J]. 中国大学教学，2012（5）：82-88，96.

[5] 赵红红，王成芳，阎瑾. 将 GIS 和 RS 技术引入城市总体规划教学的尝试 [J]. 规划师，2005（4）：65-66.

[6] 李健，刘代云，陈飞. 结合滨海地域特征的城市总体规划设计课程教学研究 [J]. 规划师，2012（28）：109-112.

[7] 陈锦富，任丽娟，罗文君.《城市总体规划设计》教学改革研究 [J]. 新建筑，2009（5）：129-131.

[8] 何邕健. 城市总体规划本科教学改革探讨 [J]. 规划师，2010，26（6）：88-91.

[9] SPADY W. G.. Outcome – Based Education：Critical Issues and Answers [M]. Arlington：American Association of School Administrators，1994：212.

[10] 顾佩华，胡文龙，林鹏，等. 基于"学习产出"（OBE）的工程教育模式——汕头大学的实践与探索 [J]. 高等工程教育研究，2014（1）：27-37.

[11] 孙爱晶，陈怡君，石晓娟. 基于 OBE 的本科人才培养目标评价体系探究 [J]. 高教学刊，2017（9）：33-34.

[12] 陆艺，张英佳，韩会庆. OBE 导向下人文地理与城乡规划专业人才培养质量评价体系的构建 [J]. 黑龙江生态工程职业学院学报，2018，31（4）：135-137.

[13] 刘荣，万丽丽，袁芳. OBE 理论视角下高校课程学习评价研究 [J]. 中国轻工教育，2016（1）：15-17.

[14] 海莺. 基于 OBE 模式的地方工科院校课程改革探析 [J]. 当代教育理论与实践，2015，4：37-39.

[15] 孙爱晶，陈怡君，石晓娟. 基于 OBE 的本科人才培养目标评价体系探究 [J]. 高教学刊，2017（9）：33-34.

[16] 谢琼，李晓川. 基于理念的《酒店管理概论》课程学习成果评价模式构想 [J]. 吉林省教育学院学报，2012（2）：87-88.

[17] 卢竹. 基于 OBE 模式的《客房服务与管理》课程改革研究 [J]. 长沙航空职业技术学院学报，2014（2）：41-44.

[18] 王庆喜. 成果导向的区域经济学研究生课程教学改革研究 [J]. 研究生教育研究，

2014（3）：48-52.

［19］温晓娟，梁彦清.基于 OBE 理念的混合式教学模式研究——以《管理学》课程为例［J］.高等财经教育研究，2018，21（1）：45-49，55.

［20］陈湘青，关秋燕，郑佩琼.基于 OBE 的《市场调查技术》课程教学改革与实践［J］.商业经济，2015（11）：149-152.

［21］ACHARYA C..Outcome-based Education（OBE）：A New Paradigm for Learning［J］. Centre for Development of Teaching and Learning，2003，7（3）：7-9.

［22］王梓茜，程宸，杨袁慧，等.基于多元数据分析的城市通风廊道规划策略研究——以北京副中心为例［J］.城市发展研究，2018（1）：87-96.

从就业变化看学科专业一体化建设在
培养方案中落实的新问题

——以人文地理与城乡规划专业为例

孙　颖❶　甄云怀❷

【摘要】加强学科专业一体化建设有助于提高高校人才培养的质量，从而提升就业率和就业质量。北京联合大学的人文地理与城乡规划专业在学科专业一体化建设促进就业方面取得过成功的经验，目前在新就业形势之下也遇到了一些问题。解决问题的建议有三个方面：一是学科建设的基础不能丢弃，最大限度服务于专业建设；二是北京市就业需求的调查是专业建设需要重视的工作，专业亟待找到新的就业增长点；三是专业建设要正视并研究学生就业去向和观念的转变，拓宽原有的就业领域。

【关键词】人文地理与城乡规划专业；学科专业一体化建设；培养方案；就业

高等学校的使命是通过学科建设和专业建设，认真履行好在"人才培养、科学研究、社会服务和文化传承"中的职责。学科建设与专业建设两者既有区别又有联系，彼此相互依托、相互支撑，共同服务于培养人才这一根本任务。学科建设的重点是凝练学科方向、培养学术队伍、构建学科基地、加强科学研究；专业建设的重点是调整专业结构、改革专业内涵、实施课程建设、改进教学手段和教学方法，加强师资队伍和实习基地建设。学科建设的主要任务在于发现和创新知识，专业建设的主要任务在于为社会培养合格的本科层次人才，也为研究生教育培养后备力量。[1]专业以学科为依托，主要承担学科的人才培养职能，专业建设应以满足社会经济发展对高层次专门人才的需求为己任，这就需要高等学校不断完善办学条件、创新人才培养机制、积累专业优势，以保证人才培养质量。[2]

北京联合大学应用文理学院城市科学系的人文地理与城乡规划专业，从创立之初就把人才培养放在中心地位，紧密对接北京市城市建设和管理的需求，及时调整学科专业和人才培养目标，不断提高人才培养和社会经济发展需要之间的契合度，在学科专业一体化建设促进就业方面积累了不少经验。但在新的就业形势

---

❶　孙颖，理学硕士，北京联合大学讲师，主要从事房地产法规方面的研究。
❷　甄云怀，北京联合大学应用文理学院人文地理与城乡规划专业 2014 级本科生。

之下，也遇到了一些新问题。本文总结了人文地理与城乡规划专业办学 40 年间在学科专业一体化建设促进就业方面的经验和遇到的新挑战，力图给出新形势下通过学科建设促进专业人才培养方面的几点建议。

1. 跳出传统学科限制的藩篱创新专业建设方向

城市科学系的前身——1978 年创立的北京大学分校地理系——是全国综合性大学中的第一个本科综合地理专业。当时，市领导提出，分校与总校的"培养目标、教学计划、教学方式和要求"都一样，但这个要求在办学过程中却遇到了一系列矛盾，难以解决。北京大学的学科基础雄厚，对分校的学科建设帮助很大。但北京大学人才培养起点高，就业需求面广，地理学专业毕业生可以从事科研、教学和技术工作，出路没有问题，而分校地理系学生就业则要面向北京，有一定的局限性。[3]可贵的是，从建系之初，当时的系领导就能实事求是、审时度势，把北京市的需求和毕业生的去向落实作为专业建设重点考虑的问题。根据广泛深入的调查，发现北京市并不需要这么多地理专业出身的干部，因此分校地理系在人才培养和专业建设方面不能唯北大是从，不能照搬北大地理系现成的模式，必须突破原有学科的限制，找寻属于自己的道路。

在多次征求意见、反复论证的基础上，1983 年北大分校地理系摒弃了传统的"自然地理""地貌与第四纪"等专业，大胆改革，不受原有学科体系的束缚，设置"区域规划与管理"本科专业方向，培养以经济地理为基础的城乡规划与管理高级专门人才。1985 年，时任系主任的卢培元教授根据调查研究和审慎论证，在全国高校中第一个将地理系改成应用地理系——"城市与区域科学系"，同时，专业方向调整为"城镇规划与管理"。1988 年，按照教育部的统一要求，本科专业名称更改为"经济地理与城乡区域规划"。1993 年，随着房地产市场的兴起，已经并入北京联合大学应用文理学院的"城市与区域科学系"在全国率先增辟"房地产经营与管理"专业方向，改革培养方案，为北京市培养急需的房地产专业人才。

2. 顺应人才市场需求打造新专业方向培养方案

从学院档案管理部门获取的 1995 年的培养方案可以看出，当时的城市与区域科学系经济地理与城乡区域规划专业（房地产经营与管理方向），目标是培养"掌握经济地理学、城乡区域规划和房地产经营与管理的基本理论、基本知识和基本技能，能在城乡、区域、国土规划和城市经济、区域经济以及房地产开发、经营与管理等方面从事科研、教学及管理工作的应用型专门人才"，强调专业把"地理学、经济学和建筑学"作为三大基础，设有房地产、城乡区域规划和城市景观规划设计三个选修专业方向，重视实习和实践环节，四个年级都有实习，大学二年级的实习为社会经济调查，大学三年级为在企业的生产实习（见表 1）。从大学二、三年级的实习内容来看，1985—1990 年，主要是进行昌平、怀柔等区县城镇体系调查或土地详查。从 1991 年开始有了北京市住房解困试点调查、住宅小区调查、房地产专家咨询系统设计工作、中房指数等楼盘调查，实践内容向房地产行业转移。❶

表 1　1995 版培养方案专业基础课程、专业方向课和实践课

系专业基础必修课	地理学基础	自然地理学、生产力布局、人文地理学、环境学导论、城市化与城镇体系、城市地质学
	经济学基础	西方经济学、社会经济统计、会计学原理
	建筑学基础	房屋建筑学、施工识图与制图、建设工程概算
	方法课	地图与制图、计算机概论、空间经济数学方法
专业方向限选课	房地产经营与管理方向	城市规划原理、总图设计、居住区规划、土地评价与管理、房地产经济、房地产经营、房地产金融、房地产管理、房地产估价
	城乡区域规划方向	地理信息系统、旅游规划、北京规划与建设、区域分析与规划、可行性研究、房地产法规、房地产英语、资产评估、专题讲座
实践环节		一年级教学综合实习（2 周 2 学分），二年级社会经济调查（3 周 4 学分），三年级生产实习（4 周 7 学分），四年级毕业论文

　　从学生就业的实际情况来看，这个时期专业方向、培养目标和课程设置的改革效果显著，培养方案设计者对就业市场的判断准确，房地产行业旺盛的人才需求保证了学生就业率达到 100%。

　　以 1992 级（1996 届）毕业生为例，当时的城市科学系 28 名毕业生就业去向如表 2 所示，一部分学生进入各类央企、市属或区属国企房地产开发公司（11 人，39.2%），另外一些进入银行开发贷款审批部门、政府或国企房地产管理部门（13 人，46.4%），其他少量进入研究机构、行业协会等（4 人，14.2%）。可以说当时的毕业生就业去向 100% 符合 1995 版培养方案设定的人才培养目标和就业方向，专业建设成效显著，培养方案输送的人才与市场需求高度契合，学生在房地产行业特别是房地产开发类单位就业的特点非常突出。这个阶段也成了学生在房地产行业就业的黄金时期，这个时期的毕业生大多成为北京市房地产行业的骨干人才。可以说，如果专业负责人当时囿于传统地理学科的门户之见，固守经典的地理学课程设置和培养模式，没有对就业形势形成正确判断，没有对专业方向大胆改革的决心和勇气，就没有这个时期专业建设、人才培养的成绩，也就没有多届学生在业内的成功。

---

❶ 北京联合大学应用文理学院教学计划方案 1995 版（城市与区域科学系经济地理学与城乡区域规划专业房地产经营与管理方向）。

表2 城市科学系1992级学生就业去向统计

就业单位	人数	就业单位	人数
北京市房地产管理局	4人	中央财政部水利部房地产开发公司	2人
北京市城市建设开发总公司	1人	电子工业部所属房地产部门	1人
北京市住宅开发总公司	1人	海淀区建委	2人
北京市资产评估协会	1人	崇文区城建开发公司	2人
北京建设银行各支行	5人	朝阳区城建开发公司	1人
王府井房地产综合开发公司	1人	北京市城建二修公司	1人
华远房地产股份有限公司	1人	赛特集团房地产部	1人
北京市公安局房地产管理处	1人	北京市发展战略研究所	1人
中核房地产开发公司	1人	华联经济律师事务所	1人

资料来源：城市科学系就业统计档案资料。

3. 近年来就业新形势对人文地理与城乡规划专业建设的挑战

1999年，按照教育部新颁布的本科专业目录，专业名称改为"资源环境与城乡规划管理"。2012年，根据教育部《普通高等学校本科专业目录（2012）》的规定，将资源环境与城乡规划管理专业名称改为"人文地理与城乡规划"。

为此，2013版培养方案做了比较大的修改，将专业方向确定为：城乡规划与设计、土地利用与房地产开发，主干学科缩减为地理学和城乡规划学。专业核心课程变更为城乡土地利用规划、城市规划原理、建筑学基础。从课程设置看，两个专业方向各有五门限选课程，城乡规划与设计方向限选课为区域分析与规划、居住区规划、城市设计、景观设计、场地设计；土地利用与房地产开发方向的限选课为城市经济学、土地评价与管理、房地产开发、房地产策划、房地产法规。❶ 从2013级至2015级学生对专业方向的自主选择来看，城乡规划设计方向的选课人数要多于土地利用与房地产方向，说明学生对城乡规划设计新方向还是比较认可的。

一般认为，新专业名称下，地理学门类下设的人文地理与城乡规划专业应以国家政策为导向，培养能适应城乡规划、国土资源、城乡建设、区域分析等需要，从事城乡建设和发展规划的研究、教学、开发和应用，既具有地理学素养又具有城乡规划技能的高素质复合型专业人才。[4]北京大学的人文地理与城乡规划专业培养的学生就业领域比较广泛，一部分在国家、省市政府部门（如国家发改委、住房和城乡建设部、国土资源部、农业部、水利部、民政部等）从事管理工

---

❶ 北京联合大学指导性培养方案（2013版）。

作,一部分在金融、房地产企业工作,大量学生在城市、国土规划设计研究院从事规划设计,还有大量的学生考取研究生或出国深造。[5]

与北京大学该专业的就业去向相比,北京联合大学的人文地理与城乡规划专业虽然学科建设成就斐然,专业排名一路上升,但就业方面却出现了一些新动向。20世纪80至90年代,北京联合大学城市科学系的毕业生广泛分布在北京的城市规划、建设、环保、交通、土地、房地产等行政管理部门、科研单位和相关企业,在这些行业享有较高的知名度和美誉度。但从近几年的就业数据看,出现了就业去向分散、宽泛,部分岗位专业对口程度不够高的新情况(见表3)。符合专业培养目标的就业人数(含读研、出国留学及互联网信息技术公司、中小学、培训机构、文化传媒等新兴就业渠道)占到了毕业生总数的50%~60%,且有不断下降的趋势,而专业特色不够突出、专业对口程度不太高的岗位(如医药公司、贸易公司、餐饮连锁企业等)比例则占到了近40%。另一个比较突出的问题是,尽管学习期间过半学生选择了城市规划设计方向,但毕业后能走上该类工作岗位或考取相应专业研究生的同学尚属少数。经过调查发现,目前规划设计类岗位一般会要求工科类城市规划或建筑设计专业毕业,学历要求一般在研究生以上,因此人文地理与城乡规划本科毕业学生普遍难以在规划设计类岗位招聘或相关公务员考试中胜出,北京联合大学这样的二本院校毕业生尤为困难。

表3　2010—2013级学生就业去向统计

	房地产开发类公司	其他房地产公司	政府管理部门、银行及勘察设计等专业对口单位	IT公司、文化传媒、教育培训、设计公司等	专业符合度较低的岗位
2010级	6.3%	15.6%	21.9%	15.6%	40.6%
2011级	1.1%	13.5%	28.8%	14.9%	41.7%
2012级	0	12.9%	16.1%	17.2%	53.8%
2013级	1.4%	0	26.4%	16.7%	55.5%

资料来源:北京联合大学应用文理学院学生处就业统计数据。

4. 学科专业一体化建设应对就业新问题的几点建议

对于高校来讲,学科建设为专业建设提供基础和保障,专业建设要将学科建设的成果落实到人才培养之中,两者构成密不可分的统一体。学科建设薄弱,专业建设就失去了成长的土壤;专业建设掣肘,学科研究与创新的成果就无法外化到课堂教学和人才产出之中。从近5年的就业数据来看,考研和出国深造在毕业生中所占比例不超过15%,大多数学生需要直接就业。如何让学科专业一体化建设的成果服务于学生的就业,为学生创造更好的就业条件和前景,是摆在专业和教师面前的一大挑战。从目前的情况看，至少有以下三个需要注意的问题。

4.1 学科建设的基础不能丢弃，并最大限度服务于专业建设

地理学本身就以学科基础宽、知识牵涉面广、综合性强见长，而现代地理学又与空间科学、社会学、信息科学、遥感科学紧密相连，旁逸斜出、生生不息。因此地理类专业的建设需要有比较宽泛的学科基础，密切联系学术研究的前沿，才能保证学生对现代地理学的理论体系和最新成果有比较全面的了解。从锻炼师资的角度，也需要在高起点的学科建设基础上才能打造学术团队、丰富研究成果，才能开设必需的基础课程，保证课堂教学的质量，发挥人才培养基地的作用。最近几年北京联合大学人文地理与城乡规划专业在全国排名的上升与学校在学科建设方面持续稳定的投入是分不开的，最终受益的应该是学生和课堂教学。

4.2 北京市就业需求的调查是专业建设需要重视的工作，专业亟待找到新的就业增长点

人文地理与城乡规划专业建设一直坚持三个基本原则：一是从北京市的实际需要出发，二是立足于地理学的发展，三是考虑主客观条件的可能性。应用性、综合性和从实际需要出发的指导思想决定了专业在 20 世纪 90 年代向房地产方向的转轨。就业数据的前后对比说明，对北京的就业市场有全面深刻认识的培养方案设计，能够取得学生就业率高、对口率高的显著效果，而针对性不强、与实际联系不够紧密的方案设计，有可能导致学生就业对口率降低、专业符合度降低。主干学科、专业核心课程的修改，应该让基础与应用、教学与实践、学习和就业能够更紧密结合。现阶段人文地理与城乡规划专业急需找到新的、切合北京市需要又具有稳定容量的就业增长点，为此应从调查研究入手，客观评价人才市场的最新变化，一方面要注意到房地产行业对评估、策划、投资顾问人才的需求是我们专业的学生能够满足的，不能放弃这部分市场份额；另一方面也要承认房地产市场转型带来的影响，积极开拓新的就业渠道，提高就业质量。

4.3 专业建设要正视并研究学生就业去向和观念的转变，拓宽原有的就业领域

近年来，一部分学生对自主创业、新兴行业就业的兴趣浓厚，而对专业符合度高的城市建设管理类行政事业单位或房地产企业的招聘不太积极。究其原因，一方面是因为行政事业单位报考竞争激烈、门槛提高、工作限制较多、待遇不高，一些岗位要求研究生学历或专业限制严格；另一方面，有些学生不太能适应或不愿承受房地产类公司高强度的工作压力，由此导致近几年学生在这两类岗位中就业比率下降。部分学生更愿意在教育培训、互联网、文化传媒、中小学等需求量大、工作压力较小或薪酬较高的新兴行业就业。人文地理与城乡规划专业应主动迎接新技术、新时代带来的挑战，从人才培养的高度正视并认真对待学生这种观念变化的客观存在，挖掘其中蕴含的新就业领域，发挥自身学科基础宽厚的

优势，对学生的需求加以疏导，并对培养方案进行微调，这样极有可能拓宽原有的就业范围，为本专业带来新生。

综上所述，高等学校的学科建设是专业建设的依托，专业建设是学科建设的落脚点，而人才培养则是专业建设的重中之重。创新创业、互联网革命正在改变着传统的生活方式和就业观念，不变的是专业为社会经济发展需求培养人才的使命。在新形势下，人文地理与城乡规划专业应充分发挥学科专业一体化建设推动就业的累积优势，创新人才培养机制，并不断开掘新的就业领域，提高就业质量，让传统专业在"大众创业、万众创新"的伟大时代焕发出新活力。

参考资料

[1] 唐纪良."学科—专业"一体化建设：动因与路径 [J]. 广西大学学报（哲学社会科学版），2008（6）：125-129.

[2] 张炳生，王树立. 学科、专业一体化建设研究 [J]. 中国高教研究，2012（12）：43-45.

[3] 卢培元. 一个应用地理学系——城市与区域科学体系的诞生 [J]. 经济地理，1987（2）：149-154.

[4] 周晓艳，李秋丽，代侦勇，等. 我国高校人文地理与城乡规划专业定位与课程体系建设研究 [J]. 高等理科教育，2017（1）：82-87.

[5] 北京大学城市与环境学院人文地理与城乡规划专业介绍 [EB/OL]. [2018-03-05]. http://www.ues.pku.edu.cn/displaynews.php?id=5381.

学科专业一体化背景下应用型人才培养模式研究❶
——以人文地理与城乡规划专业为例

张景秋❷　黄建毅❸

【摘要】 学科建设与专业建设是本科教育院校的两大基石，做好学科与专业的一体化协同发展，对高校特别是地方应用型本科高校提高社会影响力和获得可持续发展至关重要。多年以来，北京联合大学人文地理与城乡规划专业以高素质应用型、复合型、外向型人才为培养目标，不断探索应用型人才培养的有效途径，把学科建设和专业建设摆到支撑专业可持续发展的重要地位，在应用型人才培养方面进行了积极探索，总结出了一套以学生"课业规划、学业规划、职业规划"为核心、"三规合一、四年演进"的人文地理与城乡规划专业应用型人才培养模式，该培养模式取得了良好的社会效果，在校内外起到一定的示范作用。

【关键词】 学科专业一体化；应用型人才；人文地理与城乡规划专业；培养模式

1. 引言

培养应用型人才是我国经济发展的客观需要，也是社会发展的必然要求。在此背景之下，应用型本科高校作为我国高校发展的一种新模式，在服务地方经济、培养社会各行各业所需应用型人才方面发挥着重要作用。[1]然而高校的发展依赖学科建设和专业建设共同提升，这一点在应用型高校中尤为重要，因为学科、专业两者建设的水平不仅影响高校整体实力，而且影响应用型本科高校应用型人才培养的方向和质量，如何开展学科专业一体化发展下人才培养模式的研究成为应用型本科高校关注的重要问题。[2]本文立足于人文地理与城乡规划的学科专业一体化思辨，并结合近年来北京联合大学人文地理与城乡规划专业学科专业一体化建设教学实践，尝试对其人才培养模式改革进行初步的总结，以期为其他

---

❶ 项目来源：北京联合大学人才强校优选计划（项目编号：BPHR2017DZ01，BPHR2017EZ01）；北京联合大学教育教学研究与改革委托项目（JJ2018Z012，JJ2018Z014）。

❷ 张景秋（1967—），女，博士，北京联合大学教授。主要研究方向为城市地理学、城市与区域规划。

❸ 黄建毅，理学博士，北京联合大学讲师。主要研究方向：城市与区域发展规划、自然灾害脆弱性评估研究。

本科专业教育建设提供一定的借鉴和参考。

2. 人文地理与城乡规划专业的学科专业一体化思辨

2.1 人文地理与城乡规划专业的发展离不开地理学的基础支撑

人文地理与城乡规划专业源于原资源环境与城乡规划管理专业（以下简称资源专业），在1998年国家教育部颁布的《本科高等学校本科专业目录》（教高〔1998〕8号）中，地理学一级学科下设地理科学、资源、地理信息系统三个二级学科。虽然2012年从资源专业拆分出了人文地理与城乡规划专业，但新专业仍属于一级学科地理学，因此学科专业一体化建设中要坚持地理学的基础学科地位，学科建设是专业发展的基础，无论专业名称如何调整，也要坚实地理学学科基础不动摇，只有学科基础牢固，基础扎实，才能在专业以及专业方向上不断创新和拓展。地理学的突出特色是区域性（地理学的研究必然落实到具体的地域空间）和综合性，即多要素（人文、自然、气象、水文、地质、生物、地貌）、多学科、多技术手段等的综合[3]，区别于城乡规划学科实践性（规划必然和具体的城市地域相结合）和综合性（多要素、多技术手段、多方案、多专题等的综合），人文地理与城乡规划专业更突出区域性、综合性，凸显地理学的学科特色。

2.2 人文地理与城乡规划专业的建设拓展了地理学应用方向

从学科发展来看，随着近年来国家宏观发展战略的调整，在城镇规划与建设领域也不断提出新的理念，如新型城镇化战略、统筹城乡一体化发展、三规合一、数字城市等，均对城乡规划的地理学思维提出新的要求。结合最新的专业发展态势来看，人文地理与城乡规划是具有工科性质的城乡规划和具有理科性质的地理学的结合，或者说是两者的交叉学科。因此，人文地理与城乡规划是具有地理学特色的城乡规划。结合社会需求来看，人文地理与城乡规划专业在城乡规划建设和管理方面的作用越来越大，这是一种国际趋势，特别是随着城市化和全球一体化进程的不断推进，全球范围内对城市规划管理、城乡统筹发展以及城市管理等诸多方面复合型高级人才的需求越来越突出，这为地理学的应用方向提供了广阔空间。

2.3 学科专业一体化提升了人文地理与城乡规划的专业竞争力

我国正处于城镇化快速发展阶段，并已经成为我国经济增长的主要来源。目前社会对城乡社会经济发展与区域规划、城乡规划管理、城镇体系规划、村镇规划、土地规划与管理应用型人才的需求将快速增长，这为人文地理与城乡规划专业提供了难得的发展机遇。然而就目前而言，培养城乡规划人才的专业主要有城市规划、人文地理与城乡规划。前者一般依托建筑学平台建设，在课程体系设置上侧重于技术领域，重视物质规划和形态设计。而有关城乡社会经济发展、城乡规划管理、城镇化与城镇体系规划、土地规划与管理等课程较少。然而城乡规划也是一项综合性非常强的学科，涉及城镇的发展历史、文化变迁、文物保护、人口迁移、地方认同、城市特色等方方面面，尤其在强调"以人为本"的城市生活环境构建的规划新趋势下，这是传统关注于物质空间的工科规划专业很少涉及的内容。[4]然而基于地理学学科基础的人文地理与城乡规划专业在这方面就具有明显的优势，正如前文所述，地理具有区域性和综合性特色，地理学背景下的城乡规划专业人才更能够从区域特色出发，结合专业学习过程中文化地理、人文地理、历史地理、民俗地理、语言地理等地理学知识的训练和培养，能够更好地综合考虑城市发展的自然、人文综合要素，从而在一定程度上能够更深地理解城市或者区域的规划，并做出更有特色的规划。

3. 人文地理与城乡规划应用型人才培养的实践探索

多年以来，北京联合大学人文地理与城乡规划专业立足于学科专业一体化，通过递进式、模块化集中实践教学体系的建设，在以学生能力与素养培养为主线的指引下，采取本科生导师制引导课业规划、课程研讨纳入课程教学体系、搭建线上线下实践实习平台等多元融合教育教学手段，在应用型人才方面进行了积极探索。

3.1 "依托学科、面向应用"，构建专业课程体系

原有传统地理学一直面临着课程庞杂、就业面向虚化、学生专业认知薄弱等问题，学生在进入专业过程中，一方面课程任务重，知识点庞杂，另一方面学生对未来就业不清晰，导致专业学生"见课不见业"，学习动力不足。基于此，在专业课程体系建设中坚实学科基础的前提下，以专业面向为杠杆，积极探索应用型人才培养模式改革，从 2002 年开始，在历次专业培养方案修订工作的推进下，不断明确和落实专业行业面向和学生应用核心能力的培养，突出专业综合和市属高校服务地方的应用特色，不断扩展就业渠道，构建了"依托学科，面向应用"的课程体系和"递进式、模块化"的集中实践教学体系。经过多年的不断改革和发展，形成了从学科平台、专业课程到课程研讨、综合实践教学环节的有机融合，设置了贯穿第一至第四学年的系统性、模块化、递进式综合实践教学课程(见表1)，并建设成为一门市级精品课程，落实培养专业基础扎实、面向首都北京城市发展与文化建设、应用性特色突出的专业人才的培养目标。

表 1 人文地理与城乡规划专业综合实践教学课程安排

年级	模块	实践内容	学习目的
一年级	模块一：城市与区域教学综合实习	城市与区域的自然条件、城市建设、企业发展、城郊农业、旅游开发、城市商业功能现状调查等	培养学生实地调查、综合观察、比较分析的能力，训练学生将课堂内容运用于实际操作以及任务执行能力，提升学生团队合作精神

续表

年级	模块	实践内容	学习目的
二年级	模块二：初级专业调研	培养学生针对任务进行实际调研以及调研分析的能力。实习内容一般以政府、企业的调查任务为主，也包括专业安排的针对北京城市社会、经济、文化等各个要素空间分布的调查任务	通过调研，使学生对北京城市活动的各个要素有一个整体的感性认识，并能对认知的现象进行初步解释
三年级	模块三：高级专业调研	二年级集中实践教学的延续和提升，调研内容一般是为政府或企业做难度较大、有较高业务知识和技术要求的调研任务	以具体项目规划程序为实践内容，培养学生实施调研任务、分析调研结果、给出对策建议的实际工作能力
四年级	模块四：毕业实习	与具体用人单位挂钩，实战性极强，学生根据自己的就业意向，直接到一线就业岗位进行上岗实践	通过学生在一线岗位的实习，提升学生就业竞争力并能顺利走向工作岗位

3.2 "学以致用、实践育人"，拓展课上课下教学组织形式和内容

秉承"学以致用、实践育人"的实践教学理念，以校内外实践教学平台为依托，探索讨论式、参与式教学方式改革，建设课上课下交互式组织形式，课上通过课程研讨讲理论讲方法，课下依托校内外实践平台，以科研项目、学术论文、学科竞赛等形式，指导学生自主学习，鼓励学生进行科研项目立项（见表2）。通过学生自身开展项目研究，不仅解决教学中学生被动学、教师满堂灌的问题，落实模块化、递进式的实践教学课程，而且以北京城市建设领域的各类真实项目为载体，进一步完善了面向城市的应用人才实践能力培养体系，提升了实践教学质量。另外在通识教育方面，以人文经典与文化传承、现代科技与生态文明、跨文化交流与全球视野、政治文明与社会建设、艺术鉴赏与审美体验等六个模块，培养学生的综合素养；以新生研讨课和跨专业选修课、双学位课程进一步延展和固定对学生服务地方的综合素质培养；在专业课程方面，为适应城市型应用型人才的行业需求，在扎实学科专业基础理论与方法的基础上，通过产学共建、校企共建课程，以文化北京为抓手，将社会主义核心价值观教育贯穿专业教育全过程；模块化递进式的实践教学体系，用以培养学生创意创新能力。

表2 2015—2017年人文地理与城乡规划专业启明星科研项目立项情况

项目级别	项目名称
国家级（1项）	冬奥会推动下的京张冰雪特色城镇资源调查与规划应用
市级（8项）	北京老年人公共文体活动时空特征与规划建议
	"京津冀一体化"形式下的首都非核心功能区——大红门服装市场的案例研究

项目级别	项目名称
市级（8项）	三山五园健康绿道规划评估与优化
	京津冀协同发展战略下的首都高等教育功能布局优化研究
	慢生活理念下的三山五园公共自行车系统网络构建
	首都教育功能疏解的空间模式探析
	基于绿道多功能开发的三山五园空间重构
	"大社区"与"小公交"——北京郊区巨型社区微循环公交调查研究
校级（8项）	三山五园游览路线规划与开发保护
	西山文化带的特色小镇培育与建设研究——以房山区长沟镇为例
	西山文化带佛教文化旅游开发模式研究
	基于休闲农业的美丽乡村建设模式及其规划策略——以北京市郊区为例
	北京人口疏散背景下的医疗资源空间配置研究——以北京市朝阳区来广营地区为例
	西山文化带佛教文化旅游开发模式研究
	北京城市建筑景观的文化脉络与表征研究——传统与现代的对比
	"全面二孩"政策对北京优质中小学教育资源均等化的可能影响研究

3.3　对接行业领域发展，建设了高校与行业互融互补的双师队伍

人文地理与城乡规划专业与包括北京市国土局国土资源勘测规划中心在内的8家北京市企事业单位建立了校外人才培养基地，完善专业集中实践教学体系结构。通过校外实习基地建设，结合政产学研用项目，推进学生对专业学习的兴趣与未来应用方向的明确，进一步增强了专业课程建设，特别是课程内容与实践教材建设，形成产业合作和人才培养共赢机制。同时专业发展中，一方面将应用型科研作为教师队伍建设的有力抓手，激励教师将首都北京城市功能布局及优化等方面的科研成果转化为专业实践教学案例素材，以科研促教学效果明显。另一方面，鼓励专业教师在行业企业挂职，培养与锻炼实践能力；同时，与行业企业共建产学合作课程和教材，形成学界与业界的良性互动、人才共享机制。师资队伍中不少教师获得北京市级教学名师、高创名师、北京市优秀教师等称号，入选北京市"长城学者"和青年拔尖人才培养计划。

3.4　建立线上与线下相融合的实践实习平台

人文地理与城乡规划专业从2003年利用地理信息技术对传统地理学改造试点工作的推动下，在原有递进式、模块化集中实践教学体系的基础上，利用全国首个高校"云GIS"平台，紧密结合北京历史文化名城保护与利用的普查调研、规划设计等方面，积极探索现代技术对传统教学方式方法的改革，大力整合线下

的产学研用项目资源数据与线上的城市要素时空模拟和虚拟现实教学平台，通过开发建设线上实践课程，与线下实习实践相结合，解决了专业教学中"只见课程，不见专业"的问题，并为学生提供了自主学习的资源平台，对接专业前沿和应用实际，提升学生应用实践能力。

4. 小结

依托前述的课程体系改革实践，总结出以学生"课业规划、学业规划、职业规划"为核心的，"三规合一、四年演进"的人文地理与城乡规划专业应用型人才培养模式（见图1），并在校内外起到示范作用。"三规合一"：指以学生"课业规划、学业规划、职业规划"为核心，统筹纳入"以生为本"的教育思想和成效中。"四年演进"：指学生在校四年循序渐进不断线的阶段性培养目标，即一年级导师制，引导学生进行课业规划，启动学生自主学习机制；二、三年级以专业集中实践和科研立项推动学生学业规划，触发学生创新精神；四年级毕业实习落实学生职业规划，检验学生实践能力，支撑学生掌握要素调研、分析评价、规划设计和综合应用四大核心能力的专业人才培养目标。

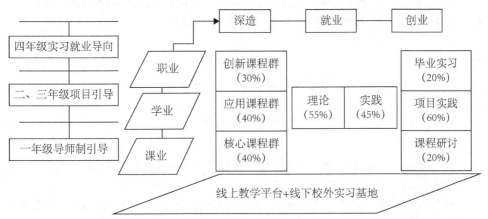

图1　"三规合一、四年演进"人文地理与城乡规划专业课程体系与人才培养模式示意图

在坚持学科专业一体化发展的指导思想，通过"三规合一、四年演进"的应用型人才培养，人文地理与城乡规划专业无论是人才培养，还是专业学科发展都取得了丰硕成果，在"坚实学科基础、突出应用面向"上不断总结、发展，为培养应用型人才提供示范作用。

（1）人才培养综合素质高，创新能力强，社会声誉好

人才培养模式应用于对专业近千名学生，十余届毕业生的培养，取得了一定的效果。学生就业方面，由于提高了专业学生的综合能力，专业对口率高，达到85%以上，就业成效显著，像国土分局、规划分局、区市政设施监察管理部门在近5年之内又吸纳了大量专业毕业生；考研方面，近5年之内有7名学生考入北

京大学、中国地质大学、中国矿业大学等"211"高校和外交学院等知名高校进行深造。

（2）专业建设成果丰硕，对学科专业发展有辐射作用

获国家级和北京市级专业与教学建设项目 5 项，其中国家级特色专业建设 1 项；出版专业实践教材 2 本，有学生参与教师科研出版专著 6 本。学生创新能力强，大学生科技立项数量从 2013 年的 2 项增加到 2017 年的 8 项，学生发表学术论文的数量和质量也有显著提高，仅 2014 年教师指导学生发表学术论文 6 篇，包括 1 篇 C 刊扩展版。每年至少有 1 名专业学生获得国家级奖学金，2012 级文英姿同学获得 2013—2014 年度凌盛奖学金，成为文理学院历史上第一位获得此项奖学金的学生。

（3）开放共享盘活资源，为学科竞赛和应用实践提供支撑

云 GIS 平台辐射全校，为国家应用文科实践中心、信息学院等多个专业等学生的学科竞赛和应用实践提供支撑。同时，也为国家级虚拟仿真实践教学中心的获批提供了支撑。此外，人文地理与城乡规划专业提出的"依托学科、面向应用"的课程体系建构原则和"递进式、模块化"集中实践教学体系在 2005 版专业培养方案中，在文理学院其他专业中进行推广应用。

参考资料

[1] 张海涛，邹波. 应用技术型本科高校学科专业一体化路径研究 [J]. 中国成人教育，2016（17）：60-63.

[2] 姜暖，蔡鹏，王超，等. 学科与专业一体化建设研究 [J]. 教育教学论坛，2018（37）：247-248.

[3] 王吉昌，屈康庆. 地理学科背景下对人文地理与城乡规划专业建设的思考 [J]. 高教学刊，2015（18）：204-205，207.

[4] 刘静玉，王丽坤. 地理学视角下的人文地理与城乡规划专业课程体系构建研究 [J]. 人力资源管理，2014（12）：210-212.

专业技能、文化素养、家国情怀❶

——地理信息科学专业全方位育人模式建设

周爱华❷　逯燕玲　孟　斌　付　晓

【摘要】本文从课程思政、课程群建设及学生科研竞赛三个方面介绍了地理信息科学专业的"专业技能、文化素养、家国情怀"的全方位育人模式，并阐述了育人模式的积极作用与实践效果。

【关键词】专业技能；文化素养；家国情怀；全方位育人模式；课程思政；课程群建设

1. 引言

1998 年教育部设置了地理信息系统专业，2012 年更名为地理信息科学专业。地理信息科学专业，简称 GIS 专业，融合了地理学、计算机科学技术、测绘科学技术、遥感科学技术、空间科学技术及管理科学等众多学科的最新科学理论与技术成就。[1]经过 20 年的建设发展，全国有近 170 所高校设置了地理信息科学专业，为国家培养了大批高素质的地理信息人才，服务于国民经济建设的各个领域。作为一个交叉性学科，在经济腾飞和科技飞速发展的大时代下，在地理信息产业蓬勃发展的大背景下，地理信息科学专业具有很好的发展前景。

我校地理信息科学专业设立于 2007 年，迄今已有 11 个年头，为首都北京的建设输送了 200 余名地理信息方面的专门人才。我们一直坚持"专业技能、文化素养、家国情怀"的育人模式，努力做到全方位育人，培育有知识、有技术、有文化、有情怀的新时代需要的复合型人才。

2. "专业技能、文化素养、家国情怀"全方位育人模式内涵

学生进入大学就要进入某一个专业学习，所以扎实的"专业技能"是大学人才培养的基本目标之一，这就是要培养有知识、有技术的人才；但仅仅有专业技能是不够的，新时代还要求大学生要有一定的文化积淀，了解国家的历史地

---

❶　北京联合大学 2018 年度教育科学研究与改革项目（JJ2018Y001）。

❷　周爱华（1978—），女，硕士，北京联合大学副教授。主要教授课程有：测绘学基础、计算机辅助制图、3DSMAX 设计等。主要研究方向为城市空间信息系统。近 5 年主持并参与完成科研课题 6 项，发表学术论文 10 余篇。

理、传统文化、民族文化以及地方的特色文化，有了深厚的文化基础，才能放眼世界，辩证地看待问题，培养出有国际视野的先进人才；"家国情怀"是中国优秀传统文化的内涵之一，其实现路径强调个人修身、重视亲情、心怀天下；既与行孝尽忠、民族精神、爱国主义、乡土观念、天下为公等传统文化有重要联系，又是对这些传统文化的超越。"家国情怀"在增强民族凝聚力、建设幸福家庭、提高公民意识等方面都有重要的时代价值。[2]因此，地理信息科学专业设立了"专业技能、文化素养、家国情怀"的全方位育人模式。

3. "专业技能、文化素养、家国情怀"全方位育人模式构成

地理信息科学专业以"专业技能""文化素养"和"家国情怀"为人才培养目标，培养德才兼备、全面发展的高素质应用型人才，增强学生的社会责任感、创新精神和实践能力，形成全方位育人的教育模式。经过系统的理论研究和全面的教学改革实践，"专业技能、文化素养、家国情怀"全方位育人模式构成包括以下几个方面。

第一，梳理并深度挖掘专业课程中的思想政治元素，明确并落实课程思政。课程思政尽管刚被提及不久，但地理信息科学专业一贯执行全程、全方位育人的教育模式，一直注重课程中的思想政治元素的挖掘，在专业技能培养的基础上，强化学生文化素养与家国情怀的浸润。教研室与党支部协同开展集体备课活动，挖掘讨论课程中的思政元素，树立典型案例；建立、健全课程思政督促监管机制，实施任课教师责任制、教研室主任监督制，以保障学生在提升专业技能的同时，提升文化素养与家国情怀，实现教书育人的大目标。

第二，建设专业课程群，厘清学科专业体系。设立"地理基础类""测绘遥感类""计算机类""GIS原理方法类"四大类型的课程群，制订课程群培养方案、建设课程群教学资源库、多层面联合备课、加强校外实习基地（场地）建设、强化教师继续教育。使整个专业体系更加明确、完善，课程衔接顺畅，教学案例合宜，实践教学保障有力，提升专业课程教学效果，进而提升专业整体教学质量，使人才培养更加均衡、全面、高效。

第三，科研促进教学，鼓励学生参加教师课题，自己申报课题，积极参加各种专业竞赛与实践活动，建立学生科研、竞赛、实践、交流的监督管理机制。设立学生学术活动管理小组，由教研室主任任组长，全面监管并组织学生参加各类教学实践、科研项目申报、专业学科竞赛、学术交流等，具体工作包括通知发布、指导教师确定、题目筛选、指导项目、成果审核等全过程监督。监督并指导学生完成任务，培养学生的实践能力、学术素养、大赛经验、交流技巧，以及潜在的创新意识与创造精神，促进学生专业素质与综合素养的提升，为学生未来走上社会打下坚实基础。此外，学生的科研立项、实践题目通常紧扣人文北京的主题，让学生对四年大学生活所在的城市有认知、有想法、有思考、有研究，关注

北京、服务北京，培养学生服务社会的意识，践行学以致用的校训。

4. "专业技能、文化素养、家国情怀"全方位育人模式的积极作用

第一，"专业技能、文化素养、家国情怀"全方位育人模式解决了学生专业课中思想政治教育薄弱的问题，在提升学生专业技能的同时，提升其文化素养和爱国情怀，提升思想政治教育亲和力和针对性，满足学生成长发展需求和期待。

第二，课程群建设使学生对专业的整体认识更加清晰，理解了不同类型课程之间的关系。梳理并设计教学案例，摒弃以前陈旧的、与实际生产生活脱节的案例，设计贴合时代发展的、衔接合宜、具有连贯性的案例，便于教学的开展，让学生更深刻地理解专业。

第三，建立学生科研、竞赛、实践、交流的监督管理机制，让学生的各类实践、学术等行为从松散的、个体的行为变为有组织、有管理、有指导的行为，有效提高学生的实践能力、科研能力和创新意识、创造精神，提高学生适应社会的能力，同时有利于学生综合能力的培养与优秀成绩的产出。

5. "专业技能、文化素养、家国情怀"全方位育人模式的实践效果

第一，形成了一批教学改革及教育科学研究项目和成果。"专业技能、文化素养、家国情怀"全方位育人模式提出之后，地理信息科学专业教师积极参与教学研究与改革实践，申请了"地理信息科学专业测绘遥感类课程群建设及实践教学研究""地理信息科学专业集中实践教学环节课程思政的创新与实践""集体备课打造课程思政典型"等一系列校级教学改革与研究项目，促进了教育理论与实践的良性互动，并产出了"地理信息科学专业课程群建设探索""协同型产学研合作教育模式下综合实践教学改革"等一系列教研论文。与学生党支部红色"1+1"支部共建活动相结合的"空间数据采集实习"也成为文理学院的课程思政典型案例。结合课程群建设情况，开展微课教学观摩与研讨，周爱华老师获得2015年全国高校微课大赛北京地区二等奖的佳绩；重视年轻教师教学能力的培养，王娟老师于2017年获得全国高校GIS青年教师讲课竞赛三等奖。

第二，促进了专业教师科研能力的提升，科研项目立足北京，聚焦时事热点、家国情怀、时代脉搏，以服务北京。地理信息科学专业教师主持国家自然科学基金项目"城市办公空间格局演变对轨道交通发展的响应机理""转型期中国城市居民职住关系：演变、机制与政策启示"等5项课题，省部级课题"北京生态涵养区生态安全预警评价与调控对策研究""北京全国文化中心建设评价指标体系研究"等5项，校级项目"北京城市不透水面时空演变及生态效应研究""北京餐饮老字号格局演变研究"等10余项，横向课题"北京市旅游餐饮购物消费行为调查研究""北京市城镇居民用水器具调查数据研究"等多项，发表"GIS下的北京城区应急避难场所空间布局与可达性研究""北京城区餐饮老字号空间格局及其影响因素研究"等一系列论文。2017年周爱华老师的"北京城区

电动车公共充电站服务现状调研及存在问题分析"获得北京市高校青年教师社会调研优秀项目一等奖。科研项目都是紧紧围绕首都北京开展的，包括城市的居住空间、文化空间、职住关系、生态环境、应急场所、文化遗产、文化中心建设等，研究着力点放在与城市发展、人民生活、文化繁荣等密切相关的点上，聚焦热点时事、家国情怀、时代脉搏，以应用型研究为主，立足北京，服务北京。

第三，促进了人才培养质量提升。表现为学生动手能力和应用专业知识解决实际问题的能力明显提高，学生在科研课题研究和全国性重大赛事中取得佳绩。2015—2017年连续三年组队参加全国大学生GIS应用技能大赛，获得一个二等奖、一个三等奖和二个优秀奖；2015年获得全国高校GIS大赛北京赛区三等奖。逯燕玲老师指导的高玉同学的"北京中心城区人口疏解相关因素研究"获得2017年度启明星国家级项目，还有多位同学的项目如"基于GIS的京津冀旅游一体化制图""基于GIS的永定河历史水系变迁的地图绘制"等获得市级项目。2016—2018年专业教师指导的多名同学获得北京联合大学数学建模一、二、三等奖。2018年的中国地理大会，多名本科生参会，并做现场报告。

另外，除了科研、竞赛方面有显著提升，在党务工作方面也有明显进步。结合"空间数据采集实习"的地理信息党支部红色"1+1"活动，分别与门头沟区斋堂镇沿河城村、永定镇南区社区进行支部共建活动，对学生进行了家国情怀、传统文化以及红色教育的洗礼，并增强了学生学以致用、服务基础的意识，"1+1"成果于2016年、2017年两年获得北京市三等奖与联大一等奖的佳绩，同时专业实习与红色"1+1"结合的模式也成为文理学院课程思政的典型案例。在此基础上地理信息科学专业党支部也获批了校级基层党支部活动立项"专业实习与红色1+1支部共建活动相结合的课程思政模式探索"。

6. 结束语

地理信息科学专业"专业技能、文化素养、家国情怀"全方位育人模式，是在专业教师兢兢业业、一心为学生的工作当中逐步摸索、提炼出来的，将"专业技能、文化素养、家国情怀"全方位育人的理念蕴含在课程群建设、课程思政实践以及学生学术竞赛当中，尽管取得了一些成绩，但也还有一些不足之处，在以后的专业建设当中还需要不断改进、完善。

参考资料

[1] 周爱华，付晓，何丹，等. 地理信息科学专业课程群建设探索 [J]. 测绘与空间地理信息，2017，40（7）：48-49.

[2] 杨清虎. "家国情怀"的内涵与现代价值 [J]. 兵团党校学报，2016（3）：60-65.

地理信息科学学科专业一体化建设的思考

付　晓❶　孟　斌　逯燕玲　周爱华　朱海勇

【摘要】本文从应用型大学育人目标出发，结合专业特色，探讨学科专业一体化建设路径。

【关键词】应用型大学；专业学科一体化；地理信息系统

学科建设和专业建设是高等院校建设的基石，两者之间存在必然的联系，然而目前高校普遍存在学科建设和专业建设厚此薄彼，学科发展与专业发展不协调的问题，本文以"学科专业一体化建设"为研究对象，分析我校地理信息科学学科专业一体化建设中存在的问题，并提出针对性的建议，以期更好地为学科专业一体化建设可持续发展服务。

1. 学科建设与专业建设的两者关系

学科建设主要包括学科定位（学科方向、发展层次），学科队伍（学科带头人、学科梯队），科学研究，人才培养，学科基地（实验室、重点学科、设备等），学科管理六个要素。学科建设状态及指标是体现一个学校在国内外发展水平的重要标志，也是国内外大学排名的主要依据。

专业建设主要包括学生发展，培养目标和培养方案，课程体系与培养模式，毕业要求与目标达成，师资队伍与教学投入，教学条件与学科支撑六个方面，专业建设是高等学校最重要的教学基本建设之一，是高等学校优化结构、体现特色、提高质量、培养高素质人才的根本性任务。

专业和学科是不同的，但也密切相关，相辅相成。专业以学科为依托、为后盾，学科的发展又以专业为基础。学科为专业建设提供发展的最新成果、可用于教学的新知识、师资培训、研究基地；而专业主要为学科承担人才培养的任务和提供发展的基础，更主要的是为社会的发展提供高素质的劳动者。从面向社会培养人才的角度来看，学科的作用是间接的。在专业定位及培养目标、专业口径、

---

❶　付晓（1977—），女，博士，北京联合大学副教授。教授的主要课程有：遥感原理与应用、环境学概论、城市管理学应用实例。主要研究方向为3S技术在资源环境中的应用，近5年主持并参与完成科研课题5项，发表学术论文10余篇。

教学计划、教学内容、教学方法、教学手段的研究与使用、教材、实验设计与开设、教学管理制度等方面的问题，学科建设是无法替代的。

《北京市普通高等学校本科专业评估评价标准》中第六条第四款为学科支撑，基本要求是学科支撑符合专业人才培养定位与要求，学科能够有效辐射和带动专业建设和本科教学，学科队伍成员参与本科教学比例高、效果好。由此可见，学科建设是专业建设的重要支撑。据不完全统计，全国共有 176 所高校开设地理信息科学专业，高校定位各有不同，地理信息科学已经呈现多样化发展的趋势，如何在众多的院校中保持活力，离不开学科建设。反过来，专业建设应该反哺学科建设，我校是应用型大学，本专业学生本科毕业之后大部分直接走上工作岗位，专业建设要更强调实用性，更能反映行业的需求，因此，与之对应，学科建设也要更贴近地理信息科学（GIS）行业发展的具体需求。

2. 学科建设与专业建设的成果与问题

城市科学系源于原北京大学分校地理系，是一个教学与科研并重的系科。自 1978 年创建以来，城市科学系一直敢为人先，在 1986 年率先将地理系改名为"城市与区域科学系"，推动了我国应用地理学教育的发展；2007 年，增设地理信息科学专业；2008 年，人文地理与城乡规划专业（原资源环境与城乡规划管理专业）被评为北京市级特色专业、国家级特色专业建设点，曾获得多项北京市教学成果奖。在学科建设和科研领域也成果颇丰，人文地理学被评为北京市级重点建设学科；2018 年，获批地理学一级学科硕士学位授权点，至此城市科学系形成了以本科为主，兼顾研究生培养的人才培养体系。学科定位为立足北京、专注首都城市建设与发展需求，以服务北京"四个中心"建设为己任，培养具有良好的地理学基础理论，扎实的城乡规划、地理信息科学专门知识，实践能力突出，能适应时代需要，具有世界眼光和高度社会责任感的高素质复合应用型人才。总体上看，学科定位明确，梯队合理，科学研究成果突出，人才培养模式成熟，学科基地建设初具规模，学科管理比较完善。

但是，地理信息科学学科建设和专业建设目前面临着一定的困境，从大环境来看，随着互联网技术、云计算等新兴信息技术的发展，"基于地理，融于数据"的地理信息科学迎来了新的发展时期，近几年行业发展迅速，市场接受度高，但我校的地理信息科学学科建设与专业发展却不尽理想，究其原因，主要存在以下几个方面的问题。

（1）学科向左、专业向右

地理信息科学是新兴的交叉学科，地理学是地理信息科学的基础学科，但还涵盖测绘学、计算机科学、工程技术等内容，随着地理信息科学的发展，地理信息系统作为工具与各行各业的结合更加紧密，而由于目前师资队伍的学科背景更多集中在地理学科，学术研究以地理问题为主，过于高冷，不接地气，科研项目与行业联系不够紧密，学生参与度不够，对专业建设的辐射性不强，出现"学科向左、专业向右"的局面。此外，专业建设过程中，未能根据市场需要及时调整教学内容，人才培养过程中呈现出理论不扎实、实践不精通的状况。

（2）学科基地建设力度不够

地理信息科学重视实践操作，强调团队合作能力，这些都需要有强大的实验室及专业设备和校外实习基地的支撑，然而从目前来看，实验室使用情况不尽如人意，实验室实践教学缺少细致的设计，实践效果并不理想。此外，校外基地建设也缺少相应的监督管理机制，能力达成不够显著。

（3）课程体系缺少持续性

由于社会经济的急速发展，专业建设动态调整不可避免，但其核心的课程体系建设需要有一定的持续性，目前的问题在于学分制改革过程中匆匆上马了很多课程，但由于招生人数的减少，课程停开的情况比较突出，浪费了大量的人力物力，也影响了教师科研与教学的专注度。

3. 解决思路

当今社会已经发生了重大变化，要顺势而为，适应经济发展和行业需要。目前业界的共识是 GIS 行业出现拐点，既是机遇也是挑战，GIS 外延会扩大，打破固有格局，建立新秩序，突破束缚提供全方位的地理信息服务。从行业需求反推学科建设，学科带动专业，专业促进学科，走学科专业一体化建设之路，是应用型大学的发展途径。具体说来，可以从以下几个方面着手。

（1）在充分调研的基础上，细化专业培养目标

首先需要进行深入的调研，广泛听取用人单位、毕业生及实习基地等各方的意见和建议。在 2018 年暑期重点进行了毕业生回访的工作，通过面对面座谈、电话访问、邮件访问等多种形式，采访了自 2007 年设立 GIS 专业以来的部分毕业生。总体来看，GIS 就业面比较广，已经细化为多个方向，大致可以分为 GIS 应用管理、GIS 设计开发、数据定制服务及基础地理教育四个方向。各个方向的侧重有所不同，如 GIS 应用管理方向，地理基础知识一定要夯实，还要结合行业需求，尤其是软件操作要跟紧学会；GIS 设计开发方向要多增加 python 和 Java 等热门语言的学习；数据定制服务方向要理解国家政策的变化，掌握国家空间规划基础平台建设的基本情况；基础地理教育方向要努力多考取相关证书等。通过毕业生回访，对 GIS 专业的人才培养要求有了更具系统的认知，对课程体系有了更具针对性的要求。在此基础上，下一步还将持续开展用人单位及实习基地的调研，以期更好地为专业建设服务。

（2）加强与行业的联系，强调学以致用

探索学术研究的转型，由过去服务于基础研究转向基础研究和应用研究并重，争取横向研究课题，积极参加行业竞赛。由于 GIS 已经广泛应用于各个行业，应用研究发展迅猛，近年来我系 GIS 的学术研究已经开始增加横向项目的比重，如服务于北京新农村建设，测绘并绘制门头沟北岭区专题地图；参与北京西山文化带项目；参与北京测绘院北京历史地理信息系统建设；参与北京南新仓地区街区全要素地理信息库建设等，这些项目都取得了良好的社会效益，学生参与度高评价好，实现了学以致用。但是从目前来看，相关项目数量有限，影响力不够，今后要加强与行业的沟通与联系，进一步挖掘产学合作潜力。此外，先后组织学生参加超图杯 GIS 大赛、全国高校 GIS 技能大赛等重大行业赛事，取得不错的成绩，通过专业比赛拓宽了对 GIS 行业的认知。今后要把学生竞赛作为一项长期工作，以赛代练，强化核心竞争力。

（3）加快实习基地建设步伐，健全评估评价指标

实习基地建设是专业建设的重要组成部分，实习基地的良好运行是开展实习教学工作的基础和质量的保障，由于 GIS 专业成立时间较短，实习基地建设刚刚起步，前期重点在于实验室软硬件环境的搭建，校外基地建设也还在探索阶段。从长期来看，建立健全实习基地建设评估评价指标，要从根本上完善实习基地建设体系。同时，实习基地也是连接学科建设和专业建设的窗口，保持实习基地长期稳定发展，通过实习基地建设及时了解行业需求，开展科学研究，对发挥实习基地应用的作用、实现教育人才培养目标，具有重要意义。

（4）夯实学分制基础，形成持续性的课程体系

课程不是单独的个体，要思考本门课程与其他课程的关系，课程要与培养目标对应，课程体系要有逻辑并适应不断变革的需要。从目前来看，课程设置上被动式理论学时过多，主动式实验课程及研讨课程过少，灌输式教育过多会导致知识衰减过快。

随着学分制改革的深入，课程体系要进一步整合，体现一定的持续性和灵活性。可以借鉴较为成熟的欧洲大学学分制教学体系《博洛尼亚宣言》（1999 年），《博洛尼亚宣言》制订了 10 个目标，其中最重要的是建立了严谨而标准的学分体系，通过专业互认减少了高校交流的障碍，促进欧洲教育成为世界品牌，至今产生深远的影响。而模块化教学设计为学分制的核心，每个专业的内容尽管不同，但模块设计的基本框架是一致的，以一个学期 15 周计算，1 个模块每周 10 小时的学时要求，这基本包括 2 小时理论课，4 小时实验课及 4 小时研讨自学课程。由教授制订模块，拥有一定的自主权，学校不过多干涉，但接受第三方评比认证机构认定。

4. 展望

通过学科专业一体化建设可以更好地实现高校综合资源的有效利用和院校实力及规模的发展，通过细化培养目标、加强行业联系、完善实习基地及夯实学分制改革等多个方面进一步促进学科专业一体化建设，使学科专业一体化建设不仅从人才培养上，还将从整个构架体系上真正实现融合，从而可以达到优势互补。

基于学科专业一体化的科技档案管理课程建设研究❶

金 畅❷ 徐 云

【摘要】课程建设是推进学科专业一体化建设的重要手段。在辨析学科、专业和课程关系的基础上，阐述了学科专业一体化建设中科技档案管理课程建设的现状，从教材建设、课程开发、实验平台建设、教学方式改革、教师团队建设、课程交叉融合六个方面提出了基于学科专业一体化的科技档案管理课程建设方法，旨在推动学科建设和专业建设，为科技档案管理课程教学改革提供参考。

【关键词】学科专业一体化；课程建设；科技档案管理

2015 年 11 月 5 日，国务院发布了《统筹推进世界一流大学和一流学科建设总体方案》，提出了高等教育的目标、原则和任务。"双一流"建设的基本任务包括建设一流师资队伍、培养拔尖创新人才、提升科学研究水平、传承创新优秀文化和推进成果转化，这五大建设任务都是以学科为依托。学科建设、专业建设和课程建设的水平和质量决定了高等院校的层次。如何从自身定位出发，开展学科、专业、课程体系一体化建设是应用型本科院校面临的重要问题。

1. 学科建设、专业建设、课程建设关系辨析

学科是一个知识体系，课程是从学科知识中选择"最具价值、实用性最强的知识"组成的教学内容，专业围绕着培养目标由若干门课程（通识课程、基础课程、专业课程、实践课程等）组成，学科建设、专业建设和课程建设既有区别又有联系。学科与专业由课程体系连接，学科建设重点是建设高水平科研队伍，专业建设则强调培养人才，课程建设是提升教材水平、保证教学质量，学科专业一体化建设的重要途径就是课程建设。[1]

学科建设是学术创新的平台，主要包括学科带头人和学术团队的建设、科研项目建设、硕士博士学位点建设、学科实训基地和实验室建设、学术交流等；专业建设是高校人才培养的平台，主要包括制订专业培养目标和教学计划、专业师资队伍建设、课程体系建设、专业教学改革、专业实训基地和实验室建设等；课程建设是学科知识转化、专业培养人才的平台，主要包括课程师资队伍建设、课

---

❶ 本文是北京联合大学应用文理学院院级"课程思政"教学改革项目成果。

❷ 金畅，博士，北京联合大学讲师，研究方向为档案信息服务。

程教材的编写、教学内容的开发、课程教学改革、课程实训内容建设、教学方法和教学手段建设、教学条件建设和教学管理建设等。[2]

学科建设、专业建设和课程建设相互联系、相辅相成。

（1）学科建设是基础工作

学科建设和专业建设是协同发展的关系，学科建设成果为专业建设提供支撑，专业建设为学科建设与发展提出要求，促进学科建设。高校必须以学科建设为重点，制订学科发展规划、大力培养学科师资队伍，多种手段保障和提升科研能力，带动专业建设和课程建设。

（2）专业建设以课程建设和学科建设为重要手段

专业是高等学校人才培养的基地，专业建设包括人才培养目标、课程体系和教学组织形式等，核心是采用什么方式、传授什么知识、培养出什么样的人才，关键就是教学的内容和方法，这正需要通过学科建设和课程建设来实现。通过学科建设提高教师的科研能力，教师能够选择与学科最新研究成果相应的学科知识；通过课程建设将教学内容与学生知识、能力和素质培养相联系，促进教学内容的提升和教学方法的改进，从而推动专业建设发展。

（3）课程建设是学科建设和专业建设的重要表现形式

课程是对学科知识的传播和拓展，学科建设发展为课程建设提供新的学科知识，课程是按照教学规律和专业培养目标组合而成的学科知识体系。课程建设是专业建设的基础，专业建设涵盖课程建设的内容，专业建设成效取决于课程建设，课程建设状况正是学科发展与专业建设水平的直接体现。

2. 学科、专业、课程一体化建设概述

北京联合大学是1985年经教育部批准成立的北京市属综合性大学，以本科教育为主，研究生教育、高职教育、继续教育和留学生教育协调发展的完备人才培养体系，是北京市重点建设的应用型人才培养基地，也是北京市规模最大的高校之一。北京联合大学应用文理学院档案学专业是北京市属高校唯一档案学本科专业，40年来为北京地区档案事业发展培养了大量的档案专业人才。2018年3月，国务院学位办下发了《关于下达2017年审核增列的博士、硕士学位授权点名单的通知》，北京联合大学应用文理学院档案系、档案馆、图书馆和信息中心共同申报的图书情报硕士专业学位授权点列入2017年增列名单，将于2019年起招收图书情报专业硕士。

档案学学科是图书馆、情报与档案管理一级学科下的二级学科，档案学学科和档案学专业分别是北京联合大学校级重点建设学科，校级特色骨干专业和市级校外实践教学示范专业，推动档案学学科和档案学专业一体化建设对于学科发展、扩大专业影响力、提升教育质量具有重要的意义。科技档案管理课程是主要讲述科技文件与科技档案管理理论和实践技能，包括科技档案工作的组织与制度

建设，科技文件控制，科技档案收集、管理与开发利用等知识，旨在培养学生的专业核心应用能力，包括文档管理能力、档案信息开发服务能力、档案工作组织与规划能力等。科技档案管理课程理论性和应用性都非常强，是档案学专业主干（必修）课程，既能为学生学习档案学专业课程奠定基础，又能为学生将来从事档案类科研和工作提供支持。目前，档案系就科技档案管理课程的教学改革开展了一些探索，如院级专业核心课程建设、院级"课程思政"专项教学改革建设、图书情报专业硕士课程案例库建设等。档案学学科和档案学专业一体化建设推动了科技档案管理课程教学改革的进一步发展。

3. 基于学科专业一体化的科技档案课程建设方法

3.1 教材建设

档案学学科在科技档案管理、科技档案资源开发利用方面取得的科研成果需要及时固化并以适当的方式讲授给档案学专业的学生。目前，国内开设档案学专业的高校科技档案管理课程普遍采用中国人民大学王传宇、张斌教授主编的《科技档案管理学》作为本科生教材。教材虽然内容比较丰富但出版时间是 2009 年，十年的时间科技档案管理的工作环境、理念以及科技档案开发利用的方式都发生了很多变化。同时，对于应用型本科院校案例教学是重要的教学手段，原有教材中的很多案例已经不能准确反映和说明目前科技档案管理的现状。为了及时补充和更新科技文件管理和科技档案管理的教学内容，档案系将《科技档案管理学》讲义编写列入校级"十三五"规划建设教材和讲义计划，正在进行新版讲义的编写，争取在三年之内完成并出版。同时，为了满足学科专业一体化建设需求，《科技档案管理学》教材建设将按照本科和研究生层次对教材内容进行分级界定，注重本科和专业硕士课程内容的衔接，凸显研究生教育的要求和特色。

3.2 课程开发

北京联合大学档案系进行科技档案管理课程建设已有十余年的时间，科技档案管理课程教学团队重视传承和创新，通过主持和参与各类企业档案管理横向课题，不断丰富教学案例和课程教学内容。在学科专业一体化背景下，教师将科研思维主动融入课堂教学中，激发学生的学习兴趣、活跃学生的创新创业思维。借助信息技术，教学团队构建了基于北京联合大学网络平台的课程资源共享，以丰富课程教学内容和呈现手段，使理论教学更加贴近科研和生产实际。学科专业一体化下的科技档案管理课程开发的突出特点是形成以案例教学和实践教学为主的研究性学习模式，引导学生利用网络课程资源，以实践为核心培养学生分析和解决实际问题的能力，全面提高人才培养质量。科技档案管理学本科生课程的建设着重夯实基础和行业实践应用，图书情报专业硕士课程的建设着重深化理论、建设案例库及培养学生分析问题和解决问题的创新能力。

3.3 实验平台建设

学科专业一体化下的科技档案管理课程建设必须注重实验平台建设，既能利用校内教学和科研实验室平台，也能利用校外实践教学基地和企业平台。目前，学生不仅可以使用北京联合大学档案学专业各类实验室，还可以申请使用校内应用文科综合国家级实验教学示范中心和文化遗产传承应用国家级虚拟仿真实验教学中心进行科研活动。高水平实验平台建设不但改善了课程的实验教学条件，而且还为学生提供了良好的实习实践机会，培养了学生的实践创新能力和创业意识，提升档案专业人才培养的层次和质量。

3.4 变革教学方式

（1）教学与科研融合教学

科教融合强调科学研究与教学融为一体、学科与专业融为一体，以高水平科研支撑人才培养。科教融合理念建立在认知科学的基础之上，认知科学通过大量实证数据证明了一个命题，即认知经历的多样性与学生创造能力呈正相关。课堂教学只能给学生提供单一的认知经历，即记忆和模仿。培养复合型、应用型人才，必须改变课堂教学即人才培养主体的观念，把科学研究作为一种更有效的人才培养方式。

（2）实习基地与专业协同教学

档案系已与校外 30 余家单位签订了产学研合作共建协议，其中包括以北京档案局为代表的多家综合档案馆、中央财经大学等多家高校档案馆、航空档案馆等企业档案馆、北京市建院图茂科技有限公司、量子伟业有限公司等企事业单位。这些校外实习基地也可以为科技档案管理课程建设提供支持。第一，与实习基地合作开展教学活动，以实习基地的优质教育资源支撑应用型人才的培养。第二，总结专业、实习基地和社会对档案学专业培养质量的评价信息，完善科技档案管理课程的内容和教学方法与手段。教学效果评价由实习基地和用人单位的调研反馈完成，教师利用反馈信息调整教学内容。通过实习基地与专业协同合作完善教学管理与评价机制，不断丰富和更新课程内容，提高人才培养的质量和层次。

3.5 打造产教研教师团队

专业与实习基地共同组建一体化产教研团队，即通过建设校外专家库、教师企业实践平台等方式打造"学校+实习基地"一体化产教研团队，使专业教学团队成员能上课堂，参与模块课程的教学，将最新的知识和技能、档案管理现状传授给学生，将档案管理案例引入课堂，使课堂教学与档案管理实际情况相对接。专业教师团队也可以通过实习基地学习最新行业发展成果，服务企业生产，提高专业教师教学水平和实践能力，提高人才培养的质量。一体化产教研团队，使教学科学研究的力量更加强大，教师、联盟企业技术人员共同研究教学、生产中急需解决的问题。

3.6 依托学科和专业资源，实施课程间的交叉融合

高校教学正在由单一课程的教学转化为以本课程为核心，多课程知识串联的教学。随着档案事业的不断发展，社会对档案学专业人才的需求日益增加，对人才质量的要求也在不断提高，特别是综合解决问题的能力。传统的单一课程只关注本课程教学内容的培养方式不能满足当前学校人才培养的发展目标和社会对档案人才的能力需求。科技档案管理课程依托档案学学科和专业资源，与档案学概论、管理学、档案管理学和文书学等不同课程开展的不同方式和内容的交叉融合，提升了实用型、复合型人才的培养质量。

4. 结语

综上所述，在学科专业一体化的背景下，更新科技档案管理课程内容，编制与时俱进的课程教材，进行课程开发、开展实验平台建设，改革教学方法和手段，开展产教研培养模式，建设科研、教学实习基地、打造产教研教师团队，同时依托学科和专业资源实施不同课程间的交叉融合可进一步推动科技档案管理课程建设。同时，课程建设也是档案学学科建设和档案学专业建设的基础，通过课程建设提升档案类人才培养的水平和层次，满足国家和社会对档案学专业人才的需求。

参考资料

[1] 周学礼. "双一流"建设中的学术突破——论大学学科、专业、课程一体化建设 [J]. 教育研究，2016 (5)：72-76.

[2] 张杰. 应用型本科院校学科、专业、课程一体化建设的探析 [J]. 山东青年政治学院学报，2014 (6)：7-12.

[3] 王华，杨凤，杨国军. 基于学科专业一体化的养殖水环境化学课程建设探析 [J]. 农村经济学，2017 (6)：289-290.

[4] 马福军，胡力勤，张智靓. 基于行企及专业特点小专业开放办学创新与实践——以建筑智能化工程技术专业为例 [J]. 教育教学论坛，2017 (4)：33-34.

基于学科专业一体化的课程建设探析[1]

——以我院档案学专业《信息检索》课程为例

房小可[2]

【摘要】 课程建设是实现学科专业一体化的重要方式之一。本文在回顾我校学科专业一体化发展及课程建设基本情况的基础上，以我校应用文理学院档案系《信息检索》课程为例，提出从教材建设、课程内容优化、教学模式与方法改革三个方面进行课程建设，以期为其他相关课程建设提供借鉴。

【关键词】 学科专业一体化；课程建设；档案学专业；《信息检索》课程

习近平总书记在十八届五中全会上，着重提出了加快地方本科院校特色"学科—专业"人才培养的重要意义。人才培养立足于学科专业一体化，其培养渠道之一是课程建设。《国家教育事业发展"十三五"规划》指出，要加大对本科教育教学改革，加大对课程建设、教学改革的常态化投入。[1]因此，如何立足于学科专业一体化进行课程建设是高等学校培养创新人才的一项重要举措。

1. 我校学科专业一体化及课程建设概述

回顾"十二五"期间，学校始终坚持应用型人才培养的根本理念不动摇，按照北京市教委和发改委"就地整合、就地发展"的批复精神，坚持实施教学品质提升"八大计划"，专业建设取得显著成效。其中专业内涵建设不断加强，教学质量显著提高，产教融合和校际合作进一步加强，应用型人才培养模式改革和应用型拔尖创新人才培养取得初步成效，完全学分制改革试点取得阶段性成果，"双二辅"、转专业、"双培计划"、书院建设等多样化人才培养通道基本形成，一批优势特色专业建成，专业综合改革试点取得突破进展。

课程建设方面，学校按照应用型人才培养的总体发展要求和人才培养目标，依托教学品质提升计划，采取系统设计、分类建设、突出重点的建设策略，课程建设取得显著成效，如初步形成以学习成果产出为导向的课程体系，初步建立了以学生为本的多元化和个性化教学理念和教学模式，建立了以课程合格评估为核

---

❶ 本文为北京联合大学教育教学研究与改革项目"基于线上线下混合学习的信息检索课程教学模式改革"（编号：JJ2017Q001）的成果之一。

❷ 房小可，博士，北京联合大学讲师，研究方向为档案开发利用。

心的课程评估机制。

总的来说，学校在产教融合专业建设及课程建设方面取得了一定成效，取得了阶段性成果，本文主要从学科专业一体化角度对课程进行建设。

2. 基于学科专业一体化的课程建设的内因

2.1 创新型人才培养的需求

2012 年，教育部、财政部联合印发《关于实施高等学校创新能力提升计划的意见》，启动了"高等学校创新能力提升计划"[2]。该计划凸显了培养创新型人才的重要性和紧迫性。通过学科专业一体化，将科学的思想融入专业实践中，使学生在课程中提出新思想新问题，探索尚未认识的科学规律，开辟新的认识领域，培养学生的创新思维。

2.2 基于科教融合课程改革的需求

科教融合的课程改革要求教师将科研与课堂相融合，辅助学科专业一体化建设。课堂教学要突破教材的限制，融入马克思主义思想理论，紧紧跟随学科研究方向，加深学生对本专业在本学科中的地位的认识和重要研究内容的了解，辅助学生学习课程知识，对专业学习更深入化系统化。此外，多学科的交叉发展使得学生只学习本专业领域的知识显然不够，将研究多样性融入课堂教学，扩展学生的知识体系，以形成立体知识结构。

2.3 学校提升综合实力的需求

学校作为市属综合性普通高校，主要面向北京社会经济发展，培养高素质应用型人才。学校综合实力的体现重点是人才培养，因此学校必须积极应对，加强人才需求分析的前瞻性，把握城市型、应用型大学专业建设的内涵，实现教学资源的优化整合，同时融入学科建设内容，推进人才培养模式创新研究与实践，全面提高人才培养质量。

3. 学科专业一体化课程建设内容——以档案学专业《信息检索》课程为例

本文以应用文理学院档案学专业课程《信息检索》为例，从教材建设、课程内容优化及教学模式和方法的改革三个方面提出课程建设改革思路。

3.1 教材建设

档案学的一级学科为"图书馆、情报与文献学"，因此信息检索教材大致分为两个方向。以图书情报为主体的信息检索教材强调以信息检索的模型和方法为主，注重学生的文献检索实践能力。比较经典的信息检索教材有武汉大学出版社黄如花主编的《信息检索》（普通高等教育"十一五"规划教材）、高等教育出版社沈固朝等编著的《信息检索教程》（面向 21 世纪课程教材）。以档案学为主体的信息检索教材是以检索语言及数据库编排结构、著录格式为主，注重数据库索引的介绍和教学，具有代表性的经典教材有高等教育出版社冯惠玲主编的《档案文献检索》（面向 21 世纪课程教材）、科学出版社卢小宾等编著的《信息检索》。

本领域学科专业一体化课程建设实际上是建设一级学科培养模式。对此，《信息检索》教程应满足学科专业一体化需求，按照专业本科生层次对课程内容进行重新界定。针对档案学专业本科生的信息检索教程，从理论篇、方法篇、工具篇和应用篇四个方面入手进行教材的重新建设。理论篇，加入图书情报方面的检索历程、检索工具、检索原理等；方法篇，强化信息检索模型、技术方面的建设，而不仅仅是数据库编排、著录；工具篇，应容纳国内外重要综合性检索系统及专业书目检索系统，并加入学术搜索引擎辅助文献资源检索的工具；应用篇，结合档案实践特征，开发检索案例，从信息资源的开发与利用两个方面进行案例的设计。

3.2 课程内容优化

（1）落实课程思政理念

深入贯彻落实全国教育工作会议及全国高校思想政治工作会议精神，适应新时期学校办学定位及人才培养需要，围绕学校"立德树人"的根本任务，认真落实课程思政的理念，将思想政治教育贯穿人才培养全过程。首先，课程思政的建设基础在课程，没有好的课程建设，课程思政就如同无源之水、无本之木，因此课程建设是课程思政得以实现的基础。对于信息检索课程来说，要突出综合素养课程的育人导向，挖掘知识传授、能力培养与价值引领之间的关联点，促使知识传授与价值观教育同频共振。

（2）明确课程目标与专业培养目标的关系

专业培养目标一般在专业培养方式确定时已明确，是指导专业课程体系建设的重要依据，明确专业目标、课程目标之间的关系是课程建设的前提。在学科专业一体化背景下，本文提出以下思路以优化课程内容：①明晰本专业培养目标，即大学生能力的培养目标；②明确信息检索课程在专业培养目标中的地位；③分析课程支持的学习目标；④优化教学内容，支持课程的学习目标，从而支持能力要求，体现课程的价值地位。如在理论、方法、工具和应用四个篇章中分别培养了大学生什么能力，对应专业目标中的哪些能力，以学习效果为目标进一步细化课程目标，进而优化课程内容建设。

（3）融入科研思维，扩展课程内容

在学科专业一体化背景下，将科研思维主动融入课堂教学中，激发学生学习兴趣，活跃学生创新思维。对于信息检索课程，可将一级学科中信息检索领域的研究方向介绍给学生，使学生了解图书情报与档案管理领域最新发展动态和研究趋势；此外，按照学校"3+X"考核方式，增加课程中自主科研项目模块，结合课程内容的应用篇鼓励学生参与相关课题，真正将科研思维融入课程教学中，在扩展课程内容的同时培养学生的专业能力。

（4）重视学生反馈，修订课程建设内容

教学的主体有两个，即"教"和"学"，因此，在对课程内容进行建设的同时需要评估授课效果，即"学"的效果。对此，本文提出应重视学生学习反馈效果的设计，主要从宏观与微观两方面进行评价。宏观上，对于《信息检索》课程，可在课程讲授之前对学生进行问卷调查，了解学生信息素养现状和信息检索能力；课程结束后再次发放问卷，分析学生信息检索能力提升情况，从宏观上把控本门课程教学内容的实用性。微观上，在第一轮课程结束后，请对教学内容设计的每个环节包括线上讨论、科研导向的学习小组、校外专家授课模式等多方面进行打分，在分析学生反馈数据的基础上修改课程建设内容；在修订课程内容的基础上完成第二轮课程的讲授，并设计问卷环节请学生打分评价，依次形成良性循环，完成课程建设内容的不断优化。

3.3 教学模式和方法的改革

《信息检索》课程的开设，旨在培养本专业学生档案信息资源组织、分析、开发与利用的能力，使其对档案工作的理解更加深入。传统的教学模式已经不能满足新形势下学校的人才培养目标。

（1）基于线上线下混合学习的教学模式和方法的改革

在学科专业一体化背景下，可将线上线下混合学习的教学模式应用到课程中，从而促进教学的发展，提升本专业学生档案信息资源组织、分析、开发与利用的能力。关于混合学习，一种典型的定义是在合适的时间为学习者采用合适的学习技术，来适应不同的学习风格并传递合适的技能以优化与学习目标对应的学习成绩。为此，对于教学模式与方法的改革方面，本文强调以下四点。

首先，把握整体教学内容，以线下为主、线上为辅的教学模式为主导，运用"刺激—反应—强化"的学习理论，通过线下教学的刺激和线上题目的强化，进一步加强学生的自主学习能力；其次，强调以问题为导向的教学方法，无论线上或线下，以"提出问题—分析问题—解决问题"的思路引导学生自主思考的能力，如"如何在就业中快速精准获取价值就业信息"等相关问题，以此激发学生学习兴趣和动力；再次，在专业学科一体化背景下，强调以探究为主的研究型学习模式，引导学生利用网络课程资源、信息技术手段搜集领域知识，形成研究问题；最后，教学效果的评价，主要通过线上学生的参与度和答题正确性进行评价，如统计在博客课堂扩展栏目中学生的阅读数和交互留言数量、网络课堂中学生提交作业情况、微信公众账号中学生答题正确率等。

（2）坚持校企政相结合的教学模式和方法的改革

档案系至今对外签署了 30 余所校外培养基地，拥有丰富的校外资源，其中北京市档案局和北京新奥集团为市级校外培养基地。在课程不同的学习阶段中可邀请行业专家为学生讲授具体案例，在明确学习目标和学习成果的基础上，通过小组学习的模式完成校外专家布置的课程作业。最后，由校内外专家构成评价团队对学生的作业完成情况进行综合分析和评价。

4. 总结

学科建设和专业建设是高校建设过程中必不可少的两个部分，课程建设是学科专业一体化的有效推手。本文以我院档案学专业《信息检索课程》为例，提出从教材建设、课程内容优化、教学模式与方法改革三个方面进行课程建设。因此，作为应用型本科院校，应做好顶层设计，充分利用高校的有利条件，合理配置教育资源，保障学科一体化的有序开展。

参考资料

[1] 国务院. 国务院关于印发国家教育事业发展"十三五"规划的通知［EB/OL］. ［2018-5-20］. http://www.gov.cn/zhengce/content/2017-01/19/content_5161341.htm.

[2] 教育部. 教育部 财政部关于实施高等学校创新能力提升计划的意见［EB/OL］. ［2018-5-20］. http://old.moe.gov.cn//publicfiles/business/htmlfiles/moe/s7062/201408/xxgk_ 172765.html.

40年产学研合作，应用型教学硕果丰

——记1978年以来档案学专业发展之路

潘世萍❶

【摘要】产学研合作平台是档案学专业提高学科专业一体化水平的重要支撑。本文梳理了档案学专业40年的产学研发展之路，总结了档案学专业在校外人才培养基地支持下取得的丰硕成果，以期在总结经验的基础上进一步探索新时期产学研结合的人才培养之路。

【关键词】产学研合作；校外人才培养；实践教学

北京联合大学应用文理学院档案学专业（以下简称档案学专业）的前身，是成立于1978年的中国人民大学二分校（以下简称人大二分校）档案系。1979年2月，人大二分校招收第一届文书档案管理专业学生；1981年招收第一届（同时也是全国第一届）科技档案专业学生。迄今为止，档案学专业共为北京市地区党政机关、企事业单位及其他各类社会组织培养了2150名高素质的档案专业应用型人才，其中很多人已成为本领域、本单位档案工作的中坚力量，为首都档案事业做出了重要贡献。

在档案学专业近40年的发展过程中，始终坚持了结合行业资源、面向实践应用的人才培养方针，尤其在通过产学研结合、促进学科专业一体化发展方面走出了一条有特色的人才培养之路。

产学研结合、促进学科专业一体化发展，即学校、政府机关、企业三方，基于共同的人才培养目标而开展的学科和专业建设，包括课程体系建设、实践教学体系建设、教师团队建设、科研合作等内容。经过40年的发展，档案学专业产学研合作取得了丰硕的成果，形成了鲜明的特色。

从成立至今，档案学专业产学研合作的发展，大致经历了初创期、平台期、体系建设期三个发展阶段。

1. 初创阶段（1978—1994年）

从办学伊始，档案学专业秉承中国人民大学档案学专业教学特点，并充分利用其资源进行实践教学布局，在课程教学方面首先开设了文书档案管理学、科技

---

❶ 潘世萍（1963—），女，硕士，北京联合大学副教授。研究方向：信息法规、科技档案管理、专业档案管理。

文件材料学、档案保护技术学和计算机基础课程的实训课；同时，档案学专业一般会安排两次集中的专业实践，一次是大三下半年的学年实习，为期四周；另一次是大四最后一学期的毕业实习，为期 8 周。学年实习在京安排，为此，档案学专业与国家第一历史档案馆、中央档案馆、北京市档案馆、北京市城建档案馆、航天工业部、航空工业部、北京人民艺术剧院、首都钢铁公司、北京市重型机械厂、北京市建筑设计研究院有限公司等机构建立了稳定的专业实习合作关系；毕业实习安排在京外，在 20 世纪 80 年代至 90 年代的 10 余年时间里，档案学专业实习学生的足迹遍及华东、华北、东北多个省市，在开阔学生视野、锻炼专业技能的同时，也极大地加强了档案学专业与全国众多高校及地方档案机构的联系和学术交往。

当然，由于社会发展的阶段性和人们认识的局限性，这一时期档案学专业发展主要体现在课程体系的创建阶段，实践教学主要通过课程的实验环节和专业实习来体现；科研方面也并未形成合作方式，常见的情况是教师在指导学生实践的过程中，搜集一些材料和案例作为撰写学术论文的素材。整体上来讲，这一时期，档案学专业及学科仍以自我发展为主，与校外机构的合作在形式和内容上都较为单一，尚未成体系。

2. 校政合作，搭建专业学科发展平台（1995—2002 年）

北京档案局（馆）是北京市档案行政管理部门，其主要职责是负责规划、推动北京市档案事业整体发展，人才的培养和继续教育是其中重要的内容。北京联合大学是市属市管高校中唯一设置档案学专业的学校，是北京市档案事业人才培养基地。自 20 世纪 80 年代起双方就在学生专业实习环节开展合作，建立起长期稳定的合作关系。基于培养人才的共同任务和目标，自 1995 年开始，档案学专业与北京市档案局（馆）达成建立实习基地的共识，具体内容包括：①为学生提供参观场所。北京市档案局（馆）及各区县局（馆）每年接待大一学生开展专业参观学习。②为学生提供实习岗位。北京市档案局（馆）为大二至大四学生提供各工作岗位的实践锻炼，短则两周，长则十周，并坚持岗位轮换制度。③支持学生开展专业调研。北京市档案局（馆）及各区县档案局（馆）为学生专业调研提供方便条件，并对他们的学位论文写作进行指导。

通过实习基地的建设，更多的学生得到在档案局（馆）实习的机会，有效补充了学生的档案专业知识，熟悉了档案行政管理的内容，使他们对档案业务工作、自身的工作能力以及今后自己在社会中的位置有了新的认识。

实习基地的建立，促使双方合作领域进一步扩大。首先，档案学专业担负起为北京市档案局（馆）提供全市档案干部培训的任务，包括新上岗人员的培训和中高级人才的继续教育培训；其次，档案学专业还为北京市档案局（馆）及10 个区档案局（馆）培养档案专业人才接近百人；最后，开展科研合作。双方于 20 世纪 90 年代末先后合作开展了两个高级别科研课题研究,分别是国家社科基金项目"档案法制研究"和北京市社科规划项目"档案在首都两个文明中的作用"。这两个课题的合作,对培养档案学专业教师的科研意识及提升其科研能力产生了重要影响。

北京市档案局(馆)实习基地的建立,开启了档案学专业校政合作发展之路。这一时期,双方不仅在专业实践领域有了更深入更全面的合作,而且将合作关系扩展到教育培训和课题研究,为档案学专业、学科一体化发展奠定了坚实的基础。

3. 加强产学研体系建设,搭建校外人才培养综合平台(2003 年至今)

2003 年,借教育部开展第一次本科教学评估的东风,北京联合大学在系统总结自身办学经验的基础上,结合首都经济社会发展的需要和学校自身的条件,创造性地提出了"发展应用型教育、培养应用型人才、建设应用型人学",简称为"三个应用"的办学定位。

为了落实学校"办学为民,应用为本"的办学思路,档案学专业将人才培养目标确定为:培养具有一定的人文科学素养和扎实的档案学、信息资源管理的理论知识,熟练掌握现代信息技术,具有文件档案管理能力、档案工作组织与规划能力和信息开发服务能力,能在党政机关及各种企事业单位从事文件档案管理、信息管理、行政管理等工作的高素质应用型的专门人才。这一人才培养目标的确定,对档案学专业发展提出了更高的要求。为此,档案学专业产学研合作进入到体系建设阶段,开始全方位合作建设。主要表现为:

3.1 基地建设已具体系规模

这一时期,继北京市档案局(馆)实习基地建立后,档案学专业又先后与北京市城市建设档案馆、北京市公安档案馆、中关村管委会、北京新奥集团、中国寰球工程公司、北京市住房和城乡建设委员会、北京市工商行政管理局、北京市地税局等 31 家政府机关、企事业单位建立了长期稳定的合作关系,构建了档案学专业校外人才培养基地体系。其中,2012 年,北京联合大学与北京市档案局(馆)签订《校政合作发展战略框架协议》,同年,北京市档案局(馆)获批成为我校首批市级校外人才培养基地;2016 年和 2017 年,北京市城市建设档案馆、北京新奥集团先后获批成为北京联合大学校级校外人才培养基地。

档案学专业的 30 余个校外人才培养基地,在合作单位的性质上,既包含党政机关,也包含企事业单位;在合作时长上,既包括有着悠久合作历史的基地,也包括新近签约,甚或未正式签约的基地;在合作的专业领域上,既包括以文书档案管理为主要需求的基地,也包括以科技档案、人事档案、会计档案等专门档案管理为主要需求的基地;在合作程度上,既包含有密切深入、多层次全方位合作的基地,也包括仅以某单一形式或项目开展合作的基地。同时,在校外人才培养基地体系的有机结构中始终存在着一个核心，即某一专业的人才培养目标。也就是说，该体系中所有基地依托单位的选择和单个基地的建设都必须围绕某一专业的人才培养目标来进行。其结果是形成了各基地之间相互支撑、优势互补的有机结构。

大量校外人才培养基地建设成为档案学专业人才培养的支撑平台，为档案学专业发展提供了各种优质教学资源，包括行业专家、实验环境、实践岗位、科研项目、就业岗位等，丰富了教学方式，创造了优越的教学环境。

3.2 实践教学已成体系

依托校外人才培养基地建设，档案学专业培养目标为突出应用型特征，设置了体系化的专业集中实践教学环节。学生在校期间共接受四个模块的实践教学：模块一，档案专业认知实习；模块二，档案工作调研；模块三，档案工作综合实践；模块四，毕业实习。校外人才培养基地全面参与了四个实践教学模块的建设，提供了实践场地、实训材料、师资、业务规范等多项教学资源。

3.3 打造出优秀的"双师型"教学团队

档案学专业以校外人才培养基地为支撑，着力打造出一支优秀的"双师型"教学团队。一方面，委派专业教师到合作单位参加一线工作，以提高教师专业技能水平与实践经验；另一方面，从校外人才培养基地聘请具有一定理论教学经验的业务骨干承担教学任务，将本专业领域的最新发展动态、行业最新鲜的实践经验与技能及良好的道德素质和职业素质传授给学生。目前，档案学专业已经有《文档职业技能实训》《文书档案管理工作实践》《档案工作流程管理与内容服务综合应用》《科技档案管理学》《信息法规》等多门课程实现了共建，打破了传统的封闭的办学体系，有利于增进学校与社会的联系，形成以社会需要为中心的办学机制。

3.4 开展广泛科研、教研合作

档案学专业教师团队以校外人才培养基地为支撑，结合专业方向积极开展应用课题研究，发展并建立起稳定的科研合作关系。多年来，通过与北京市档案局（馆）、北京市城市建设档案馆、北京市科委、北京市建委、北京市各区档案局（馆）合作，开展了大量的课题研究，课题成果真正用于解决档案工作一线的实际问题，并因此多次获得国家及地方行业主管部门优秀科技成果奖励。

教研方面的合作主要围绕培养方案的制订和实践教材的编写展开。自 2007 年开始，档案学专业历次培养方案的制订和修订都邀请校外人才培养基地的专家共同讨论，使教学体系和内容尽量贴近社会现实需求；为配合实践教学，档案学专业教师和校外人才培养基地专家合作共同编写了多部档案学专业实践教材。

综上，40 年来，档案学专业一直坚持走产学研合作发展之路，坚持依托社会、合作育人的发展方式。在教学和科研工作中密切与政府机关、企事业单位合作，关注首都档案事业建设对专业人才素质与能力的要求，锐意进行专业改革的传统，形成了"依托社会、合作育人，应用为本、服务首都"的教学理念，不断完善档案学专业应用型人才培养模式。经过 40 年的发展，档案学专业不仅形成了比较成熟、规范的应用型教育教学体系和课程体系，编写了适合档案学专业应用型教育需要的系列实践教材，还拥有良好的校内外实验教学条件。作为国家级文化遗产传承应用虚拟仿真实验教学中心与国家级应用文科综合实验教学中心的重要组成部分，档案系拥有 4 个专业实验室。档案学专业成为校级骨干专业；拥有信息资源管理二级交叉学科硕士点和图书情报专业硕士点。相信在党的十九大精神的指引下，在习总书记提出的"抓住培养社会主义建设者和接班人这个根本任务，努力建设中国特色世界一流大学"感召下，档案学专业将继续探索产学研结合的人才培养之路，努力为首都培养更多高素质的档案专业人才。

《大学英语教学指南》指导下的大学英语课程体系建设

迟　红❶

【摘要】《大学英语教学指南》将大学英语分为"通用英语""专门用途英语"和"跨文化交际"三类。根据《大学英语教学指南》规定的大学英语课程性质及教学目标，跨文化交际能力培养应贯穿于大学英语教学全过程。本文分析大学英语课程的组织原则及三类课程的性质，在此基础上分析各类课程中跨文化交际能力的培养，以期增进对于大学英语课程性质的理解，并为校本大学英语课程教学大纲的制订及各类课程跨文化交际能力的培养提供启示。

【关键词】《大学英语教学指南》；通用英语；专门用途英语；跨文化交际；跨文化交际能力

1. 引言

学科建设是学校提升内涵的必由之路，是上水平、育特色的主要途径，也是提高教学质量、增强办学实力的主要抓手。在应用型本科院校中，外语学科由于办学历史较短、师资力量薄弱等原因，无法与"211""985"院校同日而语，学科地位相对较低。外语学科如何建设，才能跟上学校学科发展的步伐，如何通过外语学科专业一体化建设来推进学科建设、加快课程和专业建设，无疑是值得我们探讨的问题。

学科建设、专业建设、课程建设是高等学校的三个基本建设，其建设的水平、质量和状态决定了学校的办学类型、层次和特色。所以，不论哪一类高校，学科建设、专业建设和课程建设都是其永恒的任务，只是不同时期建设的侧重点不同。北京联合大学作为一所定位为应用型、城市型的市属本科院校，如何开展学科建设、专业建设与课程建设，从应用型本科院校定位出发构建适合应用型人才培养的学科、专业、课程一体化建设模式，实现办学层次的实质性转型，是应用型本科院校面临的重要问题。

我国大学英语教学经历了几轮改革，但在课程设置、教学目标和教学内容等方面仍有争议。在这一背景下，《大学英语教学指南》（以下简称《指南》）应

---

❶　迟红，硕士，北京联合大学副教授。研究方向为英语教学、跨文化交际。

运而生，"在引导高校推进改革、提高教学质量方面起着重要作用"（王守仁，2016：2）。《指南》优化了大学英语课程结构，将大学英语课程分为"通用英语""专门用途英语"和"跨文化交际"三类，强调培养学生的语言应用能力，以实现"满足国家战略需求，为国家改革开放和经济社会发展服务"的目标（贾国栋，2015；周学恒、战菊，2016）。由此可见，"跨文化交际能力培养是大学英语教学必不可少的部分"（余渭深，2016：24），每类课程虽然性质和侧重点各异，但都会从不同角度、以不同方式融合跨文化交际能力培养。本文拟从分析大学英语课程性质的基础上，探讨大学英语课程中跨文化交际能力培养。

2. 理论依据

2.1 跨文化交际与跨文化交际能力

20 世纪 50 年代跨文化交际是在全球意识下兴起和发展起来的跨学科研究的新兴领域。霍尔的《沉默的语言》一书的出版被认为是跨文化交际学诞生的标志。美国跨文化研究起源于 20 世纪 60 年代早期克拉克洪和斯托特柏克的研究。20 世纪 70 年代，欧美将跨文化交际教学法导入外语教学。日本从 20 世纪 70 年代开始在大学开设"跨文化交际"课程，到 20 世纪 80 年代，将外语教育导入"文化交际"课程，并在 20 世纪 90 年代蓬勃发展起来。20 世纪 70 年代，美国语言学家 Dell Hymes 提出了"交际能力"（communicative competence），它包含四个因素，即语法性、适合性、得体性和可操作性。在此基础上，Canale 和 Swain 把"交际能力"具体分成四个部分：语言能力、社会语言能力、语篇能力和交际策略能力。Samovar 和 Porter（2004）认为一个有效的交际主体在交际过程中有动机并能掌握一定的知识和交际技巧，因此他们认为跨文化交际能力的构成要素包括动机、知识、技能。Byram（1997）指出跨文化交际能力包含态度、知识、阐释/关联技能、发现/互动技能、批判性文化意识等要素。Lustig 和 Koester（2007：69）认为"跨文化交际能力需要充足的知识、合适的动机以及训练有素的行动，单凭这些要素中的任何一个都不足以获得跨文化交际能力"。"跨文化交际能力指与不同文化背景的人进行有效、恰当交往的能力"（Perry & Southwell，2011：455）。

国内对跨文化交际的研究始于 20 世纪 80 年代，许国璋先生于 1982 年首先发表了有关语言与文化的论文，胡文仲于 1998 年出版了《跨文化交际学概论》，他将跨文化交际能力归纳为认知、感情（态度）和行为三个层面的能力。顾晓乐（2017）归纳指出学界对跨文化交际能力构成维度的共识为态度、知识和技能三个宏观维度。高一虹认为"跨文化交际能力指的是进行成功的跨文化交际所需要的能力或素质"。当今社会迫切需要的是既有专业知识又有跨文化交际能力的人才。

2.2 跨文化交际能力与大学英语课程建设

《指南》明确要求"大学英语教学的主要内容可分为通用英语、专门用途英语和跨文化交际三大类课程"。作为通用英语教学，首先必须培养学生基本的跨文化交际知识、技能、情感和行为。知识层面包括跨文化基础语言知识、社会文化知识，如行为规范、生活方式、社交礼仪、文化禁忌、价值观、宗教、历史、地理知识等。技能层面包括基本的语言和非语言交流技能、跨文化交流策略等。情感层面指对异文化最基本的理解和包容、主动进行跨文化交际的意愿、正确的交际动机等。行为层面则涉及基本的适应能力、心理调适能力、处理交际障碍和冲突的变通能力等。

"通用英语"的跨文化交际能力主要表现为：知识层面，包括通用英语语音、词汇、语法、语篇、翻译、文学等语言知识和基本文化知识；技能层面，指运用策略、技巧学习语言和文化的能力；情感层面为文化风格、语言差异意识及其对社会、工作情景造成影响的意识；行为层面，指用英语进行日常交流的能力。"专门用途英语"为专业和学科提供语言支撑（Hutchinson & Waters，1987），要求学生拥有在专业领域进行跨文化交际的能力，其专门性原则为对专业知识要求较高的知识语码。Johnson 等人（2006：530）指出："国际商业中的跨文化能力乃是个人有效使用一套知识、技能和个人属性，以便在国内或国外成功地与不同国家文化背景的人士一起工作。"从中可见，"专门用途英语"中的跨文化交际能力是国际化人才的具体素质体现，重点是指"通晓国外文化与社会，懂得本专业国际规则，掌握学术交往中的跨文化交流、合作和沟通技能，培养对不同文化的理解和容忍态度以及本民族认同感，提高科学和人文素质"（蔡基刚，2012：5-6）。因而，"专门用途英语"主要涉及特定学术或职业语境下的跨文化交际能力。

3. 大学英语课程面临的挑战

3.1 大学英语课程体系

大学英语教学的主要内容可分为通用英语、专门用途英语和跨文化交际三个部分，由此形成相应的三大类课程。"大学英语课程由必修课、限定选修课和任意选修课组成"，同时王守仁还建议"各高校应根据学校类型、层次、生源、办学定位、人才培养目标等，遵循语言教学和学习规律，合理安排相应的教学内容和课时，形成反映本校特色、动态开放、科学合理的大学英语课程体系"。（王守仁，2016）《指南》的要求表明，近30年来大多数高校开设的大学英语课程已经到了非改不可的时候，而改革的方向一定是摒弃过去千校一面的以通用英语（含听、说、阅读、语法等内容）为主的课程体系，代之以具有每个学校自身特色且根据不同专业要求而设置的个性化的课程。另外，《指南》中重点强调了开设跨文化交际课程的必要性，从语言的文化属性角度提示我们重视专门用途英语并不等同于仅注重语言的工具性，而应该做到语言的工具性和人文性兼顾。

3.2 大学英语的教学方法与手段的改革

《指南》对于大学英语的教学方法与手段的改革也提出了指导性意见，并指出教育信息化进程中的大学英语教学手段现代化应该把"教与学的效果放在首位"（王守仁，2016）。这从表面上看毫无新意，但仔细回味却是意味深远的：目前国内高等教育界流行的"微课""慕课""翻转课堂"等热词是互联网时代的产物，但这些教学手段在大学英语课程教学实施过程中究竟该扮演什么样的角色，甚至是否能替代过去的大学英语课堂教学模式，值得广大外语教师和应用语言学研究者去深入研究，而不能盲目跟风。在以自媒体为特征的互联网时代里，我们可能会经常受到新概念新技术的冲击，但在各种新热浪中保持冷静和平常心，以教学效果为唯一的衡量标准来决定我们的改革方向，不仅是一种理性的人文精神，更是作为知识分子应有的责任感或良心。

3.3 大学英语教师面临的挑战

《指南》中对大学英语教师明确了"三个主动适应"的要求，即"主动适应高等教育发展的新形势，主动适应大学英语课程体系的新要求，主动适应信息化环境下大学英语教学发展的需求"。首先，鉴于目前在很多高校大学英语学分已经缩减了一半以上，大学英语教师的工作量已经不再饱和，如果各高校按照《指南》要求全面推行改革，大学英语教师工作量不足的情况将会成为普遍现象，有可能会带来的是一些大学英语教师的生存问题。其次，专门用途英语课程要求势必是专业化的，与不同的学科门类紧密联系；但是，目前我校文理学院大学英语教师有 14 人，几乎清一色地都是英语语言文学类专业毕业生，也许尚能讲授文科、经济或法学类专门用途英语课程，但对于理工农医类专门用途英语课程肯定难以胜任。最后，大学英语教师看似是能够胜任跨文化交际课程的，但实则不尽然。第一，文化作为一个宽泛的概念，涉及人们社会生活的方方面面，如何根据不同的专业以及交际需求编写有针对性的教材非常困难。第二，文化交流和文化冲突与意识形态关联度非常高，大学英语教师是否具有把控分歧、引导学生正确理解文化差异的能力，确保政治正确，是需要管理者和政策制定者充分考虑的。第三，学院大多数的大学英语教师并没有海外留学的经历，本身就缺乏国际视野，他们对于外国文化的理解和解读大多基于书本知识，权威性不高，加上世界文化的多样性和复杂性，使得跨文化交际课程的内涵本身就会很空泛。

3.4 生源问题

我国高校大学生英语水平差异极大，存在严重的两极分化现象。即使在重点大学也尚有许多大学新生未达到高中基础英语结业的最低标准，因此很多学生需要在大学进行较长时间的基础英语（通用英语）的学习后才能通过大学英语四级考试，这也是高校中全英文授课的课程极少的原因所在。北京联合大学文理学院现有 10 个本科专业，包括法学、汉语言文学、新闻学、广告学、网络与新媒体、历史学、文物与博物馆学、人文地理与城乡规划、地理信息科学、档案学。部分学生入学英语成绩较差，目前执行的是分级教学，学生入学后进行入学测试，结合其入学分级测试成绩和高考成绩进行分班，即普通班和快班。普通班的学生按照 4、4、4、2 的培养方案完成 4 个学期 2 个学年的大学英语学习；而快班学生执行 4、4、2 的培养方案完成 3 个学期的大学英语学习。目前没有开设大学英语后续课程，跨文化交际、英美文学等都相继开设了选修课。

4.《指南》与校本课程体制的建设

《指南》在课程设置上做了较大的调整，从《大学英语课程教学要求》侧重语言技能课程及跨文化基本知识课程到《指南》对三大课程体系的建立，即"通用英语课程体系""专门用途英语课程体系"和"跨文化交际课程体系"，这是一个课程建设上质的飞跃。"通用英语课程体系"继承了传统课程以培养听、说、读、写、译的基本语言技能为主，兼顾高级技能和英美文化、文学课程的建构，如各校普遍开设的大学英语阅读、写作、口语、听力等必修课程，以及大学英语演讲、辩论、学术写作、口译、笔译、英美概况等选修课程。"专门用途英语课程系列"是特别提出的一个系列，期望能提供与学科专业相结合的一些"桥梁性"课程，使学生在打好语言基础的同时了解一定的相关学科的基本知识和基础词汇，使学生能在大学英语课程完成之后更加顺利地进入专业课的学习。

5. 课程设置与课程内容

学院在 2014 级"文理兼修、大类培养"人才培养模式改革的基础上，各专业精准定位和描述人才培养目标，明确专业所依托的行业和专业核心能力，完成 2015 版培养方案修订工作。2016 年，学院推行完全学分制教学管理制度，以培养适应首都经济社会发展需要的高素质复合型应用型人才，修订完善了多样化人才培养方案，在大类培养的基础上实现跨专业、跨年级选课，全面推行主辅修制度，给予学生充分的专业、课程、教师选择权；2017 年按照学校统一部署，对 2016 版培养方案开展规范性审查，形成 2016 版（2017 级）培养方案，在理论教学与实践教学的结构关系、课时比例、学时控制、实践教学比重等方面，形成一个相对优化稳定的培养方案。

课程设置与课程内容的选择直接决定着学生的知识、能力与综合素质结构，学院根据培养高素质复合型应用型人才的目标和学分制改革需求，修订了 2016 级本科专业培养方案，完成 2016 版（2017 级）本科培养方案修订。各专业结合专业定位，从专业特点出发，突出专业核心课程，以"依托学科，面向应用"的指导思想，同时强调通过集中实践教学环节和课外活动，培养学生综合应用专业知识处理和解决实际问题的素质和能力，完成课程体系优化组合调整。

所有专业课程由通识教育必修、通识教育选修、专业必修、专业选修、集中实践教学环节组成，学院课程总数近 700 门。其中学院开设双语课程近 20 门，实践课程比例大于 20%。学院注重强化课程的质量管理，进行重点课程建设，其中，《英美诗歌名篇选读》在国家级慕课平台中国大学 MOOC 上线，学院现有《英美诗歌名篇选读》《跨文化交际》《中外文化对比分析》等通识教育选修课程，其中《英美诗歌名篇选读》《跨文化交际》两门课程入选学院重点建设双语课程。

6. 结语

对于高等院校而言，院校的建设是实现科学研究、人才培养与社会服务功能的必然途径，在高等院校的学校建设中，课程建设与学科建设是相辅相成的两部分，而这两部分之间可以通过学科专业一体化来实现有机结合。文理学院根据城市型、应用型大学的基本特征和内涵，以首都北京城市发展人才需求为导向，以适应学生发展为中心，以实现学生个性化成才为内涵，以培养人文素养深厚、交叉复合型应用型人才为学院特色，重视用人单位、毕业生对培养方案的意见反馈，建立培养方案质量持续改进机制、学院教学指导委员会的审核论证机制，不断提高培养方案的质量。学院聚焦于弘扬优秀的中国传统文化、国际先进文化和北京地域文化，提出学院要实现"+文化"发展，即在人才培养和学科专业建设中全面推行"学科+文化""专业+文化""课程+文化"，这既是学院对首都北京"文化中心"定位的积极响应和支持，也是立足学院自身人文学科专业特长和发展历史做出的发展路径选择。学科建设、教师科研也已围绕"文化"开展了一系列卓有成效的工作。

《指南》就充分顺应了高等教育国际化的新趋势，强调了培养学生兼具国际化视野和人文素养的重要性，致力于培养学生综合应用英语的能力、国际化视野下的跨文化交际能力和创新实践能力。因此，作为大学外语教师要不断更新教育观念、有针对性地调整教学内容和教学手段，立足于学校、学院的办学理念和人才培养方案，尝试通过实现课程设置、教学模式改革和师资队伍建设等多途径，来进行学科、专业、课程建设一体化。

参考资料

[1] 蔡基刚. 我国第一份以学术英语为导向的大学英语教学指导文件的制订与说明 [J]. 外语教学理论与实践，2012 (4): 1-9.

[2] 顾晓乐. 外语教学中跨文化交际能力培养之理论和实践模型 [J]. 外语界，2017 (1): 79-88.

[3] 胡文仲. 跨文化交际能力在外语教学中如何定位 [J]. 外语界，2013 (6): 2-8.

[4] 贾国栋. 继承改革成果与构建创新发展——学习《大学英语教学指南》[J]. 中国外语，2015 (4): 4-9.

［5］王守仁. 坚持科学的大学英语教学改革观［J］. 外语界，2013（6）：9-13.

［6］金艳，何莲珍. 构建大学英语课程综合评价与多样化测试体系：依据与思路［J］. 中国外语，2015（3）：4-13.

［7］李霄翔. 建构和完善新型大学英语教学管理体系——一个解读《大学英语教学指南》的视角［J］. 外语界，2016（3）：27-33.

［8］束定芳. 对接国家发展战略培养国际化人才——新形势下大学英语教学改革与重新定位思考［J］. 外语学刊，2013（6）：90-96.

［9］王守仁. 坚持科学的大学英语教学改革观［J］. 外语界，2013（6）：9-13.

［10］王守仁.《大学英语教学指南》要点解读［J］. 外语界，2016（3）：2-10.

［11］文秋芳. 大学英语教学中通用英语与专用英语之争：问题与对策［J］. 外语与外语教学，2014（1）：1-8.

［12］杨盈，庄恩平. 构建外语教学跨文化交际能力框架［J］. 外语界，2007（4）：13-21.

［13］余渭深. 大学英语应用能力培养的再认识：教学大纲变化视角［J］. 外语界，2016（3）：19-26.

［14］周学恒，战菊. 从《要求》到《指南》：解读《大学英语教学指南》中的课程设置［J］. 中国外语，2016（1）：13-18.

大学英语四级翻译案例教学模式初探

姜 君❶

【摘要】传统的翻译教学模式是"以教师为中心"，以教师传递信息为主，以教师提供译文为终极目的，学生被动接受翻译技巧和译文，讲授多，实践少；而案例教学模式是"以学生为中心"，翻译案例的选取具有真实性、针对性、典型性和实用性，学生主动获得知识，强调过程而不是译文，通过案例，学生在翻译中学习翻译，在合作和讨论中学习翻译。通过教师导入案例、学生分析案例、案例翻译反思、课堂翻译实践、课下翻译练习五个环节，强调课堂教学与实践相融合，提供以学习者为主体的参与机会，四级翻译是以中国文化元素主题为主，在学习翻译技能的同时，使学生获得用英语讲中国故事的能力和意识。

【关键词】传统教学模式；案例教学模式；案例分析

1. 引言

随着全球化时代的到来，高校开设大学英语课程，一方面是满足国家战略需求，为国家改革开放和经济社会发展服务；另一方面是满足学生专业学习、国际交流、继续深造、工作就业等方面的需要。大学英语课程对大学生的未来发展具有现实意义和长远影响，学习英语有助于学生树立世界眼光，培养国际意识，提高人文素养，同时为知识创新、潜能发挥和全面发展提供一个基本工具，为迎接全球化时代的挑战和机遇做好准备。翻译不仅是外语教学与测试的手段，也是外语学习者应当掌握的语言技能。四级汉译英段落主要是以中国文化元素为主要题材，学生在学习英语词汇、语法以及翻译技巧的同时，也提高了用英语表达中国文化的意识，增强了用英语讲中国故事的能力。

伴随着大学英语教学改革的深入，《大学英语教学指南》（以下简称《指南》）对大学生英语能力的要求和测试方式也不断发生变化。目前，大学英语四、六级考试的翻译部分测试学生把汉语所承载的信息用英语表达出来的能力，所占分值比例为15%，考试时间30分钟。翻译题型为段落汉译英。翻译内容涉及中国的历史、文化、经济、社会发展等。四级长度为140~160个汉字，六级

---

❶ 姜君，英语语言文学硕士，北京联合大学应用文理学院基础部讲师；研究方向为翻译理论与实践，中国典籍英译，大学英语翻译教学。

长度为 180~200 个汉字。这些变化对大学英语翻译教学既是机遇也是挑战，机遇在于广大教师可以根据这些变化转变教学观念，更新教学方法，加大对教材的修订力度，加深对教材的二次开发，从而探索出更有效的人才培养模式；挑战在于学生面临新的测试和评价方式，教师如何从固有的教学模式中走出来，把学生的实际能力和测验的评价标准进行完美的结合。本文按照《指南》和四级考试翻译部分的要求，结合案例教学模式，探讨《大学体验英语四级翻译教程》的编写思路以及如何在翻译课上实践案例教学模式，引导学生积极思考和实践，在"译"中分享翻译的乐趣，提高四级翻译的得分率，同时使学生感受中国文化的魅力，提高用英语表达中国文化的意识和能力。

2. 理论依据和研究方法

2.1 理论依据：元语言反思功能

输入假说是 Krashen 提出的著名的监控理论（The Monitor Theory）的一部分。Krashen 把学习者已有的知识状态定义为 i，把略高一级的知识状态定义为 1，通过 $i+1$ 的语言输入达到下一个知识水平，因此学习者要大量输入高于学习者现有水平的语言材料，通过进行大量相关内容的补充和无限扩展对现有教材进行二次开发会弥补现有教材的不足。输出假说是 Swain 提出的对输入假说进行补充的著名理论，认为输出是语言必不可少的部分，Swain 认为仅有语言输入不足以产生习得，只有语言产出"迫使学习者从语义加工转到句法加工"（Swain，1995：249）语言输出才能促使学习者注意自己的语言表达方式以便能成功地传达思想。通过慕课和微课对教材的二次开发可以使文本教材拓展为无限的网络学习资源，学习者可以通过网络学习、师生交流、在线答疑、论坛讨论等形式进行语言输出。

2.2 研究方法：案例教学法

案例教学法是指在教师的精心策划和指导下，以学生掌握的相关基础知识和基本理论为前提，根据教学目的和内容的要求，运用典型案例，引导学生利用所学知识对案例进行思考探究，形成独特见解，提出各种解决方案，从而激活学生的创造性思维，提高他们的创新能力和解决问题能力的教学方法。（李富春、刘宁，2010）寇鸽在《案例教学法在本科英语翻译教学中的应用》（2014）中提到案例教学法具有以下特点：教学目的明确，翻译实践性，学生主体性，积极合作性和知识系统性。

教材是教师教学和学生学习的核心媒介，体现了教材编写者的教育教学理念。（王笃勤，2016）我校学生使用的由高等教育出版社出版的《大学体验英语》自 2002 年出版以来，经历了"十五""十一五"和"十二五"，现在已经成为中国大学英语学习和教学的主流教材。目前《大学体验英语》第三版就是根据《国家中长期教育改革和发展规划纲要（2010—2020 年）》（以下简称《纲要》）进行修订的，其目标是在坚持英语学习工具性的同时更好地突出人文性，强化素质教育；在加强实用的基础上进一步提升大学生的英语语言能力、跨文化交际能力，强化英语综合应用能力的培养。这个目标不仅符合《纲要》的要求，同时也符合《指南》的要求。《指南》对"课程性质"的描述如下：大学英语课程是高等学校人文教育的一部分，兼有工具性和人文性双重性质。就工具性而言，大学英语课程是基础教育阶段英语教学的提升和拓展，主要目的是在高中英语教学的基础上进一步提高学生英语听、说、读、写、译的能力。同时，《大学体验英语》提倡以"体验"为核心的启发式、参与式等教学方法，帮助学生通过"参与、愉悦、共鸣"的过程获得外语学习的良性体验。教材二次开发的核心概念和策略包括：在现有材料中选择合适的，对现有材料进行创造性改编，改变教学活动以适应学习者需求，提供额外输入作为补充。（周小惠，2013）另外，Krashen 认为输入只有到一定量的时候才能被学习者掌握，所以仅仅靠课堂材料的输入是无法实现的。（束定芳，2004）调查表明学生渴望多样化的语言输入，渴望在真实环境中学习，而外语学习中的文本材料、音频材料、视频材料都属于输入范围，因此对教材的二次开发除了文本材料外，慕课、微课也是教材二次开发的有效途径。《大学体验英语四级翻译教程》的编写是对《大学体验英语》的二次开发，但显然是文本形式的二次开发，同样受到出版周期的局限，所以在文本开发的同时，有效地利用网络平台进行慕课和微课的制作才能使教材的二次开发变成动态的过程。

3. 《大学体验英语四级翻译教程》编写模式和特点

3.1 《指南》中对三个级别教学要求的翻译能力技能描述

（1）基础目标

能借助词典对题材熟悉、结构清晰、语言难度较低的文章进行英汉互译，译文基本准确，无重大的理解和语言表达错误。能有限地运用翻译技巧。

（2）提高目标

能摘译题材熟悉，以及与所学专业或未来所从事工作岗位相关，语言难度一般的文献资料；能借助词典翻译体裁较为正式，题材熟悉的文章。理解正确，译文基本达意，语言表达清晰。能运用较常用的翻译技巧。

（3）发展目标

能翻译较为正式的议论性或不同话题的口头或书面材料，能借助词典翻译有一定深度的介绍中外国情或文化的文字资料，译文内容准确，基本无错译、漏译，文字基本通顺达意，语言表达错误较少；能借助词典翻译所学专业或所从事职业的文献资料，对原文理解准确，译文语言通顺，结构清晰，基本满足专业研究和业务工作的需要。能恰当地运用翻译技巧。

3.2 《大学体验英语四级翻译教程》的编写模式

（1）教材编写的理念

《大学体验英语四级翻译教程》是按照《纲要》和《指南》的要求，并从学生的实际需求出发进行编写的。《纲要》指出："提高质量是高等教育发展的核心任务。"提高高等教育教学质量要求我们为高校大学生提供优质的外语教育。《指南》对"课程定位"有明确的描述："大学外语教育是我国高等教育的重要组成部分，对于促进大学生知识、能力和综合素质的协调发展具有重要意义。大学英语作为大学外语教育的主要内容，是大多数非英语专业学生在本科教育阶段必修的公共基础课程，在人才培养方面具有不可替代的重要作用。大学英语课程应根据本科专业类教学质量国家标准，参照本指南进行合理定位，服务于学校的办学目标、院系人才培养的目标和学生个性化发展的需求。"其中，《指南》特别指出"服务于学校的办学目标、院系人才培养的目标和学生个性化发展的需求"，本教材即为基于我校非英语专业学生的水平和实际需求编写的校本教材，翻译实例分析和翻译实战演练的素材大部分来自于我校目前非英语专业学生使用的《大学体验英语》综合教程第一至四册。翻译实践由易到难分层设置，以满足学生个性化发展的需求。《大学体验英语四级翻译教程》的编写是针对《指南》中的基础目标进行的翻译实例的讲解和翻译实践练习均来自《大学体验英语》综合教程第一至四册的课文和课后练习以及四级翻译真题，翻译练习的设置也是由易到难，循序渐进，以满足不同层次学生的个性化需求。

（2）教材涉及的内容

《大学体验英语四级翻译教程》根据《纲要》以及《指南》对翻译能力的要求，结合四级段落翻译题型描述和大学英语四级翻译的评分标准（在确定分数档之后，阅卷员需要通过对考生翻译中的语法、用词以及拼写错误进行量化，然后扣分，最终决定考生的翻译分数，而语法的量化考核也有一定的标准），从对原文的理解，词语与句式的选择和语言表达与组织几方面简述翻译过程。为了实现大学英语的人文性和跨文化交际功能，还专门设置章节讲解英汉差异，包括英汉语言差异，如词的差异、句法的差异等，以及英汉文化差异，如历史、文学、宗教等差异。本书还从大学英语四级考试的翻译文本入手，分别对每一个句子成分的翻译策略给予详尽的讲解实例，力图使学生能够分清源语（汉语原文）的句子结构、句子成分、语序，同时也为学生提供全面的目的语（英语译文）的转换策略，使学生看得懂、学得会、用得上。此外，汉语存在很多特殊句式，很多在英语中没有对应的句式表达，本书列举了四级考试涉及的特殊句式并给出全面的分析、讲解和实例。通过对英汉语表达的差异进行详细分析，从英语和汉语的相同点入手让学生尽快写出译文的框架，再根据英汉句法差异为学生提供翻译句子不同成分时可以选择的翻译策略，学生可以按图索骥，清晰地处理汉语原文的每个部分。针对目前非英语专业大学生课堂表现和课下作业所反映的语言问题，本书还专门设立章节讲解措辞，对词义的选择、词性的转换和词语的搭配，以及学生最难啃的"硬骨头"——长难句的翻译策略给予详尽的分析和讲解。目前我国翻译的专业教材和论著汗牛充栋，但涉及非英语专业大学生的翻译教材屈指可数，翻译考试改革后相关的教材更是为数不多，而翻译教材和学生使用大学英语教材紧密结合的就凤毛麟角了。本书从学生实际需求出发，结合笔者课堂教学实践和大学英语四、六级考试阅卷工作的经历，把四级常见翻译错误进行总结和解析，同时提供相应的四级翻译实战演练，使学生身临其境，获得"体验式"英语学习的过程。

3.3 《大学体验英语四级翻译教程》的特点

针对《指南》对翻译能力的要求是本教材的特点之一。以往大学英语翻译教材大多是按照翻译技巧进行编写，把"增词法""省略法""重复法""词类转换法"等作为翻译教材的主体，而此种编写方式看起来具有学术性、系统性，但是会令非英语专业的大学生感到英语的学术性很遥远，学生在学习翻译技巧时看懂了理论，但不会把理论运用到翻译过程中，一是不知道如何运用，二是翻译中想不起理论，这就造成教材的"体验感"不强，对于通过大学英语四、六级考试也不太实用。本书在编写过程中一改往日教材的模式，从四级考试翻译真题入手结合《大学体验英语》的课文和课后练习，加大英汉语言对比的力度，详细剖析英汉句式的差异，提供全面的句子成分和语序翻译方法，把深奥难懂的翻译理论简化成学生看得懂、用得上的实际操作方法。

学生的实际翻译能力和四级考试翻译部分的策略与《大学体验英语》教材的结合是本书的另一特点。《大学体验英语》综合教程第一册和第二册侧重句子翻译能力的练习，第三册、第四册侧重文章段落翻译能力的培养。四级考试翻译内容涉及中国的历史、文化、经济、社会发展等，《大学体验英语》的课文对翻译的不同题材分别有所涉及，本教材翻译实例解析和翻译实战练习大多选自《大学体验英语》教材的课文和课后练习题以及四级考试真题，在进行翻译实例解析时从学生的角度出发，把四级翻译测试和《大学体验英语》教材紧密地结合起来，使学生在学中做、做中学，把四级考试翻译部分涉及的所有句式和翻译策略的讲解融入《大学体验英语》教材中去，教师在教学过程中会有的放矢，学生在学习过程中会减少与四级翻译考试的距离感，真正把翻译技能、考试策略和教材学习水到渠成地融合在一起。

翻译从技术上讲是汉语和英语两种语言的相互转化，而翻译的载体必须是真实的语料，语料的选择也体现了本教材的特点。基于四级翻译段落题材都以中国文化元素为主，如中国的饮食、中国的民俗、中国的名胜古迹等，案例教学又是以真题作为案例导入和案例分析，因此学生能够真切体会用英语表达中国文化的过程。以此为基点，教师可以广泛搜集中国传统文化题材的语料让学生进行翻译实践，如中国地理文化、中国茶文化、中国武术、中国书法、中国传统节日、中国古典名著、中国戏剧文化等，引导学生了解中国文化、学习中国文化、用英语表达中国文化，推动中国文化"走出去"。

4. 案例教学模式在大学四级翻译教学中的应用

课程设置的各个环节，包括课程目标的制订，课程内容的确立、实施及评价，都需要一定的人力、物力以及自然资源的配合。这一切资源的总和，往往被统称为课程资源（吴刚平，2001），课程资源是教材二次开发的重要因素。慕课（MOOCs：Massive Open Online Courses）即大规模开放在线课程的特点在于规模大、开放性强，依托网络互动平台最大规模地突破了时间和空间的限制，拥有巨大的课程资源，使知识的传播速度和规模空前扩大。慕课对教材开发的挑战就是没有固定教材，所以教师可以摆脱传统教材的束缚，使教材立体化、内容多样化、教学灵活多样。（王笃勤，2016）这恰好适合翻译教学的特点，把每一个翻译技能、翻译策略制作成微课件、微课程、微练习，有针对性地集中解决某一个问题，四级汉译英的素材是动态的、广泛的，教师可以随时制作新的、经典的翻译实例讲解，并且根据所讲内容有针对性地布置翻译练习，如教师在讲授《大学体验英语》时不断发现与四级翻译真题相匹配的练习并且将其做成微练习，学生可以随时反馈译文，教师可以与学生通过在线互动或者发帖留言对译文进行点评，这样《大学体验英语》就会不断得到二次开发，并且激励学生自主学习，提高效率。英汉差异包括英汉语言差异，如词的差异、句法的差异等，以及英汉文化差异，如历史、文学、宗教等比较繁杂的背景知识性的内容，教师可以制作成微课上传到网络学堂，这是对教材的补充和延伸，其特点是内容可以无限丰富，题材可以无限多样。此外，慕课和微课为翻转课堂（The Flipped Classroom）的实现提供了可能。翻转课堂颠覆了传统的教学模式，教师把课堂讲授的知识点和技能方法录制成小视频，学生课前进行预习，带着问题进课堂，课堂集中训练和答疑，这对翻译教学无疑有着重大的启示，如汉译英中"定语"的翻译，教师可以把汉语的定语如何转化成英语的定语的情况（单个词作定语、短语作定语、句子作定语）分别制作成微课程形式，教师首先配以图片和文字讲解方法，其次从《大学体验英语》课文中选取恰当的实例进行讲解，学生课前自主看视频学习翻译方法和策略，进入课堂后教师布置大量的翻译实战练习（选自课本和四级真题）来检验学生自主学习的效果和存在的问题。微课中，教师可以配以讲稿（如 PPT），可以包括文本（Text）、图像（Image）、视频（Video）等，这些方式无疑是教材二次开发的重要体现，教材不再是死板的、冰冷的、滞后的纸质出版物，而变成了动态的、鲜活的、实时的课程资源。

5. 结语

总之，对《大学体验英语》教材的二次开发是基于对教材本身内容的深入研究和对学生实际需求的动态把握，《大学体验英语四级翻译教程》是从文本方面对教材的内容进行深入挖掘，使教材与四级翻译考试紧密结合，使学习和测试与学生的实际语言能力紧密结合。而慕课和微课的开发和制作是利用网络平台对教材的二次开发，使教材具有动态性、时效性。这两种模式是基于输入和输出理论对学习者二语习得规律的研究，都将成为《大学体验英语》的材料无限丰富、视野无限开阔、形式丰富多彩、内容与时俱进的有益补充。

参考资料

[1] KRASHEN S. D.. The Input Hypothesis：Issues and Implications ［M］. London：New York：Longman，1985.

[2] SWAIN M.，LAPKIN S.. Problems in Output and the Cognitive Process They Generate：A Step Toward Second Language Learning ［J］. Applied Linguistics，1995，16（3）：371-391.

[3] 董明晶，等. 大学英语教学理论与实践 ［M］. 北京：外文出版社，2014.

[4] 龚雪萍. 大学英语实用翻译教程 ［M］. 北京：高等教育出版社，2008.

[5] 贾国栋. 大学体验英语（全四册）［M］. 3 版. 北京：高等教育出版社，2012.

[6] 教育部高等学校大学外语教学指导委员会《大学英语教学指南》（征求意见稿）2014.

[7] 刘龙根，等. 大学英语翻译教程 ［M］. 3 版. 北京：中国人民大学出版社，2012.

[8] 全国大学英语四、六级考试委员会. 大学英语四级考试大纲（2013 最新版）［Z］. 上海：上海外语教育出版社，2013.

[9] 束定芳. 外语教学改革：问题与对策 ［M］. 上海：上海外语教育出版社，2004.

[10] 王笃勤，等. 教材二次开发：从理论到实践 ［M］. 上海：复旦大学出版社，2016.

[11] 周小惠. 大学英语教材的"二次开发"——以《新视野大学英语读写教程》为例 ［J］. 吉林教育学院学报，2013.

[12] 周志培. 汉英对比与翻译中的转换 ［M］. 上海：华东理工大学出版社，2003.

[13] 李富春，刘宁. 案例教学法在商务英语翻译教学中应用探索 ［J］. 重庆电子工程职业学院学报，2010（8）.

[14] 寇鸽. 案例教学法在本科英语翻译教学中的应用 ［J］. 科技信息，2014（3）.

"应用性"与"人文性"在大学英语
听说体验式教学中的实现路径❶

——《大学体验英语四级听说教程》的编写理念和特色

韩 杨❷

【摘要】为有效指导大学英语听说课程的教学，本文在回顾听说教学研究的基础上，以《大学英语教学指南》提出的"培养学生英语应用能力"和实现"人文性"的总体目标、基础级别教学目标为依据，以《大学体验英语》"体验式学习"理念为抓手，结合大学英语四级听力、口语考试的要求，坚持"应用性"和"人文性"并重的原则，提出编写《大学体验英语四级听说教程》的理念和特色。

【关键词】听说教学；英语应用能力；人文性；体验式学习

1. 引言

为进一步深化大学英语教学改革，教育部高等学校大学外语教学指导委员会根据《国家中长期教育改革和发展纲要（2010—2020 年）》和教育部《关于全面提高高等教育质量的若干意见》等文件精神，制订并于 2015 年正式颁布了《大学英语教学指南》[1]（以下简称《指南》）。《指南》将大学英语的教学目标修改为"培养学生的英语应用能力，增强跨文化交际意识和交际能力，同时发展自主学习能力，提高综合文化素养，使他们在学习、生活、社会交往和未来工作中能够有效地使用英语，满足国家、社会、学校和个人发展的需要"。

《指南》要求大学英语教学以英语的实际使用为导向，以培养学生的英语应用能力为重点。这实际是对听说教学提出了新的要求。一则，听说能力是应用能力最直接的体现，也是应用能力重要的组成部分；二则，将实现"人文性"的目标融入听说教学中，赋予听说技能训练一定的文化内涵。中国"国际化"的发展趋势使得英语作为全球通用语（ELF）成为大学生学习、生活和未来工作中必备的交流工具。移动网络的普及使我们能够更加便捷地获取海量的信息，接触到世界先进的科技、经济、教育等领域的知识和成果。而听和说是互联网时代获

❶ 本文为 2017 年北京联合大学校级教研项目"基于'产出导向法'的应用型大学英语学习者语言产出能力培养研究"的研究成果。项目编号 12205561110-19。

❷ 韩杨，北京联合大学教师，主要从事大学英语教学工作，研究方向为二语习得与外语教学。

取信息、进行交流的最为快捷的主要方式。新形势下，大学英语教学要思考的是学生的听说水平如何，他们能否用良好的语言技能展示出深厚的人文素养，他们需要具备什么样的听说能力和跨文化交际能力，现有水平和目标要求之间有着怎样的差距，如何帮助他们缩小差距、达到目标，以使他们在"日常生活、专业学习和职业岗位等不同领域或语境中能够用英语有效地进行交流"（《指南》）。

2. 文献综述

教材是教学内容的主要载体，"教材的质量很大程度上影响一门课程的教学效果"[2]。随着最新的大学英语教改纲领性文件《指南》的颁布，《新目标大学英语视听说教程》和《融合大学英语视听说教程》应运而生。这两套教材可谓"包罗万象、多元融合"，体现了"工具性和人文性相互依存、和谐共生"[3]，以"语言能力、思辨能力和自主学习能力的共同提高为目标"[2]，既注重跨文化交际能力和人文素质的提高，也注重科学素养的培养。但这两套教材融合基础目标和提高目标、通用英语和学术英语以及为国家和社会发展培养高素质人才的定位均不适合我校应用型大学的学生特点和需求。

因此，我们有必要依据《指南》的精神编写一套"以提升实际应用能力"和"提高文化素养"为导向、"以（跨）文化信息"为载体的大学英语听说教材，使学生能够"言之有物""有物能言"，满足他们日常生活、专业学习、工作就业、国际交流、继续深造等个性化发展需要。

3.《大学体验英语四级听说教程》的编写思路

3.1 以"体验式学习"为理念

《指南》指出，大学英语的教学目标是培养学生的英语应用能力，增强跨文化交际意识和交际能力，同时发展自主学习能力，提高综合文化素养，使他们在学习、生活、社会交往和未来工作中能够有效地使用英语，满足国家、社会、学校和个人发展的需要。从语言技能与知识、跨文化交际能力和学习策略三个方面对大学英语教学提出了要求。作为现阶段中国大学英语学习和教学的主流教材，《大学体验英语》提倡把英语作为人生体验去教、去学、去使用，注重英语应用能力的培养，在坚持英语学习工具性的同时，充分利用语言材料的主题和内容贯彻人文性，同时提升大学生的英语语言能力、跨文化交际能力，强化英语综合应用能力的培养。"体验式外语学习倡导的教学理念将学习者置于语言教学的中心位置，强调学习者的个体需求和个性化的学习风格，强调合作式学习，强调课堂交际情境对校外社会现实的再现"[4]，这与《指南》所倡导的充分考虑学生个体差异和学习风格、关注"学的需求"完全一致。《大学体验英语》"体验式学习"的理念为教材的编写提供了很好的蓝本。

3.2 以"基础目标"为定位

《指南》规定了大学英语教学目标分为基础、提高、发展三个等级，明确了三个级别目标的教学对象以及三个级别目标之间衔接贯通的路径，并将语言技能与知识、跨文化交际能力和学习策略三个方面的要求融入三个级别目标之中，且明确指出各高校可以根据实际需要自主选择教学目标。我校大部分学生高考英语单科成绩为基本合格，大学英语教学目标应该定位在基础目标：掌握基本的语言知识和技能以满足通用英语和专门用途英语领域内基本的交际需要，同时要培养跨文化意识、学会使用有限的交际策略，还能够使用有限的学习策略，为自主学习打下基础。就听力理解能力和口头表达能力单项技能而言，基础目标要求在通用英语和专门用途英语语域内达到简单的听说交际的目的，此外，还规定了对基本的听力技巧和会话技巧的掌握。基础目标是大部分学生本科毕业时应达到的基本要求。教材的活动设计要围绕基础目标的要求，以日常生活、学习和与专业相关的领域为主题，注重学习策略、交际策略尤其是跨文化交际策略和思辨能力的训练。

3.3　以培养"应用能力"和"人文素养"为目标

我校为应用型大学，学校以培养适应国家，特别是首都经济社会发展需要的高素质应用型人才为己任，以培养基本素质好、实践能力强，具有创新创业精神和社会责任感，具有一定的国际视野、较强的适应能力和可持续发展能力的高素质应用型人才为目标。为实现这一人才培养目标，教材的编写要落实"应用型""国际视野""社会责任感"这几个关键因素。《指南》"以应用能力的培养为重点"的教学思想体现在大学英语"工具性与人文性的统一"的课程性质上，换句话说，就是通过通用英语、专门用途英语和跨文化交际三大课程来实现。国内大部分学者已达成共识，认为"工具性"由通用英语和专门用途英语共同实现，两者都是为了培养学生的语言应用能力，两者之间不是基础与应用的关系，"只是在应用领域上有所不同"[5]。周学恒[6]将跨文化交际课程与通用英语和专门用途英语课程列为共同培养大学生英语应用能力的重要途径和手段。学界对于"人文性"的解读不尽相同。王守仁[7]认为大学英语教学的人文性可以通过对跨文化交际能力的培养来体现；顾晓乐肯定了这一观点，认为"在全球化的今天，外语的社会人文教育特指跨文化教育"[8]。而胡杰辉[9]则淡化了跨文化交际的概念，将其融入人文素养类课程和国际交流类课程中，统称为通识英语课程（EGE）。文秋芳[10]则认为跨文化交际能力的培养可以通过通用英语课来实现，因为通用英语课本身就具有传播百科知识、拓宽人的国际视野和人的素养的功能。从这个角度说，大学英语总体人文性目标不仅限于跨文化交际能力的培养，更应该是提高思辨能力，自主学习能力和综合素养，是与其他课程的共享目标。蔡基刚[11]则认为人文素养既可以在通用英语课上培养，也可以在专门用途英语课上培养，因为外语教学的人文性即人文教育，也是工具性的一种表现，二者不应区别开来。无论是通用英语还是专门用途英语，都是通过语言工具来开展人文教育。

应用能力就是学了能用，而且能正确地用、有效地用。语言是文化的载体。我们学习一种语言的同时，获取语言所承载的各种信息的同时也培养了一种思维方式。不同的是，科学的教学干预会更加有效地培养思辨能力、提高综合人文素养。从这个意义上说，在学习语言技能和知识的同时，培养学生思辨能力，包括跨文化交际在内的交际能力以及自主学习能力，能够使他们更好地在不同语域用英语交流、做事，同时提高自身的综合素养，为推动国家和社会的发展起到积极的作用。基于此，本教材编写将以基础级别的通用英语知识为基础，同时将基础级别的学术英语和职业英语领域的知识和技能以及跨文化交际的知识和技巧融入其中，创设大学生生活、学习和未来工作领域的真实情景，鼓励学生通过听说方式使用英语，在用英语做事的过程中，学会思辨、跨文化交际技巧，有效地完成交际目标，真正体现英语的应用性。

3.4 以大学英语四级听力、口语考试要求为参考

据有关调查显示，无论是在读大学生还是毕业生，通过大学英语四、六级考试是他们英语学习的主要动机。超过六成的用人单位认为大学毕业生应该持有大学英语四级证书，六级证书排名仅次之。这说明了大学英语四、六级考试在大学英语学习中的重要性，它是现阶段被社会和学生公认的检验学习成效的一个重要手段。同样，通过大学英语四、六级考试也是我校学生英语学习的主要动机。我校学生高考英语平均成绩仅为及格档，学生的听说水平较低，具体表现为不能清晰、流利地朗读一段大学英语 I 级课文，口语表达缺乏思想性，表意不清；辨音不准确，词汇量小，语法知识、背景知识和听力策略缺乏以及自我效能感低，听力理解能力更是英语学习的主要障碍。现实的英语基础使得学生通过大学英语四级的概率大大降低。因此，针对特殊的学情，基础目标级别的大学英语教学有必要结合大学英语四级考试对听力和口语能力的要求进行补充教学。虽然大学英语四、六级考试的"应用性"一直为人们所诟病，但从听力和口语测试的题型以及语言材料可以看出，大学英语四、六级考试正在按照《指南》的要求不断地朝着实际应用英语能力的方向迈进。"任何一种考试都会对教学产生反拨效应"。[12]我们要"在大学英语教学中发挥测试对教学的正面导向作用……更好地为教学提供诊断和反馈信息，促进大学生英语能力的全面提高"（《指南》）。

4.《大学体验英语四级听说教程》的特色

为了更好地贯彻《指南》的指导意见，实践听说教学，提高学生的交际能力，本教材旨在遵从《大学体验英语》教材的编写宗旨，发挥全国大学英语四级考试的正向反拨效应，同时结合本校学生的学情特点，科学、合理地搭建结构、设计练习。本教材面向应用型大学非英语专业本科生，突出应用性的特点，秉承"学习中心说"的教学理念，一切以学生的"学"为中心，让学生"学有所得、学有所获"，旨在提高学生英语实际应用能力，让他们能够在学习、生活

和未来的工作中能掌握用英语做事的能力。与此同时，指导学生学会自主学习、养成终身学习的习惯，注重素质教育，培养学生的跨文化交际意识和能力、思辨能力，将社会主义核心价值观融入英语教学中，发展全人教育。

在以上编写思路指导下，本教材的内容编排和练习设计具有以下特点：

4.1 应用性

以"产出导向法"为理论依据，以产出为导向推动听与说的有机结合，促进习得。二语习得理论认为语言学习是输入—吸收—输出的过程。但这并不意味着只要有足够的语言输入就可以自动转化为输出。只有学习者注意到输入中的可理解性部分，并通过一定的语言操练和练习吸收内化后才能实现可理解性输出。那么，如何才能让学习者选择性地注意可理解性输入中的信息呢？具有中国特色的本土化外语教学法"产出导向法"认为产出比输入性学习更能激发学生的学习欲望和学习热情，更能够取得好的学习效果。教学中以真实的产出任务为起点，学生尝试性完成具有实际或潜在交际价值的产出任务后，会意识到自己的语言与目标语言的差距，从而激发学生主动学习的动力以及对后续输入材料的选择性注意，使学习更有针对性，学生将更有效地完成产出任务。因此，本教材的单元设计以"说"的输出任务为驱动，以"听"的输入材料为促成，最终回归到"说"的产出任务的完成，形成一个完整的循环。学生在这个大循环过程中，还会通过各种语言练习形式和互动形式内化吸收语言形式、学会使用交际策略等知识，为最终顺利完成产出任务提供保障。学生通过与教师和同侪的互动建构新的知识，体验自主学习，在用英语做事中获得"学即能用"的良性体验。"产出导向"的学习方式使"学用一体"，真正体现了英语学习的实用性。

4.2 人文性

作为高等学校人文教育的一部分，大学英语听说课需要履行人文性的职能，需要以语言为载体，培养学生的跨文化交际能力，让学生有能力在国际交往的平台中传播中国文化，这就需要将社会主义核心价值观有机地融入大学英语教学，注重学生综合文化素质的培养和全面发展，帮助学生树立正确的世界观、人生观和价值观。此外，大学英语教学还要注意把握学生的思想动态，注重培养学生的思辨能力，帮助学生学会全面、客观、科学、合理地分析、推理、评价观点和态度。这就要求我们在选择教学材料时要"考虑学生的认知、情感和道德的全面发展，选择思想境界高、弘扬正能量的语言材料"[10]。与《大学体验英语》整套教材相呼应，本教材也充分体现了选题的思想性。

听说能力的培养和提升只靠语言知识与技能是远远不够的。背景知识的掌握一定程度上影响着听力理解的过程，这里的背景知识即为建构主义视野下的"图示理论"。在口语表述中，没有思想内容的表达会使得话语言之无物、空洞乏味。从这个角度来看，背景知识对于听说能力的提升起着重要的作用。对于"互联网

+"时代的大学生来说，他们的生活中充斥着各种信息，作为教材的编写者，我们既要考虑到大学生感兴趣的话题，也要帮助大学生从海量的碎片化的信息中甄别出与他们的生活、学习以及未来工作休戚相关的、有价值的信息，引导大学生关注国内、国际时事和科技、学术前沿以及思想潮流。因此，在选材时，我们要收集学生感兴趣的话题，同时从国内外一些权威媒体上选取人文类、科普类的主题材料，注重知识性与思想性的结合。

4.3　科学性

语言教学不仅要依靠广大一线教师的教学经验，还要不断追踪前沿的应用语言学研究成果，并将其应用到教学中，以达到理论与实践的有机结合，科学地改进教学方法，促进教学效果的提升。例如，就语言形式而言，本教材打破以教单词和词组为中心的听说教学传统，以最新的二语习得研究成果为指导，注重预制语块教学对提升听说能力的积极作用；在练习设计上，本教材遵循二语习得的理论成果，将可理解性输入、输入频率、循序渐进的认知规律、信息负荷、互动假说等考虑在内。就语言学习策略而言，除认知策略外，本教材还注重元认知策略和元话语理论在听说教学中的应用，以提高学生的听力理解和口语表达能力，同时也有助于培养学生的自主学习意识。

自主学习能力是现代社会的公民不可或缺的一种生存能力，也是终身学习的前提和基础。大学英语课程的教学目标不仅是授人以鱼，更要授人以渔，培养学生的自主学习能力，使学生能够运用课堂中学到的知识、技能和策略在社会交往和未来工作中能够有效地使用英语。自主学习能力的培养可以通过创建多元的教学与学习环境来实现，如建设和使用微课、慕课，通过翻转课堂等新的教学模式鼓励学生自主学习和个性化学习。为了保证学生在网络多媒体学习平台自主学习的效果，本教材将课堂学习任务和活动设计与自主学习任务有机结合，督促学生完成自主学习任务后才能进行课堂学习，最大限度地保证语言输入与输出的平衡，以确保学习效果。

4.4　针对性

《大学体验英语》倡导以"体验"为核心的启发式、参与式等教学方法，帮助学生通过"参与、愉悦、共鸣"的过程，获得外语学习的良性体验。这种良性体验是否能够提升学生的英语综合应用能力还需要通过英语能力测试来检验。目前，我国比较权威的大学生英语测试为全国大学英语四、六级考试。因此，我们有必要把握大学英语四、六级考试改革方向，将考试作为教学反馈的一部分，调整和明确下一步的教学目标，注重课程安排的规范化和合理化，提高教学效果。比如，大学英语四、六级考试对于听力部分从分值到题型的调整以及口语测试的分级和内容的规定对大学英语课程的听说教学起到正向的反拨作用，使得常规的听说教学更注重实用性、交际性、工具性以及人文性。因此，本教材以大学英语四级题型为主线，辅以多种形式的练习帮助学生学会四级听说考试所需要的语言知识、技能策略，提升相应的素质能力。

5. 教材适用对象及结构内容

本教材以听力、口语策略和技能的训练以及语言学习和应用为主要内容，附以典型性策略讲解，指导学生掌握并有效使用学习策略，提高自学能力。练习及讲解针对《指南》规定的"基础目标"进行设计，适用于各级各类普通高校大学英语教学，既可以作为《大学体验英语综合教程》的补充材料使用，也适合作为非英语专业本科生的一门通识教育选修课程教材，指导学生参加全国大学英语四级考试。

本教材共设八个单元，以四级考试真题中听力和口语部分涉及的常见主题为核心，结合《大学体验英语综合教程》中备受学生关注的话题以及我校主要专业领域，涵盖大学学习与教育、文化与传统、语言学习与策略、职业与工作、运动与健康、商业与广告、科学与技术、社会与生活八大主题，每个单元由七部分组成，包括：自主学习任务、话题导入、听力理解及策略训练、口语练习、精听练习、自评与互评、听力策略知识与应用。

6. 结语

《大学体验英语四级听说教程》是顺应新时期国家发展对进一步深化大学英语改革的要求，以《指南》为依据，借鉴应用语言学领域最新听说教学研究成果，旨在实现"培养学生英语应用能力"和"提高人文素养"的教学目标，实现英语的"工具性"与"人文性"。本教材以《大学体验英语》"体验式学习"的理念为抓手，结合大学英语四级听力、口语考试的要求，针对我校应用型人才培养目标和学生特点及个性化发展需求，科学地设计教材结构和听力、口语练习，提高语言技能的同时培养学生的跨文化交际能力和思辨能力，同时发展自主学习能力，提高综合文化素养，使学生能够在学习、生活、社会交往和未来工作中有效地使用英语，实现"学以致用"，满足国家、社会、学校和个人发展的需要。

参考资料

[1] 教育部高等学校大学外语教学指导委员会. 大学英语教学指南（2015）[Z].

[2] 徐锦芬，朱茜，汤小川，等."新目标大学英语"《视听说教程》的编写理念与特色 [J]. 外语界，2016（2）：16，18.

[3] 杨枫.《融合大学英语》编写理念论纲 [J]. 当代外语研究，2016（9）：60.

[4] 王海啸. 体验式外语学习的教学原则——从理论到实践 [J]. 中国外语，2010（1）：55.

[5] 余渭深. 大学英语应用能力培养的再认识：教学大纲变化视角 [J]. 外语界，2016

（3）：23.

［6］ 周学恒. 从《要求》到《指南》：解读《大学英语教学指南》中的课程设置 ［J］. 中国外语，2016（1）：13-18.

［7］ 王守仁.《大学英语教学指南》要点解读 ［J］. 外语界，2016（3）：2-10.

［8］ 顾晓乐. 外语教学中跨文化交际能力培养之理论与实践模型 ［J］. 外语界，2017（1）：79.

［9］ 胡杰辉. 目标导向的大学英语课程体系研究 ［J］. 中国外语，2014（11）：4-9.

［10］ 文秋芳. 大学英语教学中通用英语与专用英语之争：问题与对策 ［J］. 外语与外语教学，2014（1）：1-8.

［11］ 蔡基刚. 从语言属性看外语教学的工具性和人文性 ［J］. 东北师范大学学报（哲学社会科学版），2017（2）：1-6.

［12］ 张宁娇，杜苗. 新四级听力测试对大学英语听力教学的反拨作用 ［J］. 首都师范大学学报（社会科学版），2010（增刊）：22-24.

整体听写法在不同文化背景中的应用

彭　慧❶

【摘要】鉴于整体听写法在国内英语教学中的应用不是很多，本文首先概括介绍整体听写法（Dictogloss）这种英语教学方法的步骤、优势及实际应用中的灵活变通，然后结合伦敦国际语言学校语言培训教师的做法，讨论整体听写法与不同教学活动的结合以及教学中要注意的问题。

【关键词】整体听写法（Dictogloss）；步骤；优势；变通；教学活动设计

2016 年，笔者有幸在伦敦国际语言学院进行短期学习，学习内容包括当代流行的英语语言教学理论与实践，通过亲身参与体验，了解了各种教学理论在教学活动中的应用。其中比较深的体会是国外的英语课堂是真正以学生为中心，教师通过设计各种小组活动，让学习者一步步地参与教学活动的各个环节，既了解了各种教学理论的实际应用，也锻炼了学生的英语听说读写的能力。整体听写法是首先被介绍的教学方法，国内对这种教学方法相对陌生，有限的研究侧重理论介绍和个案分析，本文将详细介绍国外英语培训教师对整体听写法的实际操作，希望对我们英语教师课堂教学有所启示。

1. 整体听写法（Dictogloss）介绍

整体听写法也被叫作合作听写法或综合听写法，是 1990 年由 Ruth Wajnryb 提出的一种新的听写方法，是一种基于任务型、交互式的学习方法。整体听写法和传统的听写不同，它不单单是锻炼学生的听和写，而是听、说、读、写技能的综合运用。[1]

1.1 整体听写法的教学步骤

第一步：教师引入话题

学生在教师的带领下对即将听到的文章相关的主题进行头脑风暴或讨论，目的是熟悉相关的话题和词汇；

---

❶　彭慧（1976—），硕士，北京联合大学讲师，主要从事大学英语教学、翻译与跨文化研究。

第二步：学生听

教师用正常语速朗读一段五句话左右的短文，学生只听不写，着重听大意；

第三步：学生听并记笔记

教师用正常语速再朗读一遍短文，学生记笔记，侧重记关键词、实意词；

第四步：重建短文

把学生分成若干小组，每组二至四人，比较他们的笔记，并共同重建听过的短文；重建的短文在意思上与原文一致，但不一定是字字对应。

第五步：对比原文

全班共同参照原文，对比自己的版本，找出不同并加以讨论。

1.2 整体听写法的优势

如上文提到的，和机械的、字字对应的传统听写模式不同，整体听写法是对学生听、说、读、写综合技能的考验。学生不但要听教师读短文，也要在重建过程中听其他学生的讨论；要参与重建与问题讨论用英语表达；要读自己的笔记及其他组员的笔记；最后写出完整的短文。在重建的过程中形式与意思都要考虑，既要符合语法规则，也不能偏离原文的意思，还要考虑前后句的逻辑关系、意思上的衔接与连贯，在这个意义上，整体听写法将听写与语法、语篇及写作结合了起来。

从目前的教学趋势看，整体听写法符合新的教学指南中提出的"培养学生的英语应用能力，……同时发展自主学习能力"的教学目标，也体现了时下流行的自主学习、合作学习、个性化学习、多维度的过程性评价，以及教师作为学习的辅助者等学习原则。

新的教学指南在教学目标、教学方法的运用方面都多次提到要培养学生的自主学习能力，这也正是很多学生欠缺的地方，学生习惯了一味地听教师讲，不知道怎样进行自主学习，如果我们教师能在课堂中尝试不同的教学方法，如整体听写法，可使学生培养自主学习的意识，逐步培养自主学习能力。

在小组讨论、重建短文的过程中，学生要积极发挥主动性，为短文的重建贡献自己的力量。通常来说，每个人的学习习惯不同，关注点也不一样，所以他们记的笔记肯定是不一样的，同时，每个人的语言能力不同，英语水平高的学生可以教水平稍差的学生，水平差的学生可以相应地学习到一些学习策略，通过组员间的比较学习，学生可以发现自己语言方面的缺陷并找到相应的解决策略。[2] 小组合作学习也可以降低学生的焦虑情绪，有助于学生参与到讨论中来。

整体听写法也可以考虑到不同学生的专业需求，在选取听写的文章时可结合学生的专业，选择一些与学科相关的题材，这样，学生既锻炼了英语能力，也了解了专业的相关信息，一举两得。

1.3 整体听写法的变通

Jacobs & Small（2003）总结了整体听写法的几种灵活的变通，包括以下几种。

（1）协商式整体听写法（Dictogloss Negotiation）

协商式主要体现在读第二遍短文的时候，教师不是一口气读完，而是根据学生的实际水平，每句话（或每两句话）停顿，然后小组同学进行讨论，由一位同学记下讨论内容并重建句子，第二次停顿时，学生再度讨论并由另外一位同学重建句子，以此类推直至写出全部短文，然后再整体对照原文，讨论不同。

（2）学生控制的听写（Student-Controlled Dictation）

在这种情况下，教师相当于是录音机。教师先读一遍短文，在读第二遍短文时，学生可以喊暂停，并要求教师回到某个词或某个句子重新开始。师生可事先约定，每位同学只有一次喊暂停的机会，避免听写总是被几位学生控制。如果没有学生喊暂停，教师就加快速度，读完短文。另外，学生控制听写也可体现在由学生来选择听写什么样的短文，由学生来找材料。

（3）学生对学生的听写（Student-Student Dictation）

这种形式的听写最好是在学生熟悉了整体听写法这种教学方法之后进行。比如一篇长篇文章，可分成五部分，将学生相应地分成五组，每位学生先熟悉自己的部分，如果有问题可以在小组成员之间讨论，没有问题之后进行听写，轮到哪一组，就由哪一组同学轮流读，其他组的同学记笔记。然后进行重组并讨论。

（4）整体听写概要（Dictogloss Summaries）

和传统的整体听写法不同，我们可在读文章的时候不要求学生记笔记，而在读完之后让学生根据所听材料写出概要。教师可给出相应的影像提示，如流程图、图片等帮助学生重建短文。

（5）打散句子的整体听写（Scrambled Sentence Dictogloss）

这种形式的听写提高了整体听写的难度。教师事先把原文的句子打乱顺序，然后读给学生，学生在听完教师朗读两遍之后，先要重建出每个句子，然后把句子按照逻辑关系进行排序。学生的排序可能不尽相同，只要符合逻辑关系就可以。

（6）提升版整体听写（Elaboration Dictogloss）

在进行听写之前，教师可具体教授一些提升句子的方法，如在原句的基础上添加形容词、副词、从句；或补充更多信息，如因果关系、个人经历等。在听完读音，进行句子重建时，学生可在原文的基础上，就话题补充更多信息，可以是已知的信息，也可是想象出来的；或者是对原文简短的句子，通过适当补充定语、状语等使之变成相对复杂的句子。

（7）整体听写观点（Dictogloss Opinion）

在这种方式的听写中，学生在重建短文之后，对文章作者的观点发表意见。可以在每句话后发表意见，相当于是和作者的对话，也可在文章之后写出意见。

（8）图画式听写（Picture Dictation）

如果短文是对某幅画的描写，包含了很多的细节，在学生听完读音之后，并不一定是重建短文，也可通过绘画的方式展现出来，然后互相比较。

2. 整体听写法在教学中的运用——以伦敦语言学院教师 Jess Allen 讲课为例

Jess 选取的文章是一位再婚家庭中妻子的自述，讲述夫妻关系由紧张到和谐的过程，文章有两段，听写的是第一段。课程是一上午三个小时的时间，包含以下几个步骤：

2.1 引入（Lead-in）

学生对夫妻吵架的原因进行头脑风暴，教师把学生提到的原因一一列举在黑板上，做简短讨论并对语言适当订正。

2.2 整体听写（Dictogloss）

按照整体听写法的步骤，教师按正常语速朗读两遍，第一遍学生听大意，第二遍记笔记。然后全班分成若干三至四人的小组，对文章进行重建；每组重建之后把自己的段落和其他小组的段落进行对比，进一步补充完善自己的段落；最后教师给出原文，学生进行对比，发现其中的不同，并对问题进行讨论。

2.3 预测下文（Prediction）

听写了第一段关于夫妻俩的诸多问题之后，教师让学生预测下文故事如何发展，是一个幸福的结局还是以离婚而告终？然后学生阅读文章，检验自己的预测是否准确。

2.4 配对练习（Matching task）

教师将短文中出现的短语或搭配分成两部分，如 take an instant dislike/ to someone；be openly hostile/ towards someone；be complimentary/ to someone's face；talk about someone/behind their back，每个部分是一张小字条，学生两人一组，把短语或搭配匹配起来。每组不同的字条，这样一组做完之后可以和另一组交换练习，在完成所有的练习之后教师把所有字条收起，以便下次练习。

2.5 确认生词词意、词形及发音（Clarification of Meaning，Form and Pronunciation）

教师通过问一些概念检查的问题（Concept Checking Questions，CCQs）来判断学生是否了解一个词或结构的意思和用法。Jess 在讲课中强调不要直接问学生一个词是什么意思，而是要通过一些 CCQs 来判断学生是否了解这个词的用法，如在"I managed to open a window"这句话中，要知道学生是否了解 manage to do

的用法，可以这样问：Did I try? Was it difficult? Did I succeed? 学生只要给出这样类似 Yes/No 或 True/False 的简短回答，这样降低了问题的难度，有利于学生参与课堂。

2.6 控制练习（Controlled Practice task）

教师给一篇短文，共十行，每行少一个词，要求学生找出缺词的地方，写在后面的空白处。练习的仍然是刚读过的短文中学到的词汇，包括固定短语和搭配等。

2.7 角色扮演（Role play）

教师先把全班分成三至四人的小组，然后分成两大组，如全班四个小组，两个小组成员的角色是文章中的丈夫，另两个小组成员的角色是文章中的妻子。扮演丈夫的小组内部先进行讨论，商量出采访妻子的问题，问题要求越刺激越八卦越好；类似地，扮演妻子的小组内部集体讨论出采访丈夫的问题。商量好问题之后，将小组打乱，扮演丈夫和妻子的分别组成不同的两人小组，轮流进行采访。教师的任务是听学生输出的语言（emerging language），将有用的表达写在白板上。

2.8 回顾反馈（Feedback）

学生做角色扮演时，教师不做任何的打断，而是在规定时间结束后，对学生使用语言的情况进行反馈，做集体讲解，讨论。

在整个课程的最后，教师带领学生对整个教学步骤进行回顾，因为学生是来自不同国家的教师，并且教授不同级别的学生，对教学活动是否适合自己的学生，需要何种调整进行讨论。

3. 对整体听写法的反思

在国内，整体听写法引起了一些学者、教师的关注，对其进行了一些理论及实践的研究，试验对象包括初中生[3]、高中生[4]、大专生以及大学生[5]，探讨了整体教学法在教授语法[6]、听说[7]、写作[8]、综合课[9]等方面的应用，整体上对这种教学方法都提出了肯定，但在实践过程中也要注意以下几个问题。

其一，要注意听写短文的难易程度与学生水平相当或者容易一些。在学生对整体听写法比较陌生的情况下，教师要由易到难，逐步进行。要考虑学生的英语水平，刚开始句子不要太长，生词也不要太多，以免打击学生的积极性。整体听写法对学生的语法、词汇要求比较高，对基础差的学生，可适当让他们提前阅读文章，或者听写一些学过的文章，降低难度。在听写环节，可适当多读一两遍；在讨论环节，可允许他们先用汉语讨论，慢慢增加英语使用的比例。

其二，注意和其他教学方法的结合。国外教师的授课使我们意识到任何一堂课都不是某种教学法的唯一应用，而是多种方法结合、不同教学活动的环环相扣。对同样的教学内容，可以从听、说、读、写的不同方面进行设计，使学生参与到不同的教学活动中，通过完成不同的任务来提高英语的综合运用能力。如 Jess 的课堂上，有听、有写、有读、有对词汇的反复练习，有个人活动，也有小组任务。任何单一的教学方法都会使学生感到单调、乏味，从而降低他们学习的兴趣。

其三，注意灵活变通。如上文提到的，整体听写法在实际应用中有很多变通，教师可根据教学目标、教学对象、教授课程等进行灵活变通。如在 Jess 的另一次课中，她进行了跑步听写（Running Dictation）。学生分成三至四人的小组，每小组找出一人做 Runner，其他几人准备写。要听写的课文贴在门口，每组的 Runner 跑到门口，读短文，根据自己记忆力，记住一个句子或一个句子的一部分，然后跑回来，把自己记住的部分转述给小组其他成员，其他成员记下来，Runner 可以重复，但不能动笔写。几个小组进行竞赛，看哪个小组能在最短的时间内完成短文的听写，整个过程可以说既紧张又有趣。就国内情况而言，在中学阶段更注重基础知识的掌握，如语法规则、固定搭配、短语等的训练，在大学阶段则更侧重于语篇结构、写作等的训练，教师可根据具体情况对整体听写法进行一些调整，提高课堂活动的多样性和趣味性。

总之，教学的目的是适应教学目标的要求，提高学生的英语运用能力，提高自主学习的能力和有效交往的能力。在英语课时减少的情况下，提高学生的英语自主学习意识和能力显得尤为重要。如何在有限的教学时间内，提高教学效率，既能完成规定的教学任务，又能切实提高学生的英语综合能力，是我们要探讨的问题。

参考资料

[1] JACOBS G., SMALL J.. Combining Dictogloss and Cooperative Learning to Promote Language Learning [JOL]. The Reading Matrix, 2003, 3 (1): 1-15. http://www.readingmatrix.com/articles/jacobs_ small/article.pdf.

[2] SWAIN M. Integrating Language and Content Teaching through Collaborative Tasks [C] // RENANDYA W A, WARD C S. Language Teaching: New Insights for the Language Teacher. Singapore: Regional Language Centre, 1999: 125-147.

[3] 张丽. 初中英语语法教学方法探讨——综合听写法的运用 [J]. 知识经济, 2015 (4): 120.

[4] 曾艳文. 整体听写法在高中英语语法教学中的运用 [J]. 基础英语教育, 2008 (12): 63-68.

[5] 孟艳军. 试论 Dictogloss 在大学英语新闻听力教学中的应用 [J] 教师教育论坛, 2018 (3): 78-81.

［6］ 高晓芳. Dictogloss——寓语法教学于听说写之中 ［J］. 外语界，2008（2）：32-36.

［7］ 许晓洁，胡慧玲. Dictogloss 在语法教学中的应用 ［J］. 福建论坛（社科教育版），2010（6）：100-102.

［8］ 陈鸿莹. 英语写作教学新论——由语法听写法谈起 ［J］. 外语研究，2012（3）：263-269.

［9］ 郑秀恋. Dictogloss 在综合英语课堂教学中的作用 ［J］. 宁波大学学报（教育科学版），2009（10）：122-126.

基于《大学体验英语综合教程》的
英语写作教学模式研究

石晓佳❶

【摘要】英语写作能力是一项重要的语言输出技能，因而大学英语写作教学是大学英语课程建设的一个重要组成部分。很多传统的英语写作教学存在"重语言输出、轻语言输入"和"重写作结果、轻写作过程"的现象，从而导致学习者的写作焦虑和写作效果不理想。本文尝试性地提出了基于《大学体验英语综合教程》阅读的"过程写作"的编写思路，以及适合于应用型大学学生的过程写作教学模式。

【关键词】《大学体验英语综合教程》；过程写作；教学模式

1. 研究背景

英语写作能力是一项能够客观反映语言学习者思维组织和语言表达综合能力的语言输出技能。长久以来，由于英语教学往往专注于对写作结果的要求，忽视了写作作为一种输出技能对于输入的要求，即忽视了阅读和听力的输入对于写作能力的提高作用，同时也缺少对于写作过程的指导、练习和考核，因而在一定程度上造成了学生的写作效果不理想和对于大学四级写作考试的焦虑。

目前，大学英语写作教学的问题主要体现在教学方法、教材的选编、课程设置、评测机制及学生满意度等多个方面。

首先，目前国内普遍采用的英语写作教学法主要有结果教学法、体裁教学法和过程教学法（李金红，2006）。几种教学法各有侧重，但都存在一定的弊端或可提升空间。结果教学法（product approach），以传统技巧的讲授和作品为中心，强调正确的语言用法和形式等。这种教学法的弊端是机械的知识灌输很难激发学生的写作兴趣，也影响了学生思辨能力和写作技能的发展和提高。体裁教学法（genre approach）注重语境和写作目的，能提高学生对不同体裁语义框架的认识，使学生学会写作不同体裁的文章和提升整体写作能力。这一教学法的弊端是体裁的制约导致教学活动呆板和枯燥，学生写作易出现千篇一律现象；过程教学法（process-oriented approach）强调写作的认知过程，不再把重点放在语法、篇

---

❶ 石晓佳，北京联合大学讲师，研究方向为外国语言学及应用语言学。

章结构等语言知识上，而是放在制订计划、寻找素材、撰写草稿、修改编辑等写作过程和技能上。这一写作教学法较此前两种教学法有了很大的改进，为激发学生写作兴趣和发挥批判性思维的作用提供了可能性和空间。

其次，目前与大学英语写作相关的教材主要分为两大类：一类是通行的大学英语教材（如外教社的《大学英语》《新视野大学英语》，以及浙大版的《新编大学英语》等）。这些教材对于写作教学涉及普遍较少（张涛，2008），且内容的设计多为对写作结果的严格设定和具体要求（文题、文体、字数，甚至给定作文提纲等），而缺少对写作过程（如构思、初稿、修改及成文）的指导和要求。

另一类是针对大学英语写作的专项辅导书目。此类书目大致可以分为三类（叶宁，2010）：第一类以四级、六级、雅思和托福等考试的辅导书为主。这类书多为范文的堆砌，普遍缺少系统和详细的讲解。第二类是按词—句—段—篇章的形式，自下而上地介绍文章的组织，系统性较强。这一类教材基本贯彻的是传统的"结果教学法"指导下的以知识灌输为主的模式，往往只注重写作技能的讲解，知识内容过多，且写作主题脱离大学英语教材，需要学校单独开设专门的写作课程或学生花费更多的时间进行自主学习。第三类在这一方面有所突破，即从篇章入手，对其进行欣赏、分析，从中引出语言知识，然后设计写作练习。这样设计不再是简单的写作知识灌输，在一定程度上激发了学习者的兴趣。但篇章的选取和分析以及随后的写作练习往往也是脱离学生在学的教材和四级考试的作文主题的。

另外，写作课程的设置和学时的分配也明显不足。多数高校在大一没有针对非英语专业学生的独立写作必修课（张涛，2008）。写作练习多在大学英语精读课或综合课上进行。一项调查显示，82%的学生认为写作课的课时偏少。

从评测机制方面来看，无论是课程教学中的评估还是大学英语四、六级考试，写作的评测多以结果评测为主，即以一篇或多篇命题作文的写作终稿作为评判的唯一标准。学生普遍感觉这样的评测既存在偶然性，也在一定程度上增加了学生写作的焦虑情绪（孙有中，刘建达，韩宝成，2013）。

从学生满意度的角度来看，一项调查显示超过70%的学生认为教师的写作评语欠合理，对评价方式不满意，写作教学缺乏系统性，写作教学方法单调不灵活（张涛，2008）。

因此，综合以上的现状，大学英语四级写作教学有必要尝试新的教学模式，或对已有教学法进行完善，以减轻学生的写作焦虑，提高学生的写作兴趣和思辨能力。"基于《大学体验英语综合教程》的大学四级写作过程教学法模式"的设想便是建立在此前相关写作研究的基础上，并结合本校学生的特点而提出的。

2. 理论基础

此教学模式主要基于以下研究成果提出。

首先，关于此教学模式与《大学体验英语综合教程》（以下简称《体验》）的结合。

根据 Krashen（Krashen S., 1981）的可理解性输入假说理论（The Input Hypothesis），正确而又地道的语言输出有赖于充足而又高质量的语言输入。阅读能为写作提供所需的输入。另外，马广惠、文秋芳（1999）通过研究也发现，阅读能力对写作能力有影响作用，阅读能力强的学生更有能力从阅读中获取表达词汇。胡壮麟（2005）先生在提到新世纪大学英语教材的发展趋势时也曾指出"国际化"是一个很重要的发展方向。因而，在教材的选编上应尽量体现这一特点，将国外较成熟的阅读材料和写作材料相结合。

此外，根据贾国栋（2016）对《大学英语教学指南》（以下简称《指南》）的解读，"《指南》'课程资源'的第3段，重点提出教材建设的重要性、指导思想、内容与方法等，强调大学英语教材要充分体现高等教育特点，符合大学生的认知心理水平，满足学校人才培养需要。高校课程教学，特别是基础课程教学应使用国家级规划教材，以保证教材的规范性、系统性与科学性。除主教材外，各高校也要注重教学参考资料的选用或编写，尤其是学校自编教学参考资料时应注意'五性'，即思想性、权威性、相关性、拓展性和多媒体性，以此保证教学参考资料的质量"。

本教学模式的教材选编决定基于《体验》教材设计正是基于这一点考虑。《体验》的文章内容皆为原汁原味的英语文章，兼顾知识性、趣味性和丰富性。《大学体验英语四级写作教程》基于《体验》教材编写，可以很好地体现《指南》中提到的"思想性、权威性、相关性、拓展性和多媒体性"。更为重要的是，这些文章是学生在学的文章，属于可理解性的，是充足而又高质量的语言输入。将这样的阅读材料与四级写作主题相结合，有助于学生在充分理解写作主题的前提下进行相关的语言输出。

与此同时，《体验》中的语言知识在写作中的应用也将反过来促进学生更加深入地理解和掌握语言知识。《指南》在描述教学要求时明确提出："大学英语以英语的实际使用为导向，以培养学生的实际应用能力为重点。"这种思想充分体现了语言学习的实践性，提倡学用结合，学中用、用中学（王初明，2009）。将阅读课上学到的知识运用到表达输出，这将提升学生对于阅读内容的理解和语言的使用能力。

其次，关于过程写作教学法。

过程写作教学法的研究始于20世纪70年代，它包括了构思、初稿、同级评判、修改或写第二稿、教师批阅、发表等过程。过程写作教学法强调写作的认知过程，不再把重点放在语法、篇章结构等语言知识上，而是放在制订计划、寻找素材、撰写草稿、修改编辑等写作过程和技能上。这一写作教学法能够激发学生写作兴趣，使其发挥批判性思维的作用。过程写作教学法有利于降低学生写作焦虑，提高写作自主性，并锻炼思辨能力。因而，此教学模式将尝试在大学英语四级写作中引入过程写作教学法，并在构思、初稿和同级评判等环节结合《体验》为学生提供写作思路、语言素材和范文。

3. 实施方法

实现"基于《体验》的大学四级写作过程教学法模式"主要涉及三个方面的工作：教材的选编、教学环节的设计以及评测机制的转变。

3.1 教材的选编

以往的四级写作教材往往倾向于按类型讲解真题作文。但如果我们分析一下《指南》中的"基础目标"对"书面表达能力"的要求（能用英语描述个人经历、观感、情感和发生的事件等；能写常见的应用文；能就一般性话题或提纲以短文的形式展开简短的讨论、解释、说明等，语言结构基本完整，中心思想明确，用词较为恰当，语意连贯；能运用基本的写作技巧），以及大学英语四级写作的评分标准（切题，表达思想清楚，文字通顺、连贯，基本上无语言错误，仅有个别小错），我们便不难发现，两个要求均更加强调语言的运用。而在实际的教学中我们也发现，本校学生在理解出题类型方面困难不大。真正的难点还是集中在与主题相关的词汇积累和复杂句型的使用等语言问题上。因此本教材将根据大学英语四级考试中写作部分的历年真题，将出现频率较高的主题分为十个单元：大学教育（College Education）、校园生活（Campus Life）、职业与工作（Careers and Jobs）、科技与生活（Technology and Life）、广而告之（Advertising）、环境保护（Environment Protection）、独立自强（Living on Our Own）、亲情友爱（Family Ties and Friendship）、休闲娱乐（Leisure Activities）、人生哲学（Life Philosophy）。每个单元按照"过程写作教学法模式"的构思分为以下几个部分：

第一部分"真题解析"：以与本单元主题相关的四级作文真题作为切入点，展开体裁和审题思路的分析。

第二部分"《体验》文章回顾"：选编与主题相关的《体验》中的文章（或段落）。

第三部分"小组讨论"：设置针对文章理解的小组讨论题目，引导学习者对文章进行深入的阅读和讨论，并要求其用文章中的语言进行表达。同时，引导学习者关注文字背后的文化内涵。讨论题目的设计要充分考虑写作的要求。学习者在讨论和回答问题的过程中可以获得丰富的写作思路和写作素材。

第四部分"写作提纲"：提供提纲的框架。学习者可以通过补全写作提纲，进一步理顺自己的写作思路，使得写作层次清楚，条理更加清晰。

第五部分"写作模版"：为学习者提供了四级考试当中该种体裁作文常用的写作词汇和句式，帮助学习者为写作初稿做好准备。

第六部分"过程写作"：包括初稿、同伴互评、二稿、师评和终稿几个部分。其中同伴互评部分提供了"同伴互评表"。详细的互评项列表可以提高互评的效率和质量，同时也使学习者在评判他人作品的同时反思自己的作品。

第七部分"反思日志"：为每一位学习者提供反思表。学习者可以在此认真详细地回顾自己的写作过程及过程中的收获。这样的反思过程有助于学习者巩固所学知识。

第八部分"范文赏析"：为学习者提供此单元作文题的范文。范文的写作思路和语言均借鉴第二部分"《体验》文章回顾"、第八部分"范文赏析"和第九部分"真题扩展"所提供的范文，语言内容均借鉴了《体验》的文章。

第九部分"真题扩展"：提供此主题对应的其他四级写作真题和范文，进行扩展写作训练。其语言内容同样借鉴了《体验》的文章。

第十部分"写作技巧"：从遣词、造句、段落发展到谋篇布局等四级写作的一般技巧进行说明和举例，分为遣词准确性、遣词多样性及合理搭配、造句完整性及连贯性、造句多样性、句子的发展、特殊句式的使用、常见句子错误、如何组织段落、正确使用标点符号、大写原则等部分。举例说明部分的语句同样出自《体验》的文章。

另外，在每单元最后设计针对本单元写作技巧的练习题，以帮助学习者加深对写作技巧的理解，提高其应用能力。练习题的例句和题目均节选自《体验》文章，并进行了标注，方便学习者在《体验》教材中进行查询和复习。

3.2　教学环节的设置

此教材结合《体验》使用，作为大学英语写作教学的扩展和补充。

教材的全部内容可以以 PPT 的形式上传到网络学堂。另外，北京联合大学应用文理学院和总部的老师均录制了《大学体验英语综合教程》的教学微课视频。这些视频可以考虑同时提供给学生，方便学生进行预习和复习。

课堂教学的主要环节如下：

分析构思：教师需根据教材帮助学生回顾《体验》教材中对应主题的单元和课文，并组织学生根据写作教材设计的讨论题目进行小组讨论，理清思路，完成详细的写作提纲；

小组讨论：学生根据教材的要求，围绕讨论题目进行小组讨论，并使用文章中的语言对问题进行回答，找准写作角度，搜集写作素材；

写作提纲：学生根据教材的提示，使用小组讨论中复习到的语言，完成详细的英文写作提纲；

写作初稿：在此环节学生将完成初稿，并在完成过程中获得《体验》教材对语言表达的帮助；

互评：学生之间需按照教材所列的互评表中的各项要求进行点评，并完成错误订正；

完成二稿：学生将根据同学的互评反馈进行修改，完成二稿；

师评：教师就总体篇章布局及语言错误进行评价和修订；

提供范文：为学生提供范文参考（范文为《体验》原文的改写）；

完成终稿：学生根据教师反馈及范文进行修订；

反思日志：学生回顾写作的过程，对写作中的收获和不足进行总结反思。

每单元的写作技巧部分可由教师在课堂上进行讲解，或由学生进行小组展示。教师安排学生完成相关的练习题，并定期进行检查。

3.3 评测机制的转变

王守仁曾在"《大学英语教学指南》要点解读"一文中指出："课程评价要综合运用各种评价方法与手段，处理好内部评价与外部评价、形成性评价与终结性评价之间的关系，实现从传统的'对课程结果的终结性评价'向'促进课程发展的形成性评价'转变。"（王守仁，2016）"近期教学评估改革的方向是建立大学英语综合评估体系，实现评估主体和评估内容的多元化、评估手段的多样化、评估功能的多重性，充分发挥评估对教学的反拨作用。"（王守仁，2008）本教学模式下，写作练习从终结性评估向形成性评估转变。写作过程中的众多教学环节的存在为教师形成性评估提供了可能性。形成性评估也将对教学过程起到积极的反拨作用。

4. 结语

结合国内外研究我们可以发现，过程写作对于降低学习者学习焦虑和提升写作能力有着积极的作用；而四级写作练习与《体验》教材的结合会为学习者提供丰富的、高质量的相关语言输入，同样有助于在减轻写作焦虑的同时提高书面表达的质量。

《指南》中对于大学英语的课程性质的描述强调："大学英语课程是高等学校人文教育的一部分，兼有工具性和人文性双重性质。……就人文性而言，大学英语课程重要任务之一是进行跨文化教育。语言是文化的载体，同时也是文化的组成部分，学生学习和掌握英语这一交流工具，除了学习、交流先进的科学技术或专业信息之外，还要了解国外的社会与文化，增进对不同文化的理解、对中外文化异同的意识，培养跨文化交际能力。……因此，要充分挖掘大学英语课程丰富的人文内涵，实现工具性和人文性的有机统一。"因此写作课程不应该是单纯的语言技能的训练，教学者应该利用已有的学生熟悉的教学资源，为大学英语的课堂带来更丰富的内容及更有效的语言和能力的提升途径。四级写作练习中对于《体验》课文的重温和进一步的讨论将有助于挖掘英语课堂的人文内涵，相信"基于《体验》的大学四级写作过程教学法模式"会是很好的尝试。

参考资料

［1］ ANN RAIMES. Techniques in teaching writing ［M］. Oxford：Oxford University

Press，1983.

［2］ KRASHEN S.. Second Language Acquisition and Second Language Learning ［M］. Ox-ford：Pergamon Press，1981.

［3］ 胡壮麟. 新世纪的大学英语教材 ［J］. 外语与外语教学，2005（1）：24-27.

［4］ 贾国栋.《大学英语教学指南》中的教学方法、手段与资源 ［J］. 外语界，2016（3）：11-18.

［5］ 教育部高等学校大学外语教学指导委员会《大学英语教学指南》（2015）.

［6］ 李金红. 国外主流写作理论对我国外语写作教学的启示 ［J］. 国外外语教学，2006（2）：41-46.

［7］ 马广惠，文秋芳. 大学生英语写作能力的影响因素研究 ［J］. 外语教学与研究，1999（4）：34-39.

［8］ 孙有中，刘建达，韩宝成，等. 创新英语专业测评体系，引领学生思辨能力发展 ［J］. 中国外语，2013（1）：4-9.

［9］ 王初明. 学相伴　用相随——外语学习的学伴用随原则 ［J］. 中国外语，2009（5）：53-59.

［10］ 王守仁.《大学英语教学指南》要点解读 ［J］. 外语界，2016（3）：2-10.

［11］ 王守仁. 高校大学外语教育发展报告（1979—2008）［M］. 上海：上海外语教育出版社，2008.

［12］ 叶宁. 从英语写作教材谈高校英语教材的发展 ［J］. 中国出版，2010（9）：43-45.

［13］ 张涛. 大学英语写作课教学现状的调查与建议 ［J］. 教育探索，2008（9）：73-74.

大学英语阅读交互体验式教学模式初探

——关于《大学体验英语四级阅读教程》编写的思考

张 艳❶

【摘要】 基于《大学英语教学指南》、大学英语四级考试要求以及《大学体验英语》"体验式"学习模式的具体实践，交互、体验式阅读教学模式为在阅读策略视角下有效进行大学英语阅读教学提供了一个载体，通过重构教学流程，激发学习者学习的主动性、思辨能力，深化认识过程和知识内化。本文结合应用型本科院校大学英语教学现状探讨校本教材《大学体验英语四级阅读教程》的开发和建设，体现应用型大学办学理念和特色，有效提高应用型大学英语阅读能力和测试水平。

【关键词】 交互体验；大学英语阅读；《大学英语教学指南》

1. 引言

阅读是人类获得新信息和学习新知识的重要来源，也是语言学习者应掌握的重要技能。学生综合运用语言能力的提高是建立在大量的语言输入，尤其是大量的阅读的基础之上的。我国对于英语阅读能力的重视与培养由来已久，"从 60 年代到 80 年代，不同形式的'英语教学大纲'，一直突出阅读理解能力的培养。1999 年颁布实施的《大学英语教学大纲》仍然强调以培养学生的阅读能力为主"。[1] 国家教育部于 2004 年 1 月颁布的《大学英语课程教学要求（试行）》关于大学英语教学模式改革明确指出，解决读、写、译的方法是"大量阅读和背诵"，同时强调了大学英语教学大纲的改革应是"阅读理解为主、听说为辅，全面提高实际应用能力"（教育部高等教育司，2004）。《大学英语课程教学要求》（2007）对本科阶段的阅读能力作了一般、较高、更高三个层次的要求。2015 年，根据《国家中长期教育改革和发展规划纲要（2010—2020 年）》和教育部《关于全面提高高等教育质量的若干意见》等文件的精神，在总结大学英语课程建设和教学改革经验的基础上，《大学英语教学指南》（以下简称《指南》）对大学英语教学提出指导性意见。《指南》将大学英语教学目标分为基础、提高、发展三个等级，并对阅读理解单项技能从材料选取、目标设定、策略选用及批判

---

❶ 张艳，硕士，北京联合大学副教授，主要从事大学英语教学与英美文学研究。

性思维培养等方面作了具体描述。明确要求学生能够读懂学术期刊和文献，掌握和运用恰当的阅读策略和技巧，并能对不同阅读材料的内容进行综合分析，形成自己的理解和认识。

伴随着大学英语教学改革，教学评价模式也在发生着变化。《大学英语课程教学要求》分别界定说明了形成性评价和终结性评价，倡导建立"全面、客观、科学、准确的评价体系"。[2]《指南》将"评估体系"细化为两个评价体系，即课程评价体系和英语能力测评体系。其中，"大学英语能力测评的目标是构建'共同基础测试与其他多样性测试相结合'的综合测试体系，根据本指南确定的大学英语教学目标和教学要求，采用校本考试、校际或地区联考、全国统考等多种方式，全面检测大学生的英语水平，发挥测试对教学的正面导向作用，使之更好地为教学提供诊断和反馈信息，促进大学生英语水平的全面提高"。[3]

目前，全国大学英语四、六级考试仍然是衡量大学生达到《指南》基本目标的重要标志。随着大学英语教学改革不断深化，大学英语四、六级考试积极稳步推进（教高司函〔2009〕144 号），先后历经几次题型和内容上的变化。2005年 6 月，四、六级考试进行了一次重大变革，开始采用新的计分体制和成绩报道方式，2006 年 6 月新的大学英语四、六级考试进行了全国范围的试点，2007 年 1 月全面实施改革后的四、六级考试。自 2013 年 12 月起，全国大学英语四、六级考试委员会对四、六级考试的试卷结构和测试题作了局部调整，将原快速阅读改为长篇阅读理解。由此可见，阅读能力的培养在大学英语教学和水平测试中均占有举足轻重的地位。

2. 阅读研究及国内大学英语阅读研究与教学现状

阅读研究始于 19 世纪 70 年代的欧洲，后研究中心转移至美国，距今已有一百多年的历史。20 世纪上半叶的阅读研究主要集中于视觉信息、记忆和教学等方面，从 20 世纪 60 年代起，随着认知心理学和心理语言学的蓬勃发展，阅读研究被推进到了一个引人注目的高度。始于 20 世纪 70 年代中后期的第二语言阅读策略研究对阅读策略进行了定义、分类，通过大量理论及实证研究聚焦阅读过程中不同阅读策略的使用，以便更快、更好地指导阅读。

阅读策略是"学习者为解决阅读中的困难而采取的行为过程"[4]。作为学习策略研究领域的一个重要组成部分，阅读策略研究是以心理语言学、认知语言学和第二语言习得等学科的相关理论为基础。阅读策略研究始于 20 世纪 70 年代末，研究对象局限于以英语为母语或 ESL 学习者。到了 20 世纪 80 年代初，为了帮助学生更快更好地阅读，一系列阅读模式应运而生，其中影响较大的有四个：Gough 的信息加工模式；Goodman 和 Smith 的心理语言学模式；Rumelhart 的交互阅读模式；Carrell 和 Adams 等人的图式阅读理论等[5]。这四种阅读模式为推进阅读策略研究提供了坚实的理论基础。近年来，受到来自认知心理学、语言学、社会语言学、人类学、计算机辅助教学等多学科的综合影响，阅读研究呈现多元化研究趋势。

目前，国内大学英语阅读教学研究大多基于国外理论，仍处于借鉴阶段。从国内有关阅读教学研究文献中可以发现，近年来指导阅读教学研究的热门理论包括韩礼德功能语言学理论、元认知理论、图式论、关联理论、语块理论等。笔者检索了中国期刊全文数据库（中国知网），以"大学英语"和"阅读教学"为关键词，以"2007"至"2017"为检索期，以"哲学、人文科学、社会科学类期刊"为检索来源，以"篇名"为检索范围，以"精确"为检索条件，共发现有445篇论文，其中专家学者们对大学英语阅读教学研究的焦点主要集中于以下几个方面。

第一，大学英语阅读教学方法运用研究，如岳瑞玲[6]、乔玉玲、郭莉萍[7]聚焦大学英语阅读教学中 PBL 教学法的应用研究。第二，大学英语阅读教学模式研究，如贺春英、潘春英[8]认为，语篇阅读教学模式有助于学生的元认知阅读策略的应用，有助于认知阅读策略的应用和情感阅读策略的应用；黄兵[9]提出在教学过程中，实施语篇教学以提高学生的阅读能力和用英语进行交际的能力。第三，大学英语阅读教学相关理论探讨，如祝珣、马文静[10]结合《大学英语课程教学要求》，分别从教学目标、评价方式以及教学方法等方面，具体分析并阐述了布鲁姆认知领域教育目标分类理论对大学英语阅读教学的启示；胡壮麟[11]撰文呼吁新时代背景下人们应该对多模态识读能力的培养予以重视；陈芳露、张彩霞[12]提倡把认知隐喻理论应用到大学英语阅读教学中去，鼓励学生运用隐喻思维，以提升其隐喻能力，从而提高学生的阅读理解能力和阅读质量；孙玉慧[13]、李小冰[14]、刘雪梅[15]关注图式理论对大学英语阅读教学的重要指导意义，强调对学生英语语言图式的构建。第四，大学英语阅读策略研究，如董连忠[16]对大学英语教学中教授阅读策略的可行性进行探析；黄斌、毛梅娜[17]提出在大学英语的词汇教学和阅读教学中运用想象策略，能够取得突出的效果。

伴随着外语界的专家、学者以及一线教师的深入思考，国内大学英语阅读教学研究"逐步进入了多角度、多层次、多介质的研究时期，体现出了一定的综合性，但也存在着诸多的不足，如对于阅读教学理论本体的探讨、理论与阅读教学的适切性、以学生个性发展为导向的教学模式等研究仍比较薄弱"。[18]同时，大学英语教学质量受到质疑、大学生的英语水平参差不齐，学生对英语学习的需求也存在较大差异[19]。国内专家、学者主要针对交际策略、词汇策略或听力策略的应用进行研究，研究对象主要是英语专业学生和全国重点院校非英语专业本科生，而对于地方普通应用型院校大学英语阅读教学改革定位与发展研究有待进一步充实。多年来，国内大学英语阅读教学实践中多以语言点、语法的讲解为重点，很少强调语篇层次的建构意义，忽略了背景知识、跨文化知识、读物的结构知识等相关因素对阅读质量的影响。学生阅读完文章往往记住的只是一些支离破碎的词汇，理解层次也只停留在句子，并没有形成对全篇文章的整体认知，更谈不上理解文章的引申含义或言外之意。历年全国大学英语四级考试中，全局理解性题目的得分率低于细节题足以说明我国大学生在阅读理解方面的语篇层次仍很薄弱。

基于此，仅靠传统的精读课教学不能满足有效提高大学生英语阅读能力的现实需求，建立和完善精读与泛读相结合的阅读教学体系十分必要，以吸取各种理论对阅读教学的积极指导意义，改进优化阅读课教学模式，切实落实阅读策略训练效果。

3.《指南》下的应用型本科院校校本教材开发及建设

"教育部纲领性文件《大学英语教学指南》的制订和诞生正是我国大学英语面临着学分大规模压缩的危机和国家双一流建设挑战的关键时期"[20]，是以"科学性、多样性、针对性、时代性"为基本原则，从"中国国情出发，充分考虑学生的实际英语水平和需求、教学管理体制的特点、教学条件的现状，对大学英语教学存在的问题能有回应，并提出有效的解决方案"[21]的国家级大学英语教学指导文件。《指南》在"继承改革成果的基础上提出了创新性改革措施"，提出高校大学英语课程定位应能"服务于学校办学目标、院系人才培养目标和学生个性化发展需求"。由此可见，《指南》更加注重"全国不同学校的差异性、各学校中不同院系的差异性和学生个体之间的差异性"。[23]结合院校实际需求，获得更为广阔的创新发展空间，"构建能反映本校特色、动态开放、科学合理的大学英语课程体系，不断提高英语教学质量，满足广大学子的英语学习要求，为国家培养合格的新型国际化人才"。[24]

据教育部发布的《全国高等学校名单》，截至 2017 年 5 月 31 日，全国高等学校共计 2914 所，其中普通高等学校 2631 所（含独立学院 265 所），成人高等学校 283 所。由此可见，应用型本科院校在我国高等学校中占有绝对优势。根据《指南》中对大学英语教学目标和教学要求的总体能力描述，应用型本科院校的大学英语教学主要是完成基础目标"能够基本满足日常生活、学习和未来工作中与自身密切相关的信息交流的需要"和提高目标"能够在日常生活、学习和未来工作中就熟悉的话题使用英语进行较为独立的交流"。具体到两个级别的教学要求中阅读理解能力单项技能描述，强调的都是"与所学专业或与未来工作相关的""专业资料""综述性文献"，并对阅读技巧与策略的运用提出较高要求。

《指南》指出，"教材是教学内容的主要载体，也是实现教学目标的基本保证。大学英语教学应选用国家级规划教材及其他优秀教材，积极推进大学英语立体化教材建设"。高等教育出版社出版的《大学体验英语》系列教材在这方面提供了很好的范例，在坚持英语学习工具性的同时，更好地突出了人文性、强化了素质教育；在加强听说、加强表达、加强实用的基础上，进一步提升大学生的英语语言能力、跨文化交流能力，强化英语综合应用能力的培养；完善和体现新的教学思想，倡导以"体验"为核心的启发式、参与式等教学方法，帮助学生通过"参与、愉悦、共鸣"的过程，获得外语学习的良性体验，引领中国大学英语课堂教学模式的改革。应用型本科院校在选择如《大学体验英语》等具有权威性和规范性的国家规划综合教材的同时，还要结合本校实际，开发出相应的校本专项教材。

笔者作为北京联合大学的大学英语教学一线教师在日常大学英语教学中发现：作为检测大学生英语水平的全国大学英语四、六级考试一直困扰着我校很多学生。阅读在四、六级考试中占分比例达35%，再加上受阅读能力影响的其他题型如写作及翻译，阅读的所占比例就更大了。我校非英语专业的大学生由于语言基础薄弱，阅读速度慢，又没能掌握一些基本的阅读策略，以致在英语四级阅读测试中答题正确率低，同时在日常交际中表现出来的英语语言运用能力也较差。

针对我校大学生对阅读策略的认识和运用现状，笔者尝试提出《大学体验英语四级阅读教程》的编写以符合《指南》对校本教材的研发和使用建议，体现应用型大学办学理念和特色，有效提高应用型大学英语阅读能力和测试水平。希望通过开发《大学体验英语四级阅读教程》校本配套教材辅助《大学体验英语综合教程》，力求找到问题所在和符合我校学生实际情况的英语阅读改善方法，通过阅读这一有目的的、能动的过程，实现我校非英语专业学生英语学习效能最大化。

下面从《大学体验英语四级阅读教程》编写目标和教材适用对象、编写理论基础、教材设计与特色三个角度进行详细说明。

3.1　编写目标与教材适用对象

（1）编写目标

《大学英语课程教学要求》指出："大学英语课程不仅是一门语言基础课程，也是拓宽知识、了解世界文化的素质教育课程，兼有工具性和人文性。"因此，设计《大学体验英语四级阅读教程》时充分考虑对学生的跨文化交际能力和思辨能力的培养，以促进大学生学习兴趣、提升学生阅读技能与策略、扩大语言学习的知识面、培养其语言综合运用能力为目标，同时结合全国大学英语四级考试的具体测试要求，围绕热点话题，集阅读与练习为一体，在系统学习、巩固大学英语阅读各项技能的同时，针对新四级考试的特点，为学生提供切实有效的应试思路和学习方法，充分满足学生提升认知水平、增强综合能力和发展个性的需求。

（2）教材适用对象

《大学体验英语四级阅读教程》适用于各级各类普通高校的大学英语教学，既可以作为《大学体验英语综合教程》的补充材料使用，也适合作为非英语专业本科生的一门通识教育选修课程教材，指导学生参加全国大学英语四级考试。

3.2　编写理论基础

（1）体验学习论

杜威[25]认为，体验是学习者自身目的、个体情感和已有经验的融合，是激发好奇心、营造学习情境、增强创造力和促进学习者成长的动力源。《大学体验英语四级阅读教程》秉持《大学体验英语综合教程》以"体验"为核心的启发式、参与式等教学方法，帮助学生通过"参与、愉悦、共鸣"的过程，获得大学英语学习的良性体验。

（2）交互式教学法

交互式教学法（Reciprocal Teaching）起源于20世纪70年代，由美国教育心理学家Palincsar和Brown最先提出。交互式教学是在宏观教学情景下，在多点自由切入的教学平台上，教师的教与学生的学围绕某一个问题或课题进行平等交流和自主互动的一种教学方法。以问题为主导的交互式教学，是一种培养学生开拓、创新精神的自主教育的教学方法。

《大学体验英语四级阅读教程》在教学内容设计上重点训练以下五项阅读策略：①预测（predicting），根据背景知识，梳理"阅读"线索，推测文章内容；②提问（questioning），就阅读材料中的重要信息提出问题，检测对文章主要内容的理解；③澄清（clarifying），分析阅读中遇到的问题，整合并正确理解阅读材料所要表达的观点；④总结（summarizing），概述阅读材料的主旨或大意；⑤反思（reflecting），批判性反思、回应并评价阅读材料，培养学生"质疑的思辨能力和严谨的科学能力"[26]。

（3）语篇分析理论

语篇分析是英语阅读教学中的重要手段，它注重培养学生的宏观语篇意识，在讲授字词句等语言知识的同时，引导学生分析语篇的体裁、了解文化背景知识、理解语篇的内在衔接和语义连贯。运用语篇分析法进行英语阅读教学符合阅读理解的本质，能够提高学习者阅读的深度和广度，提高英语阅读教学的效果。

《大学体验英语四级阅读教程》在教学内容设计上以语篇分析理论为指导，遵循从宏观到微观、由表及里引导学生理解语篇，按照"表层理解"到"推理性理解"，最后到"评价性理解"，逐步提升学生在语篇上的交际能力，帮助学生学会分析作者如何通过语篇结构构建观点，并有效进行支撑论证，引导学生探究文字背后隐含的深层创作意图。

3.3　教程设计与特色

（1）教材设计

本教程由十五个单元构成，充分依据篇章词汇、篇章句群、语篇结构等方面的语篇理解心理认知规律，针对大学英语四级考试阅读理解中快速阅读、深度阅读、语篇词汇阅读三种不同测试题型进行分项指导，以新四级考试真题为依据，以应对策略为突破，分析总结不同题型的特点规律和考核要求，结合样题分析，提出相应的解题策略，从而培养学生熟练的阅读理解技能。通过"实战"训练帮助学生消化吸收所学知识，突出重点及考点。本教程以"主题教学"模式，选编大学英语四级考试真题中热点主题文章，涉及社会生活、科技、自然、环境、文化、教育、经济、艺术等各个领域，素材新颖、多元、思辨，兼具学术性和信息性。每个单元由同一主题的三篇文章及相关阅读策略与技能训练组成，具体组成部分有：文化背景知识；阅读文章（大学英语四级真题中重要篇章欣赏和分析）；阅读理解测试（以大学英语四级模式设计测试题目）；提示和点评。

（2）教材特色

首先，指导方向明确。紧密结合《大学英语教学大纲》《指南》和全国大学英语四级考试内容和题型，以"主题教学"模式，选编大学英语四级考试真题中热点主题文章，注重培养学生的宏观语篇意识，结合四级考试实战需求，全面、系统地讲解归纳阅读策略与技巧，同时精心设计四级阅读理解实战与提高训练题，以使考生通过反复练习，达到熟练的程度，希望给开设大学英语四级通识教育选修课程的老师奉献一本有价值的教材，同时也希望能给读者提供一本全面、详尽、可靠的大学英语四级阅读理解专项训练备考书。

其次，实用性、针对性强。本教材面对的学生人群是大学非英语专业本科生以及大学英语学习者和有意提高英语阅读技能的英语爱好者，所以本书所选材料，从基础到强化，从专项到综合，循序渐进，不仅能培养考生的综合语言素养，扩大知识面，增加对西方文化的了解，还可以提高应试技能。

最后，本教材以实践为基础，讲练结合。题型和例题紧密联系当前的考试动向，既注重知识的系统性、条理性，又有对重点、难点的把握和突破。通过认真选取权威真题及英美报刊最新素材，在提高学生自身的阅读和鉴赏水平以及分析问题能力的同时，重视实践消化以达到巩固提高的目的，使广大学生在英语阅读教学中获得最大收益，英语实用技能得到最大限度的锻炼，顺利通过四级考试。

4. 结语

基于《指南》对于大学英语教学改革与发展的纲领性指导意见、大学英语四级阅读考试要求以及《大学体验英语》"体验式"学习模式的具体实践，交互、体验式阅读教学模式和理念贯穿《大学体验英语四级阅读教程》编写，为在阅读策略视角下有效进行大学英语阅读教学提供了一个载体，通过重构教学流程，激发学习者学习的主动性、思辨能力，深化认识过程和知识内化。

参考资料

［1］甘长银. 我国大学英语的教学现状与《大学英语教学指南》的指导意义分析 ［J］. 大学英语教学与研究，2016 (3)：108.

［2］教育部高等教育司. 大学英语课程教学要求 ［Z］. 北京：外语教学与研究出版社，2007.

［3］教育部高等学校大学英语外语教学指导委员会. 大学英语教学指南 ［Z］. 2017.

［4］JOHNSON K&H. Encyclopedic Dictionary of Applied Linguistics：A Handbook for language Teaching ［M］. NY：Blackwell Publishers Ltd., 1998：333.

［5］姚喜明，潘攀. 英语阅读理论研究的发展 ［J］. 山东外语教学，2003 (6)：72-74.

［6］岳瑞玲. 在大学英语阅读教学中的应用研究 ［J］. 当代教育科学，2014 (13)：63-64.

［7］乔玉玲，郭莉萍. 教学法在大学英语阅读教学中的应用 ［J］. 教育理论与实践，2011 (10)：58-60.

［8］贺春英，潘春英. 语篇模式在大学英语阅读教学中的应用——以哈尔滨剑桥学院非英语专业学生为例 ［J］. 外语学刊，2013 (5)：119-123.

［9］黄兵. 语篇分析运用于大学英语精读教学的理论依据与实践探索 ［J］. 教育理论与实践，2009 (30)：119-123.

［10］祝珣，马文静. 布鲁姆教育目标分类理论对大学英语阅读教学的启示 ［J］. 中国大学教育，2014 (9)：67-71.

［11］胡壮麟. 社会符号学研究中的多模态化 ［J］. 语言教学与研究，2007 (1)：1-10.

［12］陈芳露，张彩霞. 认知隐喻理论视角下的大学英语阅读教学 ［J］. 中国成人教育，2013 (7)：132-134.

［13］孙玉慧. 图式理论与大学英语阅读教学 ［J］. 内蒙古师范大学学报 (教育科学版)，2015 (3)：142-144.

［14］李小冰. 图式理论指导下的大学英语阅读教学 ［J］. 教育与职业，2011 (17)：160-161.

［15］刘雪梅. 运用图式理论探讨大学英语阅读教学 ［J］. 中国成人教育，2009 (21)：167-168.

［16］董连忠. 大学英语教学中教授阅读策略的可行性探析 ［J］. 内蒙古师范大学学报 (教育科学版)，2014 (1)：96-98.

［17］黄斌，毛梅娜. 大学英语教学中的想象策略 ［J］. 山西财经大学学报，2012 (4)：151.

［18］吴耀武. 大学英语阅读教学研究热点的领域构成与拓展趋势——基于 CNKI 学术期刊 2001—2014 年文献的共词可视化分析 ［J］. 外语教学，2016 (1)：67.

［19］文秋芳. 大学英语面临的挑战与对策：课程论视角 ［J］. 外语教学与研究，2012 (2)：283-291.

［20］蔡基刚. 高校外语教学理念的挑战与颠覆：以《大学英语教学指南》为例 ［J］.
外语教学，2017（1）：6-10.

［21］王守仁.《大学英语教学指南》要点解读 ［J］. 外语界，2016（3）：2-10.

［22］吴庆麟. 教育心理学 ［M］. 上海：华东师范大学出版社，2012.

［23］贾国栋. 继承改革成果与构建创新发展——学习《大学英语教学指南》 ［J］. 中
国外语，2015（4）：4-9.

［24］周学恒. 从《要求》到《指南》解读：《大学英语教学指南》中的课程设
置 ［J］. 中国外语，2016（1）：13-18.

［25］杜威. 我们怎样思维——经验与教育 ［M］. 姜文闵，译. 北京：北京教育出版
社，2004：254.

［26］蔡基刚. 高校外语教学理念的挑战与颠覆：以《大学英语教学指南》为例 ［J］.
外语教学，2017（1）：6-10.

从 3P 原则反思大学英语教学、对外汉语教学以及英国外语教学三种课堂文化的差异❶

郑 玮❷ 王 钰❸

【摘要】本文主要涉及大学英语口语教学中的三个问题：英语学习的疲惫感；3P 原则（Present，Practice 和 Produce）在英语课程、对外汉语教学以及英国第二外语课程教学中的对比；Small Talk 对于教师跨学科素质的要求。通过对以上三个问题的探讨，笔者认为要克服学生英语学习的疲惫感，激发学生学习的兴趣关键在于实战，让学生"用"英语，而不是"学"英语；提升 Practice 和 Produce 在课堂教学中的比例；此外，不断提升教师自身素质永远是提升教学质量最核心的环节。

【关键词】英语学习的疲惫感；3P 原则（Present，Practice，Produce）；教师自身素质

1. 英语学习的疲惫感

学习任何一门知识和技艺最好的状态是能够快速入门，这样有利于学习者保持学习的动力和兴趣，如果一项技能我们学习很久都还未能入门，那么学习者就很难坚持下来。试想一下，我们去学习滑雪，每天练习，学习了三年之久，依然还在初级道上徘徊，学习者是否还有毅力继续学习下去？也许放弃应该是更明智的选择。

这个道理放在语言学习中是否适用呢？笔者想，是的。我们中国的学生从小学甚至是三四岁就开始学习英语，一直到大学，经过长达十几年的学习，很多的学生依然还在入门或者初级阶段徘徊。那么说到这里，我们可能需要界定一下，什么算是语言学习的入门状态了呢？这个可能会有很多不同的界定标准，如 2000个英语单词词汇量，掌握英语的基本句型和时态，或者能够自己独自在英语国家生活或者旅行。笔者个人更倾向于最后一个标准，学习语言对于大多数人来讲就是为了沟通，仅仅是一种工具，够用即可。那么作为入门级，只要能够照顾好自

---

❶ 北京联合大学教育教学研究与改革项目——青年专项"针对大学英语四级口语考试的口语课程教学研究"。

❷ 郑玮，硕士，北京联合大学讲师，主要从事英语教学与英语语言学研究。

❸ 王钰，硕士，北京联合大学副教授，主要从事英语教学与英语语言学研究。

己的生活起居，这个语言算是够用了。那么我们可能需要问，照顾好自己的生活起居需要认识多少单词呢？又需要掌握多少语法呢？很多英美国家的人，并未受过高等教育，只会 500 个左右的单词就能生活无障碍，我们大学英语四级的考试大纲要求学生掌握 4500 个词汇。单纯对比数量，我们的学生只要通过大学英语四级考试，就应该可以生活自理，远远超过入门的要求。但这里有一个问题，笔者在课堂当中问学生一个偏学术的词汇，如 democratic，不少学生可以回答出来是"民主"的意思。但是当问学生如何表达，"我想去小便或者大便"，反而没有学生能够回答出来。这个问题说明，我们教学大纲的编写更注重学术语言，而忽视了实用性。

笔者认为，这个缺失是需要填补的。初到英语国家，我们会发现自己连菜单都看不懂，公交车的站牌也看不懂，那么的尴尬和无助，会让我们深深质疑自己多年花在英语学习上的时间和精力是不是白费了。在口语课堂内容的设计上，笔者更倾向于实用性，如在学习人物描述时，我们会学习单眼皮、双眼皮、马尾辫、披肩发等非常实用的词汇及表述，课堂活动的设计是假设学生需要打理头发和化妆造型，走进发廊以后如何与美发师、造型师沟通自己的造型需求。

谈完了语言入门的界定，我们再回到疲惫感，中国学生进入大学环节，对学习状态来讲整体是一个疲惫期，而英语这门课程，十几年不变的教法、学法以及遥不可及的目标（除了有明确出国的目标，很多学生学习英语只是纯粹需要通过四级考试，拿到毕业证）更让这门课程味同嚼蜡。在课堂表现中，课堂活动很难调动，一旦分组活动，或让学生单独练习 3 分钟，课堂立刻冷场下来，学生会立刻掏出手机、走神或者做其他的事情。

如何克服疲惫感？我想答案也许还在于实战。新东方的前名师李笑来在他的《人人都能用英语》[1]中提到："英语不能只学不用。只有律师、医生这样的职业才需要学好、实习、完成考核之后才可上岗。英语完全可以直接使用，只要学过初中英语就已经不是初学者了。别再拿"初学者""爱好者"什么的骗自己了。直接开始用英语吧。""关键在于'用'，以'熟'代替'钻研'。"

语言既然已经学了这么多年，入门的黄金时间已经过了，现在能再次调动学生的学习动力，就是语言的实战性，确实需要用到语言了，那么学习和练习才显得更有意义。实战的最佳方式要么是去英语国家读书或者生活，要么在生活或者工作中必须使用英语。如果这些条件都不现实，那么在课堂活动的设计中就应该时刻围绕着"真实"这个中心思路，场景化教学，设计在火车站买票，坐车；在酒店入住；在餐厅点菜、投诉等实际的生活场景。

虽然教学场景设计要尽量模拟现实，但是写到这里笔者也心生质疑，学生如果没有切实的、迫切的需求，到底能有多足的动力来学呢？

笔者的一个朋友学习英语的经历也许可以用来分享一下，她的水平是四级通过，大学毕业十年基本不怎么碰，除了看看美剧。但是由于工作突然变动，她需要大量地阅读英文资料，并且用英语写邮件沟通。没人考虑过她的英语水平能否胜任，直接把活推给了她（当然如果不做，就会丢工作），她自然会挣扎纠结，但结果是事最终做完了，英语也会用了。

2. 大学英语教学、对外汉语教学和英国的外语教学课堂文化对比

大学英语教学这里是指针对中国大学生的英语教学，对于中国学生来讲，英语学习属于外语习得。

对外汉语教学是针对外国学生的汉语教学，对于外国学生来讲，汉语学习属于外语习得。

英国的外语教学是指英国学生学习法语、意大利语等外语，也属于外语习得。

笔者有幸参与过前两种语言的实践教学，观摩过第三种语言的课堂教学，想从语言教学的 3P 原则（Present，Practice 和 Produce）对三种教学法的差异进行对比分析。

Present 是指在课堂教学中传授新知识这个环节，Practice 是指对所学到的知识进行练习巩固，Produce 是指学生运用所学的知识进行应用，如运用课堂中学习的新词汇、新句型造句。

旨在提高学生英语综合能力的大学英语综合课程教学中，Present 是一堂课的核心环节，90 分钟的英语课，大约 60 分钟以上用在 Present 是很常见和普遍的，教师在一堂课中会完成至少 30 张 PPT 的展示，主要是讲解分析词汇、例句、句型和篇幅结构等。Practice 可能会占用剩余的 20 至 30 分钟，而且在这个环节中，大部分都是完成课后练习，教师很少有时间和精力去精心设计练习来帮助学生通过反复操练，巩固新学的知识。至于第三步的 Produce 在写作课程中会有所涉及，一般的综合课涉及得非常少。出现这种情况的原因是综合课程有着统一的教学大纲和教材，教师必须在规定的时间内带领学生学习完一篇篇幅不短的课文，能够在规定的时间内完成第一步 Present 已经很紧张了，课程的设计上就没有留出足够的时间进行第二步 Practice，至于第三步 Produce 就更难达到了。分析这 3P 所占的比例，我们的大学英语课程还是集中在语言输入阶段，学生并没有太多机会进行语言输出练习。

在大学英语口语课程中，教师一般也会花至少一半的时间进行 Present，反复地讲解某个语言点或者语言技能，Practice 的环节一般也就在 30 到 40 分钟，只有个别课程的设计中学生在最后会被要求 Produce 一些内容，如要求学生给出某个场景下的解决方案等，简单而言就是第一个 P 占了一半的课程时间，第二个 P 和偶尔用到的第三个 P 总共占了另一半的课程时间。作为以输出为主的口语课程，显然这个比例存在着问题。出现这种状况的一个主要原因是：我们长期以来

的授课模式都是以教师讲述为主，学生被动地听讲，一旦要求教师讲得少，学生主动地参与练习和活动，双方都会有不适应。而活动的效果不好，教师也就没有信心继续把课堂活动推广下去，这不是一个良性循环。

相比较而言，在对外汉语教学和英国的外语教学中，Practice 是被着重强调的环节，是一堂课中最为核心的部分，它所占的比重是一堂课的 50% ~ 70%。在对外汉语教学培训以及英国本土语言教学培训中，只要是教学法的培训，培训老师就是一个课堂活动（或者说游戏）接着一个的演示。笔者 2018 年 5 月 11 日、12 日在威尔士首府卡迪夫参加的威尔士政府教育部组织的教学法培训中，培训教师只讲课堂活动。她认为课堂教学应该是裹着巧克力的西兰花中的巧克力。西兰花健康但不美味，课堂活动就是那层巧克力糖衣，让学生更容易或者更乐意接受西兰花。

在培训中，我们还学习了 Edgar Dale 的 Cone of Learning（见图 1），其中最后一条中的 What we say & do，do 的解读有两个层面，第一个层面就是"使用"，这和之前提到的李笑来老师的观点是一样的，第二个层面是就是指身体的运动。根据心理学的研究，人的左右脑分别主管不同的功能（见图 2），语言是左脑管理的范围，身体的协调性对应的是右脑的区域，学生学习语言的同时配合身体的运动，对于学生是个挑战，加深难度和提高兴趣的同时，也更有利于促进左右脑的协调和发展。培训教师在练习"数字"时，假设她在和我们打网球，她每发一个球，会说出一个问题，如 2×10＝？我们需要伸手接球，同时回答她的问题。

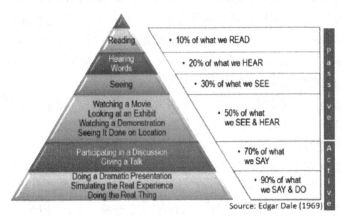

图 1　Cone of Learning

Practice 最核心的内容就是练习，精心设计的课堂活动显然是练习的最佳方式。在这里学习和分享一下英国著名语言学家 Penny Ur 在她的《Grammar Practice Activities》[3]（6-30）这本书中提到的课堂活动设计核心原则。

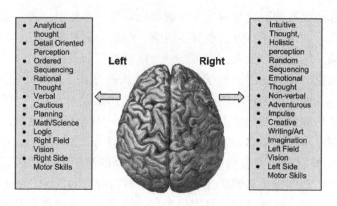

图 2　Brain　Lateralization

　　课堂活动设计的两个最根本的特点是：①明确的目标（clear objective），这个目标可以是语言层面的，如练习某个句型，也可以是非语言层面的，如解决某个问题，让某人完成某项任务。好的活动是同时包括两个层面的，学习新的语言知识从而解决一个实际问题，这样可以更好地激发学生的学习兴趣，也回应了笔者先前提到的"用"英语这个思想。②积极的语言使用（active language use），语言学习者为了达到上述目标，就必须刻意地使用某种语言形式，在这个活动中，学习者有机会大量、反复地练习某个特定的语言形式。

　　除了上述两个要点之外，Penny Ur 还指出，好的课堂活动能激发学习者的兴趣，这也是至关重要的，可以通过适当的话题的选择（topic）、视觉呈现（visual focus）、开放性（open-endedness）、信息差（information gaps）、个性化（personalization）、适度紧张感（pleasure tension）、娱乐性（entertainment）、扮演（playacting）等多个方面来提升活动的趣味性从而激发学习者的兴趣。

　　除了上述三个因素之外，好的课堂活动最重要的一点就是学生的参与度，这个因素不把握好，再好的课堂活动也会以失败告终。

　　学生参与度可以分为以下几个级别：①学生只是接受信息，没有反馈。这样的信息沟通形式在 Present 阶段是可以用的，或者在幼儿学习语言的初期可以使用这种形式。②学生只有少量的反馈。学生听完、看完一段信息以后，用身体做出反应，或者回答简短的问题都属于这种信息交流模式。③老师—学生互动，这是课堂中最常见的信息交互模式，老师向学生提问，学生回答，老师纠正或者认同，继续提问，学生接着回答。这种形式可以简单有效地检查学生的学习情况，在练习的初期非常便捷，但是由于老师只能和一两个学生进行这种互动，大部分学生会因此被忽略。④学生—老师互动。这种形式是由学生作为问题的发起方，老师做出应答，这种形式可以让学生有更大的主动性和灵活性，因而能更大地激发学生的兴趣，同时因为学生的原创性和不可预期性，也更能引起其他学生的兴趣和共鸣。⑤头脑风暴。头脑风暴中老师只给一个简单的提示，激发学生给出大量的反馈，这个活动显然可以更好地调动学生参与性。它的潜在风险是有些学生过于习惯跟随老师的指示做出反应，对于如此有开放性的问题，也许会显得无所适从，老师对于学生的反馈应该给出明确的要求，如限定语言形式，同时鼓励更有自信心和大胆的学生先做出示范。⑥连锁反应。这种形式也可以很好地激发学生的参与兴趣，简单来讲就是老师给 A 学生一个信息或者问题，A 回答后，问 B 学生一个问题，B 回答后，再问 C，以此类推。以上 6 种形式中，每次都只有一个学生参与。⑦流动组对。两个学生按照老师事先规定的要求进行对话。例如，A 学生询问 B 学生对某个问题的看法，询问完 B 学生以后，A 学生继续问 C 学生同样的问题。这样互动形式对于某种特定句型或者表达的练习非常有用，A 学生可以反复大量练习，同时因为每个被询问对象的答案是不一样的，也让这种重复显得有意义。⑧半控制的小组活动。在这样的活动设置中，老师给出活动的语言框架，但是活动的细节或者语言的细节由学生自己补充完成。例如，在一个小组中，需要练习方位词，老师给小组中的一个学生一串指令词和地名，由学生自己设计路线，给出指令，该小组其他成员根据指令完成一幅路线图的绘制。⑨自由小组讨论。这显然是老师干预或者参与最少的互动模式，老师给出题目或者任务，这个题目或者任务涉及需要练习的语言内容，然后由学生自由发挥。

综上所述，好的课堂活动设计需要有明确的目标，积极地使用语言，能够激发学生的兴趣和更高的参与度。

3. 由 Small Talk 中中西方文化的错位与对比引发对于教师跨学科素质的思考

Small Talk 作为一项重要的交际技能是口语课程的一个重要内容，但是当初我们在讲授的时候，主要是从语言技能的方面切入，讲述了 Small Talk 的定义、常规使用的场合、可以使用的句型以及相关的练习。从课堂反馈来看，效果并不理想，讲完了这课，学生只是似懂非懂地掌握了 Small Talk 的句型，但是对于为什么要学习这个技能，什么时候使用还是非常模糊。

但如何改善这门课程笔者一时也没有办法，直到学习了戴愫老师的《有效提升与陌生人的社交能力》[2]这门课程。学习完之后，笔者意识到教师只是从语言层面来讲解，忽视了 Small Talk 最重要的社交功能，同时还忽视了 Small Talk 的文化差异。Small Talk 简单来讲就是 short conversation about general topics，中文可以翻译成"闲谈"，一般是用来和陌生人初次见面时使用，它最主要的功能就是化解尴尬和"破冰"。

首先我们来看看化解尴尬这个功能。在英美文化中，和陌生人在电梯里相遇或者在一个狭窄的人行道上迎面走过，为了避免尴尬会进行简短的问候或者交谈。这样的一个沟通需求，在我们的文化当中并不存在。我们可以和陌生人共同乘坐电梯，一言不发也没有任何问题，所以学生一时并不能准确地理解这个沟通需求，我们课堂上给出的练习中只是涉及了西方文化中常见的使用场景，并未进行文化差异对比，从而帮助学生进行更深入的理解。我们东方文化是椰子文化，椰子壳里面的空间又大又软，但外壳硬。中国人擅长熟人社会的社交规则和技巧，却不擅长与陌生人打交道，缺乏对陌生人表达友善和爱的能力。西方文化则相反，西方是桃子文化。桃子外皮薄，内核小而硬。"桃子"人研究更多的是怎样和陌生人打交道，怎样用第一句话、第一印象立刻博得他人的好感。但是我们中国文化当中也有化解尴尬的需求，只是大多数情况下是在熟人的环境中，刚才的电梯场景，如果是同事、同学一起，就需要一个话题来化解这个场景中的尴尬。教师需要对这个文化场景的转化进行说明，这样才有利于学生通过文化差异理解 Small Talk 在中西方文化中的使用场景和功能。

其次再说一下"破冰"这个功能。"破冰"适用于陌生人之间，也适用于认识但不熟悉的人之间，使用的场合可以是工作环境以及一般的社交场所，Small Talk 是我们社交的敲门砖。

Small Talk 的开启可以使用如下技巧：①问一个让对方自如的问题，不要问那种一个词就可以回答的问题，即多问开放性的问题，少问封闭式的问题；另外也不要问太泛或太深的问题。②一问二答。平时我们对别人抛来的问题做出相应的回复，这是"一问一答"，如果我们能在回答对方的问题本身之外，稍作延展，说一些跟答案相关的其他信息，这就是"一问二答"。③认真倾听，拓展再拓展。听完一段话后，用自己发散、跳跃的思维，抓住原信息中的关键词，拓展出一堆新信息。

关于 Small Talk 话题的构建可以以"冷读者+热捧者"的身份去"敲门"，引出下文。做冷读者可以展示你冷静的观察力，让第一句破冰的话显得不唐突，故热捧者就是要展示你十足的友善，给对方制造愉悦。此外，可以从周围的道具上找话题（不仅仅是课堂当中提到的天气、运动、爱好等题目），从谈话对象的个性、气质或者服饰上找话题或者从那时那刻的状态中去找话题。为了让对话开始得更有滋味，还可以在开场中加入两个调味品：玩猜谜游戏或者诚心请教。

为了推进 Small Talk 的进行，可以使用"说—问—说"的三部曲。每次问问题的前一步和后一步都要有些自我陈述（对应我们课堂当中讲的 comments），第一步的自我陈述是让对方放下戒备，第三步的自我陈述是给对话提供退路。如果真的推动不下去，就要冷场时，可以另起炉灶，引入新话题。还可以采取正反回应的策略，正面回应就是我和你有很多共鸣；反面回应就是我和你没有共鸣，但是我很有兴趣探究你的世界。还可以通过苏格拉底式的提问"为什么"，让原对话升华。

把交谈推向高潮也有技巧：找到彼此的优势话题，优势话题就是能让你滔滔不绝说上好几个小时的话题，这些话题可以让你和对方获得安全感，渐入佳境。也可以通过剥洋葱皮的方式，谈到一些触及内心的东西。中国文化是椰子文化，对于"椰子"人来说，只要你身上陌生人的标签一被撕下，你立刻进入他的椰子壳内部，这个空间是属于自己人的空间，又大又柔软，彼此界限模糊，大家因为是自己人，几乎什么都能聊。"椰子"人从文化上来讲，只愿意和自己人聊天。当一次 Small Talk 结束，如果你还在他的椰子壳外，说明你只和他交换了一些简历式的信息，也许是一次无效社交。话题的深入可以按顺序：套话、事实、观点和感受。

所有的上述"破冰"策略也可以用于和异性的"搭讪"中，这些技能对于学生都是非常实用的，可以有效地提升学生的交际能力。如果教师在讲述的时候，能够结合 Small Talk 的社交策略，并且从跨文化沟通角度进行分析和比较，显然会把这个话题讲述得更深入，因而也更能激发学生的学习兴趣。教师自身素质的提升永远是提升教学质量的核心。

参考资料

[1] 李笑来. 人人都能用英语 [EB/OL]. [2015-09-09]. http://zhibimo.com/books/xiaolai/everyone-can-use-english.

[2] 戴愫. 有效提升与陌生人的社交能力 [EB/OL]. [2018-04-05]. 得到 APP 付费课程.

[3] PENNY UR. Grammar Practice Actives A practical guide for teachers [M]. Cambridge：Cambridge University Press，1998.

白日梦的畅谈
虚拟语气条件式过去时的一堂微课讲解

郑　玮❶

【摘要】本文记录了笔者 2015 年参加全国第二届高校微课教学比赛的微课作品从构思、课件制作、录制、专家反馈以及自我反思的整个过程。微课的自身短小的视频呈现形式，对于习惯于传统授课方式的教师是一个新的挑战，但同时也是一个创作和创新的过程。

【关键词】微课；微课设计；微课制作

1. 微课的选题

决定参加 2015 年第二届全国高校微课教学比赛以后的半个多月时间里，对于讲什么，笔者一直没有明确的想法，大学英语是一个庞大的体系，里面有太多的点或者面可以选择，但笔者当时真是觉得毫无头绪。而微课的选题要求细与精，即在有限的时间内（比赛要求是十五分钟以内），讲解清楚一个知识点。

灵感的到来是有一天下课后，笔者坐公交车回家，车上人不多，还有座位，笔者心情非常放松地看着街上的车来车往，脑子里突然冒出了一幅卡通树的画面。这是一棵生命之树，每一个分叉都代表了那个点的生命历程可能进入的不同方向，靠近底层的树枝就意味着人早期的生命状态，如在树的底部有两个分支，代表三岁的时候有两个选择：A. 去一家幼儿园；B. 在家由父母陪在身边。当然生命只能选择按着一个方向前行。若我们在家度过了童年时光，会不时设想，如果当年去了幼儿园会怎样？这时 A 选项可以接着分叉，去了幼儿园可能会遇到了浩然以后你俩青梅竹马，或者遇到了王老师从此爱上了二胡，或者和丽萨成为闺蜜，等等。B 选项也可以分叉，由于是在父母身边度过童年时光，便有时间和机会听很多的童话故事，从此热爱写作；或者因为整天都待在父母的店铺里，从小就懂得了经商的秘密。每一根树枝都代表了生活中的一种可能性，树枝在生长，枝杈茂盛，代表着随着生命的历程，每种可能性也都在继续延伸，但只有其中一条线索是真实的生活轨迹。看到了这幅图以后，笔者立刻意识到这个点是讲述虚

---

❶ 郑玮，硕士，北京联合大学讲师，主要从事英语教学与英语语言学研究。

拟语气的一个非常好的处理方式。如果能用这棵有动画效果的生命之树去讲解，应该非常形象，生动有趣，可一改以往语法教学的沉闷与乏味。现实生活中我们不是也经常设想自己当年在分岔路口如果做了不同的选择，生活会如何变化？

笔者准备讲解的语言点算是清晰了：虚拟语气条件从句，对过去进行虚拟的句型。

2. 从概念到课件制作

2.1 Lead-in 的制作

方案一：

有了初步的概念后，笔者的第一个想法是以第一人称的形式来讲述自己成长过程中的一些关键点的选择，以讲故事、诙谐调侃的方式大胆设想自己人生中也许会有的其他选项或者表达心中曾经深藏的"宏伟"梦想，以时间为序，娓娓道来。

在视觉呈现上，还是遵循笔者的第一个设想：生命之树，随着树的成长，不断地分叉，来代表人生道路上可能有的不同选择，以及每个选择导致不同的生命发展轨迹。但是这个相当于制作一个动画短片，这是笔者个人无法独立完成的，再加上经费的限制，笔者很快就放弃了这个想法。

方案二：

在这个思考的过程中，逐渐明晰的是从一个人漫长成长过程的方方面面具体到出身、教育、工作、爱情这四个点，设想每个点在生活中可能有的不同选择，选择这四个点也是因为在时间上也是依次推进的关系。

在视觉呈现上，以卡通简笔画的形式讲述一个小女孩的故事和她心中的白日梦。但显然这个设想和第一个设想都涉及动画及视频制作，难度相当，笔者也只好放弃。

方案三：

最后决定用常规的 PPT 来讲述这个故事，为了达到生动的效果，PPT 采用了大量的配图，而且配图大多数是卡通风格，这样和笔者心中预设的效果更接近。

图 1 是上述四个层面最终在 PPT 上的呈现。这里讲述的是真实生活中的场景，所以在时间轴的颜色上，选择的是灰色，想要表达生活不免有些乏味的意义。

图 1

而通过使用虚拟语气，对于生活进行大胆设想之后，顿时生活有了丰富的色彩，时间轴也以明亮的蓝色来呈现，见图 2。

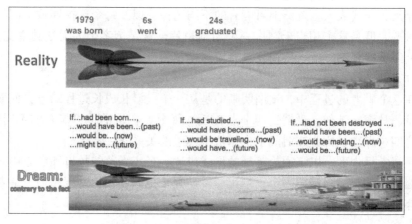

图 2

到这一步，笔者在课件上能够清晰呈现的是以"我"为故事核心，从出身、教育、工作和爱情四个方面回顾了自己的生活，设想如果有可能的话，在这四个方面做出不同的选择，生活会有怎样不同的轨迹。但这只是通过一个故事引出需要讲的核心问题：虚拟语气中的条件句，因为是回顾以往的生活，条件句是对过去进行虚拟的假设。下一个教学环节是如何讲解这个语言点。

方案四：

在第二部分即语言点讲解部分的处理上，笔者初步的构思非常简单，把前面的故事内容以填空的形式呈现，所有动词部分删除，做成填空的形式，由学生试着填写，来体会虚拟语气的动词变形。这样的处理过于简单粗糙，这个语法点根本没有展开就结束了，显然这个方案不可行。

带着这个疑问，笔者开始尝试调整内容。第一部分的导入环节，以前只关注故事性，在语言点上也只是虚拟语气条件句的过去式，比较笼统，句型上有重复或者只是杂乱任意地使用某一种句型结构。这主要是因为自己的思路还不是很清晰，仔细分析了这个语言点后，发现即使条件从句都是过去时，但结果可以是过去、现在和将来三种情况，每种情况下动词也会有不同的变形。笔者决定修改故事内容，详细体现这三种不同的情况，就出身、教育、工作和爱情四个方面进行假设时，设想的结果都分为过去、现在和将来三种情况，来循环重复这个句型。第一部分修改至此，算是基本满意。

2.2 核心语言点的讲解

方案一：

在第二部分的讲解上，笔者决定采用例句讲解的传统形式。如图 3 所示。

Imagine if I had studied (study) business administration at college instead of English, I would have become (become) a CEO at the age of 30. I would be traveling (travel) all over the world now. Maybe next week I would have (have) dinner with Jack Ma and Bill Gates to discuss charity projects for the poor children in China.

如果（假如）我当年大学学的是工商管理而不是英语，我可能三十岁的时候就已经是老板了；现在我可能正在环球旅行。下星期我可能会和马云、比尔·盖茨共进晚餐探讨救助中国贫困儿童的慈善项目。

图 3

但这部分还是遇到了问题，当笔者把这个课件展示给同事时，自己讲得口若悬河，同事们还是觉得表述不够清晰。这可能是在制作微课或者讲课的过程中所面临的最大问题，我们自以为是地认为表述清楚了，或者课件呈现得非常到位，其实听众或者学生并没有明白。

方案二：

为了解决这个问题，笔者花了一个周末的时间，反复修改 2 张 PPT，最后决定用表格的形式来呈现这个句型，而且三次套用同一个表格的格式，以期起到提示作用，如图 4 所示。

The Subjunctive Mood（虚拟语气）**: a possibility in the past**

Condition: the "If" part	Consequences: main cause	
had + done (in the past)	would have + done	in the past
had + done (in the past)	would do or would be doing	now
had + done (in the past)	would do	in the future

The Subjunctive Mood: contrary to the facts（与事实相反）

图 4

至此，这个微课的课件算是基本完成，从一个头脑中的想法到实物的呈现对笔者个人来讲是最有挑战的过程，但只有经过这个过程的打磨，头脑中粗略的想法才可以逐步地清晰、翔实、具体及可行。

第二个挑战是如何清晰地传递信息，讲授者对于所讲授的内容反复琢磨，自然对于很多内容非常熟悉，也会想当然地认为受众会有同感，这是非常容易出问题的环节，一定要反复思考和妥善解决，当然最容易的方式就是拿学生去试验一下。笔者在观看 2014 年得奖的英语微课作品时，最大的一个感受就是内容传递得很清晰，除了内容设计精良外，还配有字幕，总之这些行为都有利于内容的传递和吸收。

3. 微课的录制

在完成课件的制作之后，下一步需要做的是写讲稿，修改润色，同时配合 PPT 同步讲解，这是一个反复练习的过程。这期间一共录制了两次，每次录制的时候，也难免会有出错的地方。录制以及后期的剪辑一共花费了三周的时间。

4. 专家反馈及自己的反思

微课作品递交之后，专家的反馈如下：

"选题符合微课特点，教学设计新颖，导入形式较新，但篇幅较长，教学过程层次性不够，教师语言规范纯正，有较好的示范作用。"

"教学形式很新颖，内容丰富，PPT 制作精良。但是教学的总体安排在一开始未交代清楚，如果把前面 3 分钟作为 Lead-in 的话，那么这部分显然长了。"

"课程切入视角新颖有趣，PPT 制作水平不错，教师旁白清晰有条理，但也许是由于过分关注咬字清晰，使得语言表述稍显生硬。"

　　整个微课时长 8 分 30 秒，第一部分讲述故事也就是 Lead-in 部分占了 3 分钟，从结构比例上讲，是显得冗长了；更为核心的问题，是第二部分的讲解还是不到位，尤其在练习环节，只有一个例句的练习就草草收场。练习环节显然应该加大比例，在随后一版的修改中，笔者结合了 2015 股市巨幅的震荡，很多股民都会感慨"自己当初如果买了某某股票，或者抛了某某股票"来练习这个句型。越贴近生活的表述，也越容易被记住和掌握。增加了练习环节，整个微课的时长也延长至 12 分钟。

　　专家还提到语音过于刻意，其实在录制的过程中，语音部分的问题也是导致笔者反复录制的主要因素。导致这个问题有两方面原因：一方面是个人的基本功还需要提高，另一方面就是准备得还不够充分，稿子的反复诵读还不到位。

5. 结语

　　这个微课程时长为 8 分 30 秒，制作周期为一个半月，最难的部分是课件制作部分，这个部分涉及思路的重新梳理，以及准确呈现，当然还要考虑到技术及经费的制约。但这个反复推翻修改的过程也是微课创作过程中最宝贵的经历，对于教师的要求不再仅仅是知识点的把握，还要像一名导演一样，把内容精彩地呈现出来。

参考资料

[1] 黄宗英. 罗伯特·弗罗斯特：一位简单深邃的诗人 [EB/OL]. [2013-06-14]. http://weike.enetedu.com/play.asp?vodid=150578&e=1.

[2] 郭锋萍. Listening & Note-taking Skills in Academic Lectures [EB/OL]. [2016-07-27]. http://weike.enetedu.com/play.asp?vodid=160561&e=1.

[3] 纪玉华. 英语语流训练之隐喻疏导法 [EB/OL]. [2013-05-14]. http://weike.enetedu.com/play.asp?vodid=131594&e=1.

[4] 薄冰. 薄冰修订：英语语法手册 [M]. 北京：商务印书馆，2004.

[5] 薄冰. 高级英语语法 [M]. 北京：世界知识出版社，2002.

[6] 余胜泉. 基于学习元平台的微课设计 [J]. 开放教育研究，2014（20）：100-110.

信息与计算科学专业回顾

——以数学建模思想进行课程大类建设

蔡 春❶

【摘要】支撑信息与计算科学专业的两大学科是计算机和数学，文中回顾了信息与计算科学专业中的数学类课程以数学建模思想进行课程的讲授和实践，具体表现为数学语言和数学工具两个方面，以提高学生的数学素质，这与现在我院提倡课程加文化教学模式是一种契合。

【关键词】信息与计算科学；数学建模；数学素质

1. 引言

正如学院院长所说，北京联合大学应用文理学院具有"贵族血统"，它由北京大学分校和中国人民大学分校合成，这里的教师很多都毕业于北京大学。1998年10月，笔者来到文理学院求职，见到的学院真是精致之极，一栋五层的教学楼，各个系的办公室和教学楼是在一起的，还有一栋不高的行政办公楼，这些硬件对笔者的影响倒不重要，而是这"贵族血统"的精致教学精神深深地影响了笔者，伴随着笔者的成长。笔者求职的系是信息科学系，这个系当时有三个专业：电子科学与技术、信息管理与信息系统、信息与计算科学。进入学院20年，经历了信息科学系的辉煌，也经历了信息科学系的低谷。2011年学院系部大调整，当时所在的系要被拆分，最后的结果是一部分教师进入学院的基础部，成为计算机基础、数学基础课程教师；信息与计算科学专业并入了城市科学系，一部分教师进入城市科学系继续担任专业课教师。但是过了一年，2012年信息与计算科学专业最后一次招生，2016年最后一届学生毕业。系部调整让很多教师有些伤感，但伤感之余我们也从这个过程中积累了很多数学课程教学改革经验，把教学改革经验进行回顾并记录下来，是对"逝去"的信息与计算科学专业的一点贡献吧。

支撑信息与计算科学专业的两大学科是计算机和数学，我院信息与计算科学专业也不例外，其课程体系包括信息科学与计算数学两个方面。数学课程是围绕数学的应用来进行课程设置，对于数学应用有一门《数学建模》课程，这个课

---

❶ 蔡春，博士，教授，北京联合大学应用文理学院基础教学部，研究方向为数学教学及运筹与优化算法研究。

程通常是在大学三年级开设的，围绕数学的应用前期要开设《高等数学》《线性代数》《概率论与随机过程》《应用统计》《复变函数》《数值计算方法》《运筹与优化》《离散数学》《数据挖掘》等数学类课程，还有《数学软件 Mathematica》和《数学软件 Matlab》计算机数学语言课程。通过学习这些数学课程以及数学软件，学生将具有扎实的数学基础以及数学软件处理能力。把数学与计算机联系起来、用计算机解决实际问题，可以培养学生的信息处理能力。

将数学和计算机联系最紧密的综合课程《数学建模》是我们专业的特色课程，顾名思义，这个课程就是通过数学知识给实际问题建立一个模型。说到模型，我们容易联想起飞机模型、火车模型、汽车模型等实物模型，这些模型跟具体的事物外形、结构很相近，且这些模型是具体可见的；但数学模型是一个抽象的模型，它是无法用实物显示出来的。这一点我们可以从最简单的数字 1 来认识，1 是无法显示出来的，我们能显示出来的是一支笔、一张纸、一张书桌，而无法把 1 显示出来，这就是数学的抽象性。但抽象的数学模型也发挥了模型的特点，即跟实际问题相近的特点。抽象性是数学最大的特点，正是由于这个特点，数学才显示了它强大的作用。我们系的《数学建模》课程的讲授是由多位数学老师完成，当时课程团队由廖老师主导，还有其他几位数学老师协助。1998 年笔者来学院时，上课都是用黑板，没有多媒体课件。为了让笔者尽快融入《数学建模》课程团队，廖老师把他珍贵的笔记借给笔者，让笔者先学习；然后他先给笔者讲一遍，笔者再给他讲一遍，经过这样严格的训练，笔者才去课堂上讲。笔者讲的那部分是运筹与优化这一部分，这门课程还包括初等数学建模部分（毕业于北京大学的山慧娴老师讲授）、微分方程建模部分（毕业于北京大学的丁大正老师讲授）、不确定性事件建模部分（毕业于北京大学的王凯老师讲授）。数学建模过程是一个综合性过程，它分为如下几个步骤。

模型准备：了解问题的实际背景，明确其实际意义，掌握对象的各种信息。以数学思想来贯穿问题的全过程，进而用数学语言来描述问题。要求符合数学理论，符合数学习惯，清晰准确。

模型假设和建立：根据实际对象的特征和建模的目的，对问题进行必要的简化，并用精确的语言提出一些恰当的假设。在假设的基础上，利用适当的数学工具来刻画各变量常量之间的数学关系，建立相应的数学结构。

模型求解：利用获取的数据资料，对模型的所有参数做出计算（或近似计算）。

模型分析：对所要建立模型的思路进行阐述，对所得的结果进行数学上的分析。

模型检验：将模型分析结果与实际情形进行比较，以此来验证模型的准确性、合理性和适用性。如果模型与实际较吻合，则要针对计算结果给出其实际含义，并进行解释。如果模型与实际吻合度较差，则应该修改假设，再次重复建模过程。

为了讲好这门课程，培养好学生们的数学应用能力，信息与计算科学专业全体数学老师都以数学建模的思想主线改革其他数学课程。在此分两方面回顾信息与计算科学专业在数学课程方面的改革做法及强调数学建模思想的具体实践：在数学的课堂教学和实践教学中，牢牢把握数学是一门语言，数学是一种工具，这和我们今天提倡的把数学文化融合在数学教育中是一种契合。

2. 注重数学语言

数学符号像中文字母一样，是数学语言最小的单位，在教学中应强调要按标准书写数学符号。数学符号、数学图形、数学语言是数学知识学习的重要基础。我们知道数学建模的第一步就是用数学符号表示实际问题，我们用小写的字母表示变化的量，用大写字母表示变化量的所有取值，即集合。我们用到的数学运算，如加、减、乘、除、指数、对数、求导、积分等，数学常数 π、e、i 等，都有其固定的表示，这些数学语言和符号一开始可能五花八门、各种各样，但早已统一为一个固定的样式，世界各地通用。数学语言是精确的、简洁的，没有修饰语，它像语文中字词那样，具有简洁、精准的特点。数学语言在世界各地通用，不像语言各国有不同的表示，数学符号在各国的教科书中是一致的，正因为如此，尽管不怎么精通外文，往往还是可以凭着文中的记号及公式把外文书籍或论文中有关的数学结论猜个八九不离十。这是数学家往往可以读好几国外文数学论著的原因，可能也是我国一些数学家外文水平相对不高的一个原因。不管怎样说，数学是一种精确的科学语言。在教学中，教师除了在黑板上工整地书写数学符号，以及讲解数学知识本身外，还应适当强调数学语言的书写规范及格式，对学生进行数学教育，让学生理解每个数学符号代表的运算、意义，由数学符号可以联想到数学图形、数字意义。有的数学知识背后有一段历史，如笛卡儿心形曲线，教师可以将这些相关的故事引入课堂，加深学生对数学知识的理解，培养学生的创新意识。这对学生数学素质的培养是很好的熏陶。他们用渊博的数学知识、严谨的教学态度丰富着学生们的数学语言。

3. 注重数学工具

数学是各门科学的基础工具。不仅在自然科学、技术科学中，而且在经济科学、管理科学，甚至人文、社会科学中，为了准确和定量地考虑问题，得到有充分根据的规律性认识，数学都成了必备的重要基础工具。现在，很多科学随着数据的积累，大多都想从数据中挖掘出有价值的东西，这其中的"挖"就得考虑用数学工具进行挖掘，说到底就是建立数学模型，这就是数学建模的第二步骤——模型假设和建立：用数学符号对实际问题进行表述，表述其中的主要关系，舍弃一些用数学知识无法表示出来的关系。数学模型与实际问题往往会有一些偏差，这也是没有办法的事情，由于实际问题是错综复杂的，然后通过数学知识建立一个或者一组关系式，这些关系式就是我们所说的数学模型。接下来就是模型求解，通过计算机编程计算得到结果，通过计算的结果再回到实际问题本身进行检验，看看是否合理，若不合理，则调整模型中的参数或者修改模型中的关系式等。数学不仅具有上述那些服务性的功能，而且特色鲜明，自成体系，本身是一门重要的科学。按照恩格斯的说法，"自然科学是以研究物质的某一运动形态为特征的，而数学则不然，它是忽略了物质的具体形态和属性，纯粹从数量关系和空间形式的角度来研究现实世界的"。数学和物理、化学、天文、地学、生物等自然科学不属于同一个层次，不是自然科学的一种，而是和研究思维规律的哲学类似，具有超于具体科学之上、普遍适用的特征。当时支撑我们专业的数学不是纯粹数学而是应用数学。我们这支数学教师队伍在每年举办的全国大学生数学建模竞赛辅导中发挥着重要作用，从 1999 年开始，我们专业的学生每年都参加全国大学生数学建模竞赛，每年的题目背景不同，有钢管订购和运输，有DNA序列的分类，有血管的三维重建、公交车调度、彩票中的数学等。我们的做法是在《数学建模》课授学时中讲授这些问题的思路，为了突出数学建模的思想。还开设了一门《数学建模实训》课程，学时是三周。这三周课程分两个阶段进行：第一阶段是《数学建模》课程结束后，为了实践课程中讲解的数学模型，我们进行两周集中训练；第二阶段放在暑假，即九月份全国大学生数学建模竞赛前一周，给予学生往届实际题目的训练。我们专业学生在全国大学生数学建模竞赛中，取得过全国一等奖，北京市一等奖、二等奖等多个奖项。这些竞赛题目为教师指导专业学生完成学位论文、毕业论文提供了素材。要顺利完成数学建模过程，要求每一个正负号、每一个小数点都不能含糊敷衍，应该使学生养成认真细致、一丝不苟的作风和习惯；通过追求最简洁的证明步骤，使学生形成精益求精的风格，力求尽善尽美。同时，还应使学生树立明确的数量观念，做到"胸中有数"，认真地注意事物在数量方面的变化及其变化规律；提高学生的逻辑思维能力，使他们思路清晰、条理分明，有条不紊地处理头绪纷繁的各项工作。从这些年毕业的学生反馈来看，他们也认为数学建模思想培养了他们的抽象思维、逻辑思维。数学的影响和作用可以说是无处不在，其重要性也已为越来越多的人所认同。

目前我院工科专业开设有《高等数学》《线性代数》《概率论与数理统计》三大数学基础课程，我们学院早在 2012 年就为我院的文科专业开设了《大学数学》，我们学院主管教学的领导以及专业负责人理所当然地把其列为最重要的必修课程之一，这其实是很好地认识到了数学在人才培养中的作用。在这门课程的讲授中，任课教师应多讲数学概念、方法、理论的产生及发展的渊源和过程，给学生建立应用数学的思想，让学生多了解和领会实际问题中的数学模型，领会解决实际问题的全过程，提高他们运用数学知识处理现实世界中各种复杂问题的意识、信念和能力；使他们学会数学的思想方法，领会数学的精神实质，知道数学的来龙去脉，在数学文化的熏陶中茁壮成长。为此应该结合教学过程，使学生了解他们现在所学的那些看来枯燥无味但又似乎是天经地义的概念、定理和公式，并不是无本之木、无源之水，并不是从天上掉下来的，也不是人们头脑中所固有的，而是有其现实的来源与背景。只有认识到这一点，才能真正领会数学的精髓，才会关注和致力于数学的种种应用，使数学真正成为应用数学。也正是在这一方面，过去的数学教学暴露出了根本的缺陷：过于追求体系的天衣无缝，过于追求理论的完美和逻辑的严谨，忘记了数学从何处来、向何处去这个大问题，把数学构建成一个自我封闭因而死气沉沉的王国。其结果是不少学生被一大堆概念及公式牵着鼻子走，知其然而不知其所以然，不仅没有得到数学文化的熏陶，反而在数学的迷宫里失去了前进的方向，培养创新能力更难免成为一句空话。为此现在的数学加文化是原来数学建模思想的一种更有诗意的提法，让人感觉更新，更亲。

参考资料

［1］ 李大潜. 将数学建模思想融入数学类主干课程 ［J］. 中国大学数学, 2006 (1)：9-11.

［2］ 顾沛. 数学文化课的探索与启示 ［J］. 中国大学教学, 2012 (2)：10-13.

［3］ 张楚廷. 数学文化育人的发展 ［J］. 数学教育学报, 2001, 10 (3)：1-4.

［4］ 余东升. 高等学校文化素质教育研究 ［M］. 北京：高等教育出版社, 2009.

［5］ 李小平. 数学文化与现代文明 ［D］. 长春：吉林大学, 2016.

［6］ 蒋家尚. 将数学文化融入大学数学教学之中 ［J］. 高教学刊, 2018 (7)：80-82.

［7］ 全国大学生数学建模竞赛题目 ［EB/OL］. ［2018-09-13］. http://www.shumo.com/wiki/.

学科专业课程一体化建设视角下的专业集中实践课程建设

——以《数据库应用系统设计》课程为例

戴　红●

【摘要】 学科专业课程一体化建设是实现学科、专业、课程建设联动互促，产生人才培养协同效应的重要途径。专业集中实践课程是大学培养和锻炼学生专业综合应用和实践能力的关键课程。本文对学科、专业和课程的内涵区别和内在联系进行解析，阐述了学科专业课程一体化建设实现的基本途径，从课程设计的理论依据、课程的组织形式和内容设计、课程支持与监控模式设计三个方面给出了信息与计算科学专业的一门专业集中实践课程——《数据库应用系统设计》的设计思想和建设成果，以期作为在学科专业课程一体化建设思路指导下、在教学即学术的观念影响下的课程建设案例。

【关键词】 学科专业课程一体化建设；专业集中实践课程；数据库应用系统设计

1. 引言

学科是知识存在的形态，课程是"值得传授的知识形态"[1]，专业是围绕人才培养目标形成的课程组合。学科、专业、课程之间的内涵区别及内在联系，决定了处理好学科、专业、课程之间的关系，是大学提高人才培养质量的重要途径，也是学科专业课程一体化建设的内在动因和目标。学科建设与专业建设、课程建设之间存在着不可替代性，学科建设成果不会直接地、自动地转换为专业建设和课程建设成果，进而为人才培养服务，这又要求大学要有意识地开展学科专业课程的一体化建设，促进学科建设资源和成果对专业和课程的支持，促进专业和课程建设对学科发展的推动，进而在人才培养上产生协同效应。

《数据库应用系统设计》课程为信息与计算科学专业的一门专业集中实践课程，在该课程的设计、建设和实施过程中，以学科专业课程一体化建设理念为指导，应用计算学科的思维和方法规划和设计课程，将学科科研资源和成果应用到

● 戴红，北京联合大学应用文理学院基础教学部教师，主讲课程《大学计算机基础》《Access 数据库应用》。主要研究方向为时空数据建模、计算机在线教育教学等。

课程内容中，以学科科研思想和方法设计实现课程支持与监督系统，培养学生学科思维并使之了解和掌握一定的科研思想和方法，丰富学生的学科专业认知，提升其专业实践能力、创造力及科研品质。同时，将课程设计作为科学研究来做，将学科知识逻辑化和系统化为课程内容，对教师学科前沿的跟踪、科学素养的培养、专业认知的加强以及科研资源的积累都提出了更高的要求，都成为学科专业课程一体化建设的推动因素。

2. 学科、专业与课程

2.1 学科、专业、课程概念释义

在概念内涵上，学科、专业和课程有着明显的区别。学科是科学学的概念[2]，它既指"一定的科学领域或一门科学的分支，是由有一定逻辑联系的知识所组成的相对独立的知识体系"[3]，也指学术组织，即"一定科学领域的学者们依赖于一定的行为规范和物质基础，围绕知识进行创造、应用、传承与传播活动所组成的组织系统"[3]。课程则是教育学的概念，其来源于学科，是从学科知识中选择一部分"最有价值的知识"组成教学内容。专业是社会学的概念[2]，一般是指"根据特定社会分工的需要，以相关学科为依托进行人才培养的基本单位"[3]。专业是由若干门课程组成的，围绕一个培养目标组成的课程群就是一个专业[2]。

虽然学科、专业和课程在内涵上存在着明显区别，然而三者在本质上是相互支撑的，具有内在的广泛联系。通过分析课程的内涵发现，课程内容源于学科知识，若干门课程组成专业，课程是实现学科与专业之间联系的主要桥梁。

2.2 学科专业课程一体化建设

学科、专业和课程三者共同构成高校的内涵结构[4]。

学科、专业、课程的内在联系是推动学科专业课程一体化建设的内在动因[5]。学科建设是专业建设和课程建设的基础，科研队伍的建设为教学团队的建设提供支撑，学术成果又为课程建设提供知识来源。课程本身就是学术，课程建设的过程就是科学研究的过程，离不开科学研究的渗透和汇聚。专业是课程的组合形式，专业需要课程体系和内容的支撑，课程很大程度上决定了专业人才的社会适应性强弱。

学科专业课程一体化建设就是在学科建设中，将专业建设的人才培养方案与课程建设及相关教材建设、实验室建设等规划纳入学科建设规划，形成互动机制[5]。

3. 学科专业课程一体化建设实现的基本途径

大学最基本的产品是课程，专业是课程的组合，学生是大学的客户。大学所提供的最基本服务的过程是通过为客户提供产品服务，使客户得到培养而成为社会人才的过程。课程是人才培养模式的核心要素，"全球大学教改的一个重要趋势是淡化专业、强化课程"[2]。

基于社会需求建设专业，专业知识结构是建立课程体系的依据，课程体系属于教育范畴。而课程内容源于学科知识，学科发展为课程建设提供知识源泉，课程内容则属于科学范畴。课程体系建立则关联专业，课程内容关联学科，课程内容和行为的双重性有机地将学科和专业联系起来，围绕课程建设开展学科和专业建设是推进学科专业课程一体化建设的有效途径。

3.1 从课程设计角度推进学科专业课程一体化建设

在课程的设计和组织形式上，引入基于项目的学习、团队协作学习等，以推进学科专业课程一体化建设。

（1）引入基于项目的学习（Project-Based Learning，简称 PBL）

认知科学经过大量的实证研究证明，认知经历的多样性与学生创造能力呈正相关。传统的讲授式课堂教学中，学生所经历的是单一的听讲、记忆和模仿过程，有碍学生创造力的培养。而项目导向的教学模式，是使学生获得更多样化认知经历的有效途径之一。专业在组织课程时，在传统的讲授性课程的基础上，设置一定数量的专业集中实践课程，在这些课程中将教师的科研真题，如"社区综合管理信息系统""科技兴贸计划管理系统"等企业横向项目引入课堂，学生通过对实际应用领域的背景了解、需求分析和规格说明、综合规划和设计，应用所学知识和技术解决问题、创造和实现"产品"、评价"产品"等过程，经历一次次的认知过程，有效地培养了学生的创造性思维、工程思维、产品思维。学科领域中的科学研究过程、教师的科研经验，都丰富了课程形式和课程内容。学生对项目背景的了解也丰富了其对专业的认识。而项目教学的成果又在一定程度上可以解决一些科研问题，双方向促进，从而使课程建设（专业建设）与学科建设协同起来，提高了科研反哺教学的能力和应用型人才的培养能力。

（2）采用团队协作学习（Teamwork-Based Learning，简称 TBL）

TBL 是一种在学术环境中开发的、基于协作学习的教学策略，最先由俄克拉荷马大学的 Larry Michaelsen 于 20 世纪 70 年代提出的，让学习者通过结构化的学习过程提高自身的参与度和学习质量。

传统的实验教学大多要求学生按照实验要求完成验证性实验任务，教学过程大多只关注学生任务目标达成的一致性，学生的主动性和创新欲望不能得到有效释放。树立学科专业课程一体化建设观念之后，对传统实验教学体系进行改造，设置一定数量的专业集中实践课程。在这些课程中，学生可自由组建团队，自选课题入驻实验室，在模拟实际课题研发的封闭环境下，在指导教师的帮助下完成课题。在课程的实施过程中，教师只讲解基本要求、大致的计划安排、基本理论和课题开展背景，学生需要进行大量的调研和学习，工作过程和结果处理由学生分组协作完成，最后进行成果汇报。学生的课程成绩是对学生个人的实验能力以及 PPT 能力（Presentation，口头表达能力；Paperwork，书面表达能力；

Teamwork，团队协作能力，简称 PPT 能力[6]）等一系列要素进行综合评价后得出。通过模拟实际工作场景，使学生真实体验学科领域中的常设工作情境和过程，加深对专业的认知、对职场的认识，加强对其团队精神的培养和协作能力的锻炼。教师对于这类课程的设计、指导、管理和掌控能力很大程度上决定了课程实施的效果，为了提升教师执教此类课程的能力，督促教师不断提升专业实践能力、学科科研课题的组织和研发能力等，都能有效促进学科专业课程的一体化协同建设。

（3）课程设计的创新是教师课程学术的创新

学科专业课程一体化建设要在教师队伍中树立"课程本身也是学术，课程规划和设计是一个科学研究的过程"的思想。课程来自于学科，学科通过课程影响专业。"大学教师最无可替代之处在于：从前沿性的学科知识中选择'最有价值'的知识纳入课程，再把这些课程知识有效地传授给学生。"[7]课程的规划和设计能力是大学教师乃至一所大学的核心竞争力，这为教师提出了更高的要求。教师不仅仅是一名教书匠，他是专业和课程的设计师，是课程"产品"的研发人员。为了提升研发能力，正确评估产品质量和为客户服务的质量，教师需要不断提升学科科研能力、专业实践能力。学科建设反哺专业和课程建设，科研反哺教学，课程当作学术来做，学术当作课程来教，是学科专业课程一体化建设的方法和结果，更是动因和要求。

3.2 从内容建设角度推进学科专业课程一体化建设

通过开设综合性实验课程，引入科研课题，在课程内容建设中将学科研究成果同步引入实验教学和实践教学中，促进教学与学科前沿保持同步。

每门学科都是由实践中的具体问题不断研究形成。学会解决学科中具体问题的方法，提高创造性解决学科问题的能力，是专业培养的重要任务。而科研的本质特征就是创新，作为一名大学生，若在大学专业学习中，没有接触过任何科研思想和方法训练，就难以具备问题意识，难以形成创新品格，难以获得创造性解决问题的能力。研究型大学有着得天独厚的学科优势，其高水平的科研资源可以为人才培养提供有力的支持。而作为应用型大学，就要加强学科专业课程一体化建设，想方设法创造条件，让学生得到科研思想和方法训练。如开设综合性实验和集中实践课程，引导学生模拟完成或实际参与教师的科研课题，培养学生的科研品格与专业实践能力。

4. 以学科专业课程一体化建设视角建设《数据库应用系统设计》课程

在学科专业课程一体化建设思路的指导下，原信息与计算科学专业设置了旨在培养和锻炼学生专业综合应用和实践能力的关键课程——专业集中实践课程。与传统讲授式课程不同，专业集中实践课程一般历时较长，要求学生运用一学期或一学年甚至几学年学到的专业知识、方法和技术，独立或分组完成一项或多项任务，以解决学科领域的实际问题，强调专业综合性和实际应用性，大量的学习活动都要求学生分步自主完成。

《数据库应用系统设计》（Database Application System Design）为信息与计算科学专业开设的一门专业集中实践课程，它是在学习了数据库原理、关系数据库管理系统、软件设计开发技术后，指导学生建立某个领域的数据模型，并设计实现信息系统的校内集中实践课程。课程在第四学期开设，共48学时，一般安排两周时间。

4.1 《数据库应用系统设计》课程设计

1）课程设计的理论依据[8]

（1）建构主义理论

建构主义理论认为教学应以学习者为中心，教师为指导，教学中利用情境、协作、会话、意义建构等学习要素激发学习者的主动性、积极性和创造性，最终实现知识的意义建构。该理论被普遍应用于实践教学中，也是本课程设计的重要理论依据。在课程设计时，充分考虑学习者的中心地位，在教学过程中充分建立学生的主体地位感，充分体现教师的引导和督促作用，强化工作式场景、协作式分组、讨论式引导和提问式规范的作用。

（2）元认知理论

元认知是学习者对自身的感觉、思维等认知活动的自我意识、自我监控和自我调节。所以，如果学习者的元认知能力没有得到发展，就不可能主动地监控和调节自己的学习活动，也就不可能进行自主学习。本课程的教学实践活动具有很强的学生自主性和独立性要求，学生元认知能力水平和元认知能力的培养至关重要。在课程设计和实施时，充分考虑学生的认知和接受程度，以引导为主、强制为辅，在规范性要求的基础上，强调自觉性养成。

（3）群体非线性学习理论

群体非线性学习，主要是指学习者以相互作用、彼此影响、共同活动的群体为组织形态，在开放的学习环境下，在共同目标的指引和相同规范的约束下，在现代信息科学与技术的支撑下，通过不同的途径对非系统的学习内容进行查询和选择、开展群体间信息的分享和交流、实现群体中知识的吸收和利用，并根据反馈信息对个体和群体的学习行为和学习方向进行不断再调整的动态过程。本课程的学习是一种群体非线性的学习。这种学习所具有的特征，包括学习环境的开放性、学习过程的随机性、学习行为的突变性和学习结果的不可预测性，决定和凸显了学习过程管理的重要性和必要性。鉴于此，本课程建立了全面的课程支持和监控系统，在群体非线性学习中辅助教师完成过程管理，要求其对学习主体的群体性、学习环境的开放性、学习和实践内容的非线性等特征予以充分考虑，并在评价中充分体现群体性学习中的个体表现和群体能力、个体贡献和群体成果，依据它们进行综合考量。

2）课程组织形式和内容设计

课程采用 PBL 和 TBL 模式，学生自由组成课题团队，以自选（教师审查通过）和教师指选（部分真题）两种方式选择学科领域中应用背景较强的题目（如图 1 所示），进入机房，模拟实际工作场景下的封闭式开发（早 8:00 到下午 4:30）过程（参考资料［9］中对此工作情境模拟法在课程中的应用有详细的描述），同时以研发者和客户两者身份出现在课题中，力图获取对实际工作情境和任务最充分的认知和体验。

课程在形式和内容的设计上力图提炼和浓缩信息系统的设计研发整个过程及其思想方法，是培养专业核心能力"信息系统开发和信息处理能力"的主要教学实践环节，而课程形式、内容和管理的设计及实施又应用和体现着强烈的学科思维和科研思想。课程任务为基于数据的软件系统开发，所以课程的实施流程基本按照数据库设计和软件工程的软件开发步骤进行（如图 2 所示）。课程中设计了大量的文献调研任务、需求规格说明要求、文档要求、讨论会（Seminar）环节及会议角色扮演（Leader、Recorder、Reporter 和 Questioner）、开发日志要求等，体现了学科领域中的实际研发过程以及实际问题的解决方法和步骤，真实的工作场景和规范要求（如图 3 所示），培养了学生的专业实践能力、团队协作精神和严谨务实的工作作风，丰富了学生的认知经历，提升了创造性，锻炼了探究式学习方法的应用，有效培养了学生的科研品质。

序号	应用领域名称	序号	应用领域名称
1	军队装备信息的管理	21	财务信息的管理
2	生产信息的管理	22	物流运输信息的管理
3	商贸信息的管理	23	环境信息的管理
4	物资信息的管理	24	人事信息的管理
5	个人信息的管理	25	住宿信息的管理
6	商品销售信息的管理	26	铁路交通信息的管理
7	流动人口信息的管理	27	图书出版信息的管理
8	生物信息的管理	28	公路交通信息的管理
9	林业信息的管理	29	家庭信息的管理
10	建筑信息的管理	30	体育信息的管理
11	餐饮信息的管理	31	农业信息的管理
12	学校招生信息的管理	32	社区信息的管理
13	油田信息的管理	33	社会福利信息的管理
14	仓库仓储信息的管理	34	地质信息的管理
15	医院医药信息的管理	35	教育信息的管理
16	文化娱乐信息的管理	36	企业客户信息的管理
17	地产信息的管理	37	金融信息的管理
18	地理信息的管理	38	铁路交通信息的管理
19	煤矿信息的管理	39	人才就业信息的管理
20	旅游信息的管理	40	卫生信息的管理

图 1 《数据库应用系统设计》课程备选应用领域

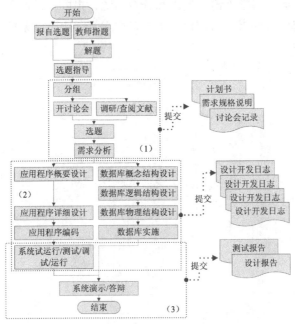

图2 《数据库应用系统设计》课程流程图

(1) 需求规格说明书模板.doc
(2) 会议记录模板.doc
(3) 开发日志模板.doc
(4) 测试报告模板.doc
(5-1) 设计报告封面（计科2011）20130520.doc
(5-2) 设计报告格式（计科2011）20130520.doc

图3 《数据库应用系统设计》课程文档模板

3）课程支持与监控模式设计

专业集中实践课程持续时间长而集中，需要学生或小组相对独立于教师完成课程任务，甚至完全脱离学校和教师，为保证课程任务的顺利完成，保证课程质量，需要教师在课程实施过程中给予全面和及时的指导和监督，并能够掌控整个实施过程。

课程的支持与监控模式设计采用设计型研究的范式，依据建构主义、元认知理论和群体非线性学习理论，经历过程支持与监控理论模型（如图4所示）的构建、线上线下支持与监控系统的设计开发、实际教学实践中运用及优化三个基本过程，实现学习实践过程的自动化以及对其全面、准确、客观、实时和高效的支持与监控。模式设计的过程就是一个教学科研的过程，在充分研究教情、学情、课情的基础上，运用科学理论，提出和分析问题，提取、设计监控和反馈指标及变量，建立模型，实现支持与监控系统，在教学实践中应用系统支持和监控课程实施，优化模型。

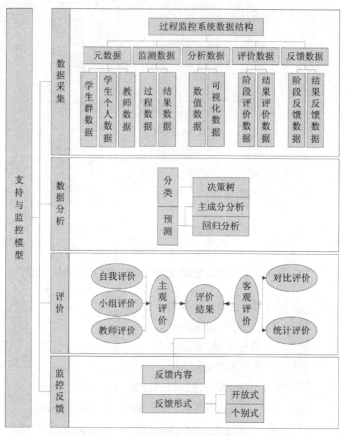

图4 《数据库应用系统设计》课程过程支持与监控理论模型

在系统实现中，深度融合信息技术与教学。借助网络学堂平台（如图5所示），根据课程实施流程，设置三个一级监控点（如图6所示），每个监控点有若干一级监控指标和若干二级监控指标。按照监控指标采集数据，将采集到的数据采用文件形式上传，利用数据分析和数据挖掘等相关方法计算分析采集到的过程数据，按照评价指标体系给出阶段性评价，反馈给学生，指导学生和控制课程实施按照既定目标进行。课程结束时，依据过程数据以及结果数据给出综合评价。

图5 《数据库应用系统设计》的网络学堂课程目录

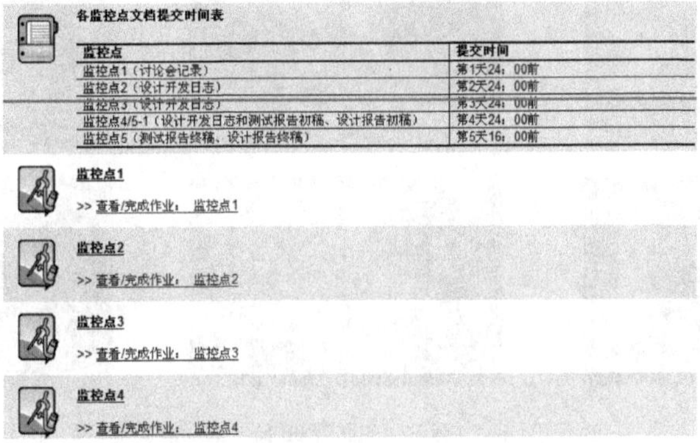

图6 《数据库应用系统设计》课程网络学堂的过程监控点

系统的应用过程是一个不断调整优化的迭代过程,在每轮教学实践中都会有新的问题出现。修改调整主要集中在评价指标体系的优化、客观评价反馈的可视化,以及积极寻求更高程度的自动化等几个方面。在每次迭代的过程中,离不开学生积极有效的参与,他们对于系统优化的贡献作用是重要的。

4.2 《数据库应用系统设计》课程成果

《数据库应用系统设计》曾经开设过多轮,期间也更名过多次,但课程研究和设计工作一直在坚持,在以提升学生的专业核心能力为目标的课程建设的同时,积极关注学科前沿。随着大数据、人工智能时代的到来,将专业方向逐渐转向数据分析与可视化,注重围绕数据开展研究工作,并将这一思想应用到课程设计中,实践着学科专业课程一体化建设。

从课程的实施效果来看,学生的课程实践能力不断增强,学生实践作品的质量和效率逐年提升。通过学生和同行专家教师(督导组)两个方面的反馈,得到很好的评价,并于2013年在学院质量双月活动中,分别得到92分和95分的高分,被评为院优秀集中实践课程(图7为信息与计算科学专业2011级学生在课程即将结束演示答辩时的照片)。其中支持与监控系统的应用在教学设计的精细化、实践教学过程化管理的探索性、考核评价方式的改革和创新等几个方面得到较好的评价并有一定的推广价值。在总结提炼课程建设经验和成果的基础上，笔者发表了两篇教学研究论文，其中一篇为 CSSCI 期刊论文。

图 7　课程照片

课程设计中体现了规范、科学和严谨，但注入的人文因素还显不足。如在课程支持与监控模式的设计中，要体现以学生为本，就不能完全照搬工业自动化控制中的过程监控。充分考虑学生的情感接受、认知匹配、自觉管理和控制、自觉调整和完善，才能与监控系统相得益彰，从而形成一种更加理想的教学和实践状态，也是系统设计中所考虑的建构主义和元认知理论的思想体现。

5. 结语

早在 1809 年，德国著名的教育改革家威廉·冯·洪堡就提出了著名的"洪堡理念"——教学与科研相统一原则，将大学的教学与科研两种行为合并为一种相互联系、相互促进的人才培养行为，为学科专业课程一体化建设提供了思想依据。我国高等教育学创始人潘懋元先生认为，近代大学之所以是"近代"的，最根本的动力与标志就是，科学技术以知识的形态转化为课程进入大学，成为大学内部的核心，推动大学自身方方面面的变化与发展[10]。

学科建设的成果能够直接体现在科学研究的产出上，这一点在认识和实践上都毋庸置疑。然而如何实现学科建设成果向人才培养内容的课程化转化，就需要大学的教师、学生和课程管理者的有意为之和共同努力了。美国当代著名教育家欧内斯特·博耶在 1990 年发表的《学术反思》中指出，教学不仅是一种智力活动，还是一种学术事业，不仅传授知识，而且创新、改造知识。因此，学术也就具备了发现、整合、应用和教学四种相对独立但又相互交叉的学术形式[11]。其中教学学术观念的深刻认识和切实贯彻是学科建设成果课程化转化的有效途径。

学科建设的成果体现在促进人才培养上是一项系统工程。为此，北京联合大学立足首都经济社会发展需要，对学校发展进行科学定位，优化学校的学科专业布局结构，集中现存的、分散的院系力量，形成某一领域的优势学科、特色专业。在这一背景下，信息与计算科学专业已于 2013 年开始停止招生，然而其多年来学科专业课程一体化建设的经验和成果，正在为计算机和数学通识课（基础课）建设提供着参考和借鉴。计算机和数学课虽然作为通识课（基础课），但是同样依托着计算机科学与技术和数学学科，教师将学科领域的计算思维和数学思维、学科科研思想和方法，应用到课程设计和建设以及教学科研和改革中，将科研资源和成果、专业领域的认知和发展前沿、行业领域思想道德法律，包括计算机伦理、数学思想等，都转化为课程内容，学科课程一体化建设将继续为培养素质全面的、可持续发展的应用型人才发挥积极的作用。

参考资料

[1] 伯顿·R. 克拉克. 高等教育系统——学术组织的跨国研究 [M]. 杭州：杭州大学出版社，1994.

[2] 周光礼. 双一流建设中的学术突破——论大学学科、专业、课程一体化建设 [J]. 教育研究，2016（5）：66-72.

[3] 张炳生，王树立. 学科、专业一体化建设研究 [J]. 中国高教研究，2012（12）：43-45.

[4] 张小芳. 本科院校学科专业一体化建设理路 [J]. 高教发展与评估，2016，32（2）：58-64.

[5] 段红红，徐权. 应用型本科院校学科、专业与课程一体化模式的构建 [J]. 黑龙江高教研究，2012（9）：168-170.

[6] 戴红，常子冠，马青华. 计算机通识课教学中学生 PPT 能力的培养 [J]. 计算机教育，2013（18）：32-36.

[7] 周光礼，马海泉. 教学学术能力：大学教师发展与评价的新框架 [J]. 教育研究，2013（8）.

[8] 戴红，于宁，常子冠. 利用网络提升大学专业实践能力培养水平的创新实践研究——大学专业实践类课程过程支持和监控在线平台的设计与开发 [J]. 现代远距离教育，2014（3）：37-42.

［9］戴红．工作情景模拟教学法在数据库实训课程中的应用［J］．计算机教育，2009（13）：175-178．

［10］黄福涛．外国高等教育史［M］．上海：上海教育出版社，2008：124-125．

［11］BOYER E L. Scholarship Reconsidered：Priorities of the Professoriate［M］．San Francisco：Jossey Bass，1990：16.

高校冰雪运动文化与体育课程一体化建设研究

——我院高山滑雪运动回顾与发展前瞻

宋大维❶   王 忠

【摘要】北京冬奥会成功申办为冰雪运动带来契机，高校开展冰雪运动和冰雪文化建设是宣扬奥林匹克文化的有效途径，本文分析了北京联合大学应用文理学院近些年开展冰雪文化与竞赛的历程，通过研究认为：未来高校开展冰雪运动的模式是将冰雪文化和体育课程相结合，进而形成一体化模式；高校要通过冰雪科研优势促进冰雪文化与冰雪教学的开展，这对推动冰雪文化和冰雪竞赛大发展具有重要促进作用。

【关键词】冰雪文化；体育课程；一体化

1. 引言

北京联合张家口获得 2022 年第 24 届冬奥会举办权后，我国青少年冰雪运动进入发展的黄金时期，参与冰雪运动的青少年人口呈现爆发式增长。在青少年中，大学生可以说是一支最富有传播力的冰雪生力军，他们也是"3 亿人参与冰雪运动"的积极响应者和推动者。据不完全统计，目前北京高校参与滑雪运动的学生就已经达到了两万多人次。

冰雪文化作为高校校园文化建设的重要内容，在首都高校中已经开展，在国家体育总局冬季运动管理中心以及北京市大学生体育协会冰雪轮滑协会的支持和推动下，首都大学生滑雪运动的推广和普及也取得了明显的效果。2007 年 1 月 18 日，北京市大学生体育协会举办了北京市高等院校首届大学生滑雪比赛，这届比赛被认为是里程碑式的活动，从此打开了首都大学生进入滑雪世界的大门，此项比赛至今已经举办了 12 届。我国大学生滑雪运动的推广和普及也取得了明显的效果，首届全国大学生滑雪挑战赛于 2015 年 3 月在河北省万龙滑雪场拉开了序幕，挑战赛依次分别安排为三个赛区：东北赛区、华北赛区和总决赛，到目前为止，全国大学生挑战赛一共举办了四届。在大学生冰雪培训方面，2010 年 7 月由中国滑雪协会联合北京市大学生体育协会共同举办了 "2010 中国大学生滑雪校园之星——滑雪大课堂"，之后在北京各高校陆续开展；2009 年 11 月 29 日由中

---

❶ 宋大维，硕士，北京联合大学副教授，研究方向为冰雪运动。

国滑雪协会和北京高等院校冰雪轮滑协会共同组织的，在清华大学体育部多媒体教室进行的第一场"Kappa高校滑雪大讲堂"活动开始，已经陆续在清华大学、北京大学、中央民族大学、对外经贸大学、北京航空航天大学等多所北京知名高校巡回进行。

北京联合大学应用文理学院开展冰雪运动已经有10年了，2008年滑雪队刚成立时仅有3名队员，2018年滑雪队的15名同学参加了第4届全国大学生高山滑雪挑战赛并荣获了团体总冠军。滑雪队的成功离不开全队的努力和坚持，但更重要的是得益于我院冰雪运动文化与体育俱乐部课程一体化建设带来的成果。因此，本文对应用文理学院10年来冰雪运动文化发展历程进行历史回顾，并在冰雪文化与体育课程一体化视角下对高校冰雪文化发展问题进行探讨，这对准确把握高校冰雪文化研究走向、对深入冰雪文化研究具有重要意义。

2. 我院冰雪运动文化发展历程回顾

2.1 我院高山滑雪代表队参加历届首都高校高山滑雪比赛回顾

我院高山滑雪代表队刚刚成立时仅有3名队员，滑雪队2009年1月首次参加了北京市大学生高山滑雪比赛，滑雪队唯一的女队员唐亚玲同学（该同学后来考上了清华研究生）在所有比赛运动员中第一个出发，对于仅仅学习了两天滑雪的同学确实是一个很大的挑战。经历了摔倒起来、再次摔倒起来的过程，这位女运动员克服了重重困难，用了10分钟滑过了终点，在场所有工作人员对她报以热烈的掌声。最后，我院在那次比赛中取得了学院组男子团体第3名的成绩，这个成绩是滑雪队首次参加滑雪比赛取得的成绩，也是北京联合大学应用文理学院参与冰雪运动的里程碑。从那届之后，我院滑雪队就正式踏入了冰雪王国，每年参加比赛，每年都会获得不错的成绩。2011年我院滑雪队参加了第5届首都大学生高山滑雪比赛，取得了学院组团体亚军的最好成绩。当时滑雪比赛赛事组委会将参加滑雪比赛的高校分为大学组和学院组，学院组的整体水平和大学组相比还是有一定差距的。在2013年之前，我院滑雪队在学院组中一直保持着不错的成绩，当时的冠军一直被中国青年政治学院垄断。

2013年后，北京市大学生体育协会滑雪协会对首都大学生滑雪比赛赛制进行了改革，参赛的20多支队伍不再区分大学组和学院组，将所有参赛运动员成绩进行了大排名，一共取前8名颁发证书和奖杯，新的赛制在一定程度上对学院组的院校产生了较大的影响，由于学院组院校在竞技水平和参赛人数与北京大学、清华大学和对外经济贸易大学等大学组高校差距较大，很多学院组高校取得的成绩不太理想，有些院校就逐渐退出了这个冰雪竞技舞台，使这个赛事从鼎盛时期的26支参赛队伍锐减到了20支。但是，我院滑雪队没有退缩，在比赛形式不利于学院组院校的情况下，坚定信心、刻苦训练、顽强拼搏，在2014年之后比赛成绩逐年提高（见表1）。

表1 北京联合大学应用文理学院参加历届首都大学生滑雪比赛成绩

序号	比赛名称	时间	届数	名次
1	北京市大学生第三届高山滑雪比赛	2009 年	第 3 届	学院组团体第 3
2	北京市大学生第四届高山滑雪比赛	2010 年	第 4 届	学院组团体第 4
3	北京市大学生第五届高山滑雪比赛	2011 年	第 5 届	学院组团体第 2
4	北京市大学生第六届高山滑雪比赛	2012 年	第 6 届	学院组团体第 3
5	北京市大学生第七届高山滑雪比赛	2013 年	第 7 届	学院组团体第 3
6	北京市大学生第八届高山滑雪比赛	2014 年	第 8 届	团体第 10
7	北京市大学生第九届高山滑雪比赛	2015 年	第 9 届	无团体成绩
8	北京市大学生第十届高山滑雪比赛	2016 年	第 10 届	团体第 8
9	北京市大学生第十一届高山滑雪比赛	2017 年	第 11 届	团体第 4
10	北京市大学生第十二届高山滑雪比赛	2018 年	第 12 届	团体第 3
11	首都高校大学生第三届滑雪追逐赛	2015 年	第 3 届	团体第 6
12	首都高校大学生第四届滑雪追逐赛	2016 年	第 4 届	团体第 6
13	首都高校大学生第四五滑雪追逐赛	2017 年	第 5 届	团体第 3

2.2 我院高山滑雪代表队参加历届全国大学高山滑雪挑战赛回顾

首届全国大学生滑雪挑战赛于 2015 年 3 月在河北省万龙滑雪场拉开了序幕，挑战赛依次分别安排为三个赛区：东北赛区、华北赛区和总决赛，到目前为止，全国大学生挑战赛一共举行了四届，承办单位分别由吉林万科松花湖滑雪场、北京渔阳国际滑雪场、河北万龙滑雪场组成，三个雪场的比赛雪道都得到了国际雪联 FIS 的认证，从雪道质量以及坡度完全符合我国大学生比赛的需求。全国大学生高山滑雪挑战赛是由官方主办的正规冰雪赛事，也是目前唯一的全国性冰雪赛事。2015 年首届全国大学生高山滑雪挑战赛华北赛区有 10 支参赛队伍，几个月后，北京联合张家口成功申办了第 22 届冬奥会，这无疑给参加全国大学生滑雪比赛的学校打了一针强心剂，极大地调动了高校学生的参赛热情，2016 年华北赛区参赛队伍数量提高了 50%，达到了 15 支（见表2）。我院滑雪队在经历了首都大学生滑雪比赛的积淀，面对众多东北冰雪传统院校，不畏强手，砥砺前行，在首届全国大学生滑雪挑战赛中我校只有 1 人入围，并取得了第 5 名的成绩，到 2018 年第 4 届全国大学生滑雪挑战赛时，校滑雪队终于获得了比赛团体总冠军的好成绩（见表3）。

表2　历届全国大学生高山滑雪挑战赛不同地区参赛情况

参赛地区	2014—2015 年（支）	2015—2016 年（支）	2016—2017 年（支）	2017—2018 年（支）	合计
东北地区	4	6	6	8	24
华北地区	10	15	12	15	52
其他地区	2	0	0	2	4
合计	16	21	18	25	80

表3　北京联合大学滑雪队参加历届全国大学生滑雪挑战赛成绩

序号	比赛名称	时间	届数	名次
1	第一届全国大学生高山滑雪挑战赛	2015 年	第 1 届	个人第 5
2	第二届全国大学生高山滑雪挑战赛	2016 年	第 2 届	个人第 4
3	第三届全国大学生高山滑雪挑战赛	2017 年	第 3 届	团体第 6
4	第四届全国大学生高山滑雪挑战赛	2018 年	第 4 届	团体冠军

2.3　我院冰雪文化开展情况回顾

我院开设滑雪社团活动和参加赛事以来，举办和引进了一系列丰富多彩的教学及课余活动。我们邀请到中国第一个滑雪冠军、原中国滑雪协会秘书长、国际滑雪历史协会"世界滑雪历史研究终身成就奖"获得者单兆鉴先生来我校讲授世界滑雪文化及中国滑雪文化起源等。此外，在 2016 年我院还承办了国际滑雪联合会、中国滑雪协会主办，北京市体育局承办的北京"沸雪"单板大跳台世界杯国际 A 级赛事的进校园活动，我院作为收官之站，邀请到了北京申冬奥形象大使、申冬奥陈述代表、世界冠军、冬奥会银牌获得者李妮娜女士以及单板 U 型池技巧世界冠军张义威两位重量嘉宾与 400 多名我校师生及校外来宾分享自己的运动生涯和冬奥故事，中间通过冰雪知识问答与同学进行互动，这一活动的举办不单单传播了冰雪文化和奥运精神，同时也丰富了我校学生的业余生活，锻炼和增强了参与举办活动的同学的综合能力和素养，这些都是我们给学生创造良好教学和养成环境的重要手段。经过百余家媒体的争先报道，我校也获得了积极的社会影响力。我们举办此类课余活动可以丰富学生们的文体生活，促进学生健康发展。首先，通过这类活动和学术讲座让学生们对冰雪运动和文化有了更全面、更客观的认识；其次，举办这类活动也属于响应国家的号召，助力北京冬奥会，推动三亿人上冰雪；最后，这也是让同学们走下网络、走出宿舍的另一种体现，参与和参加冰雪运动，收获不一样的快乐，体验不一样的生活，使学生全面发展。而这些，都是我校在北京高校中乃至全国高校中的独特优势。我们也必须要不断地去发展和珍惜这种优势，来推动我校的教育发展，让学生享受联大更优越的教育资源和校园生活环境以及校园文化。

3. 高校冰雪文化与体育课程一体化建设

3.1 冰雪文化与体育课程一体化建设必要性

（1）开展冰雪文化有助于培养我国高等教育人才

21世纪是知识经济时代，国与国之间的竞争实际上是人才的竞争，人才的培养最终要靠教育，高等教育作为教育的最高层次为国家源源不断地输送了大批高素质人才。但是高等教育在人才培养中也出现了很多问题，如学生知识面狭窄、社会适应能力差、人文精神缺失、思想道德滑坡等一系列的问题，形成了高等教育人才培养与社会需求之间的一个偏差，造成学生就业难的局面。当前大学生存在的主要问题是人文精神缺失、社会适应能力差、创新能力不够、综合素质不高。奥林匹克运动作为一种社会运动，能够对大学生产生很大的教育影响，能够培养学生的人文精神、开发学生的创新意识、增强学生的社会适应能力，从而对学生德、智、体、美等诸方面产生深刻的影响，促进我国高等教育培养社会需要的全面发展的人才。高校承担着高素质人才培养的使命，国际竞争的加剧和经济结构的调整无疑将对人才提出新的要求。冰雪文化与体育课程一体化建设不仅表现在为大学生提供教育实践平台，部分高校把奥运作为实践课程，结合高校教学计划对大学生进行教育，而且将奥林匹克相关理念渗透到教育中，有助于完善高校教育公平性原则，形成开放的教学课程体系。

（2）参加冰雪运动可增强大学生的体质，磨炼学生的意志

冬季奥林匹克运动项目有着和夏季奥运项目不一样的地方，在冰天雪地这种严酷的自然条件下进行体育活动，对青年人的锻炼和培养来说有着夏季运动项目不能取代的重要作用。大学生正处于身体的生长发育阶段，经常参加冰雪运动，不仅能增强抗寒能力，提高身体的肌肉、骨骼和关节的工作能力，而且还能促使心血管、呼吸系统、形态机能得到改善。在心理方面，参加冬季项目能够锻炼他们不怕严寒的坚强意志和不怕困难、坚韧不拔、乐观向上的品质，进而为学习提供充沛的体力和精力，为智力发展创造良好的物质基础。

（3）丰富校园文化生活，提升文化层次

大学校园文化是提升人文素质和文化启蒙的主要手段。大学时代是大学生形成人生观、价值观的重要时期，校园文化氛围影响着学生的认知能力、思想品质和行为价值的形成与发展。冰雪文化饱含着丰富的内涵，在校园中传播可以丰富校园文化，促进精神文明，建构出优秀的学校人文气息和文化氛围。所以，冰雪文化的发展可以丰富校园文化，充实、提升校园文化层次。

3.2 冰雪文化与体育课程一体化建设途径

（1）首都高校中应开设冰雪运动的专题或选修课程

随着政治、经济的发展，大学对社会的影响越来越大。在迈向知识经济社会的今天，大学已逐渐从社会的边缘走向社会的中心。随着北京联合张家口成功申办了 2022 年冬奥会，冰雪运动成了当前社会非常时尚和热门的体育运动。身处象牙塔内的莘莘学子对冬季奥林匹克运动知识与技能的各种需要，与他们对健康的需要一样，正变得越来越迫切和强烈。为了配合 2022 年冬奥会的顺利举办，2016 年 4 月北京体育大学成立了冰雪运动学院，吹响了首都高校发展冬季奥林匹克运动的号角。首都其他各高校也应该积极开展奥林匹克文化教育，开设冬季奥林匹克运动专题课程，有条件的高校应该加强与东北专业体育院校合作，借鉴他们成功的经验，开设高山滑雪、速度滑冰、冰球、冰壶等比较容易掌握和普及的冰雪运动选修课程。北京联合大学应用文理学院在 2017—2018 年第 2 学期开设了高山滑雪俱乐部课程。目前，首都高校中仅有我院和中华女子学院开设了滑雪课程。

（2）高校"冬季奥林匹克文化大讲堂"与体育课程相结合

2022 年冬奥会落户北京，大众接受冬季奥林匹克文化和学习冰雪运动技能的热情被再次点燃，而大学将成为开展奥林匹克教育和传播奥林匹克文化的主要阵地，大学生作为社会中文化层次较高的群体，对奥林匹克运动表现出很高的热情。在世界上的多数国家，大学生是发展高水平竞技体育、创新奥林匹克教育的主力。就奥林匹克文化的传播和发展而言，课程显然不是唯一的传播媒介，其他的传播奥林匹克文化的活动如讲座、辩论、知识竞赛、学术报告、校园宣传等也是首都高校中传播奥林匹克文化的重要媒介，对高校进行奥林匹克教育起着重要作用。曾经在清华大学启动的"Kappa 高校滑雪大讲堂"就是一个在高校进行冬季奥运项目宣传的很好的活动。首都各高校应该把"冬季奥林匹克文化大讲堂"和体育教学内容相结合，通过讲堂对当代大学生进行奥林匹克教育，大讲堂内容要在原来高校滑雪大讲堂基础上进行拓宽，内容要尽量覆盖冬奥会十五个大项的比赛项目，相关部门还可以聘请国内外著名冰雪运动专家组成讲师团，从而保证大讲堂的宣讲效果。

（3）加强冬季奥林匹克运动科学研究与校园体育文化建设

北京申办 2008 夏季奥运会时提出了"科技奥运"的概念，从 2001 年成功申办奥运会到 2008 年成功举办奥运会，在这 7 年的时间里，高校充分发挥科研优势，承担了数百项课题并将创新成果服务于北京奥运。北京 2022 年冬奥会同样需要科技的支持，部分高校根据学科优势，应积极参与奥运科技的不同领域，如果能参与奥运会这个国际大型体育盛会，对众多服务奥运会的高校科研人员来说，无疑是最佳的成长和锻炼机会。在奥林匹克运动文化方面，高校积极参与冬季奥运文化活动，把奥林匹克文化与高校校园文化结合，可以为大学生提供丰富多彩的冬季奥运文化大餐。冬奥会的各种比赛项目有时会比夏季奥运会项目对高校大学生的吸引力更大，大学生参加高山滑雪、滑冰等冬季奥运项目已成为当前的时尚。这些新兴的冬季体育项目大大丰富了校园体育文化，为校园体育文化注入了生机和活力。不仅如此，高校教师应借着北京冬奥会即将召开之际，通过对冰雪运动的研究，使研究成果应用于校园冰雪文化以及冰雪运动课程中，实现冰雪文化蓬勃发展的目标。

4. 我院冰雪文化与课程建设发展前瞻

4.1 高校各级领导及主管人员高度重视校园冰雪文化建设

要将校园冰雪文化的建设长效化和制度化，首先，学校领导要将校园冰雪文化建设放到学校建设发展的整体规划中，这样就可以从学校制度的层面上保证校园冰雪文化的计划性和目标性；其次，学校领导和主管部门必须在思想上高度重视冰雪文化建设，只有从决策层上重视，将冰雪文化视为学校发展建设的主体组成部分，才能保障冰雪文化的服务性和教育性功能的发挥；最后，校园冰雪文化建设要高度重视冰雪文化宣传，特别是加强冰雪人文素质的教育力度，只有这样才能够发挥出校园冰雪文化的功能和价值，不断提高在校学生的冰雪文化素养。

4.2 发挥高校冰雪课程与社团对冰雪运动队的输血作用

目前，首都大学生高山滑雪比赛参赛院校达到了 20 多家，参加比赛的大学生达到了 100 多名，参赛高校中基本上都会有冰雪社团作为支撑，这次比赛之初体育教师从课上挑选队员已经进步了许多，像清华大学滑雪协会刚刚成立不久会员人数激增，达到了 3000 人左右，而清华大学滑雪队的比赛成绩也是非常突出的，这种模式就是滑雪协会向滑雪队输血，不断有"新鲜血液"和以老带新，教师的作用逐渐被弱化。时至今日，清华大学滑雪队已经难以找回昔日的辉煌了。高山滑雪运动要想长远发展不仅离不开新生力量，更离不开教练员的训练和指导。因此，未来冰雪运动和冰雪文化的发展是冰雪社团、冰雪课程、校园冰雪文化、冰雪科研以及冰雪专业教练员一体化模式下，共同促进冰雪文化与竞赛的发展。

4.3 新媒体技术的高速发展拓展了大学生冰雪文化和冰雪竞赛的发展空间

中国的体育新闻媒体可以分为平面媒体（报纸、杂志）、电视广播媒体、网络媒体等。平面媒体主要集中于体育专业化报刊，如《中国体育报》。不仅专业化报纸、杂志，就连综合类、都市类报纸都会看到大学生高山滑雪比赛的相关报道。特别是冰雪进校园、高山滑雪比赛，有些报纸会出赛事特刊或者开辟专门的赛事专栏。而网络新闻近年来也是风生水起，各大网站的体育频道和网络新媒体对全国大学生高山滑雪比赛进行了广泛报道，吸引了更多观众，为大学生滑雪赛事的有效传播奠定了基础。

参考资料

[1] 李尚滨，王沂，王淑华. 冰雪运动的校园文化内涵及其对大学生冬季体育生活的影响 [J]. 冰雪运动，2009，31（5）：78-81.

[2] 王小鹃. 论大学校园体育社团的地位与作用 [J]. 吉林体育学院学报，2007，23（1）：30-32.

[3] 王大伟，谭虹. 高校冰雪运动文化的建设途径 [J]. 冰雪运动，2013，35（2）：70-73.

[4] 黄玉涛，白铂. 冰雪运动对高校校园体育文化建设的影响 [J]. 东北电力大学学报，2009，29（6）：59-61.

[5] 王圣，杨刚. 高校校园体育文化的价值取向与整合研究 [J]. 体育文化导刊，2006（7）：68-69.

[6] 裴永杰，聂东风. 高校实施奥林匹克运动教育的作用 [J]. 体育文化导刊，2003，（9）：57-58.

论民族音乐欣赏与大学生的审美追求

茹秀华❶

【摘要】 由于当代大学生成长的时代背景是在现代与后现代文化语境之中，他们追求的艺术审美情趣主要集中在现代流行音乐，而我国传统的民族音乐则被忽略或少有重视。为此，必须加强对大学生音乐艺术中民族音乐的通识审美教育，让他们了解熟悉中国传统民族音乐的审美内涵及艺术上的自然美、诗意美与情趣美等多种民族音乐风格。

【关键词】 文化意义；审美表现；自觉追求

当代大学生普遍追求流行歌曲与流行音乐，追随浮躁的媒体炒作，对各种影视明星、歌唱明星、网络明星、超男超女、快男快女等分外推崇，其审美情趣停留在表层的感官刺激上，而对丰厚的民族文化艺术缺乏一种真诚的审美追求。因此，本文论述了民族音乐艺术的文化意义、民族音乐艺术的审美表现及大学生民族音乐艺术的自觉追求与审美精神建构作用。

1. 中华民族音乐艺术的文化意义

21 世纪的中国，除了经济上的崛起外，民族文化的宣传与复兴对中国未来在世界中的地位具有重要意义。一个只注重经济发展而忽视文化的民族，将是没有灵魂的民族、没有情趣的民族和没有精神文化修养的民族。各国现代化进程中都注重本国传统文化与艺术的发展与创新，同属于东亚儒家文化圈的韩国、日本，在现代化发展的道路上非常注重本国民族与传统文化艺术的传承和创新。我国民族音乐历史悠久，在今天的现代化建设过程中，不能以牺牲民族文化，而只一味追求西方现代音乐作为代价。中国民族音乐的核心特征是以儒家道德伦理为中心，注重的是"音和—心和—人和—政和"的审美精神意识，强调音乐与人生、音乐与自然、音乐与社会、音乐与自我的关系，渗透出强烈的"儒、道、佛"的社会意识、生命意识和灵魂意识。中国古典民族音乐与中国古代文化历史发展息息相关，每个朝代的音乐则是当时政治、经济、文化的

---

❶ 茹秀华，北京联合大学教授，研究方向为大学生素质教育、德育及美育研究。

艺术美学诠释。

中国现代民族音乐的文化内涵，主要体现在现代革命史上对民族解放的责任感和对自由与理想的向往之情；反映了被压迫民族的内心痛苦、情感挣扎、奋起反抗的苦难意识与解放意识，在革命进程中产生了巨大的鼓舞作用。其他现代民族音乐表现了中国民间淳朴善良的人性美、人情美和爱情美。现代民族音乐的文化内蕴依然根植于中国传统道德哲学思想和伦理文化，"修身、齐家、治国、平天下"，"位卑未敢忘忧国"依然是民族音乐的主旋律。中国民族音乐构成还包括56个民族在内的所有中华民族音乐，反映了中华民族千百年来的生活、思想、伦理、道德、民俗、民风及价值信仰，具有民族性、地域性、文化性及历史性等特质。

2. 我国民族音乐艺术的审美表现

我国民族音乐的审美表现十分丰富，简单地说，可以分为古典民族音乐、现代民族音乐及现代民族歌曲、少数民族音乐等。我国民族音乐审美表现具有以下特征：

首先，乐器众多。从乐器上说，我国民族乐器十分丰富，至今流传下来的有古琴、琵琶、古筝、羌笛、箜篌、箫、京胡等，每种乐器都有自己特别的制作技术和声韵特色，表达音乐感情风格迥异，如古琴的深厚沉重、琵琶的婉转动听、古筝的轻灵幽远、羌笛的凄凉悲怆、箜篌的清脆雅丽，每一种乐器可以表现出不同时刻的思考与情韵来。

其次，民族众多。从民族关系上看，有汉族民乐、藏族民乐、蒙古族民乐、回族民乐、壮族民乐等各种民族音乐。我国少数民族音乐富有民族的原生态气息，将民族风情、民族感情与地域特色融合在一起，宛如一幅幅绚丽多姿的民族画廊。在一个个音符之间，映现出的是西双版纳傣族优美的热带风光，江南杏花细雨的秀丽美景，黄土高原的千沟万壑，天山南北的大漠戈壁，"天苍苍，野茫茫"牛羊遍地的塞上草原。在民族音乐中，能体味到南方民族的温婉清丽、活泼欢快、浪漫含蓄；北方民族音乐的宽广舒展、高亢辽阔、忧郁悲愁、喜怒率直。

最后，时代特色。从中国革命进程看，有红军长征革命民乐、抗日革命民乐、土地革命民乐。从曲子源头看，有革命音乐家谱写的乐曲，也有民间流行的革命乐曲；从音乐表现形式上看，有现实主义民乐、浪漫主义民乐、表现主义民乐等。中国民族音乐是伴随着中国现代革命风云斗争的发展而发展起来的，因此，具有浓厚的政治意识、革命意识和阶级意识。

中国现代民族音乐从题材、风格、体裁、力度、音色、速度、节奏、旋律、和声等各个方面呈现出丰富性、多样性、民间性、民族性、原生性等多种艺术特征。这些艺术特征较好地传达出了中华民族的审美心理、民族审美特征及审美取向。

3. 我国民族音乐艺术的自觉追求

提倡对当代大学生进行民族音乐的审美教育，主要是让更多的大学生在普遍接受现代流行音乐与西方各种音乐的同时，也同样关注本民族的各种优秀音乐，感受本民族音乐的诗性、人生意蕴追问的哲理性及自我灵魂的反思性，让他们在日益浮躁的现代社会心灵趋于宁静、平淡、和谐与安详；在高雅、清丽、幽思、活泼、欢快的各种风格的中华民族乐曲声中得到心灵的净化与美的熏陶。

柏拉图说："我们把教育和引导精神向善的音响作用称为摩西艺术，即音乐。"音乐来源于心灵的智慧和善良，所以能深入人心、净化心灵，使性格变得高尚优美。无论是我国古代还是现代民族音乐，对心灵净化与熏陶非常具有价值，譬如对古琴乐曲的欣赏。"八音之中，惟弦为最，而琴为之首"，古琴因为长期在文人士大夫手中而积淀了丰厚的文化内涵，古琴能让你在远古空灵的境界中而清心寡欲，忘记周遭一切。古琴乐曲传达的是一种深厚的传统文化沉淀后的韵味，直达心底，在心灵深处回旋、激荡、余味无穷。如清微淡远的《平沙落雁》、质雅清纯的《梅花三弄》、悠闲舒缓的《渔樵问答》、刚烈粗粝的《广陵散》、哀婉沉痛的《长门怨》、气势磅礴的《流水》、悲怆凄清的《阳光三叠》，种种不同风格的乐曲，让人陶醉其中。除欣赏古琴乐曲外，还可以组织古筝名曲、琵琶名曲、箜篌名曲、二胡名曲、箫笙名曲、笛子名曲等赏析活动，让大学生在民族音乐欣赏中得到一种审美情趣的陶冶与对民族音乐的审美自觉追求。

欣赏我国民族音乐，就是通过各个民族的民族乐器演奏出的各种风格音乐进行认识、认知、感觉、理解、体味、欣赏到情感升华的心理过程，从而享受民族音乐，激发出对民族的自尊感、崇敬感和自豪感。希望当代大学生在欣赏流行音乐的同时，依然能够培养自觉追求民族音乐艺术的审美意识与情操，欣赏中国传统民族音乐的审美内涵及艺术上的自然美、诗意美与情趣美等多种民族音乐风格。

参考资料

[1] 詹怡秋. 论民族音乐对提高大学生综合素质的作用 [J]. 艺术探索：2009：98-99.
[2] 文佳. 浅谈高校音乐欣赏课中加强民族音乐教育的必要性 [J]. 才智，2015：224-226.
[3] 林碧炼. 中国民族音乐欣赏选修课教学新探 [J]. 音乐生活，2011：43-44.
[4] 崔宏. 由《思乡曲》到中国民族音乐欣赏 [J]. 艺术教育，2008：92.

基于开放课程背景的继续教育课程设计探析❶

——以《信息资源检索与利用》为例

解建红❷   王　彤❸   陈翠丽

【摘要】网络教学的技术手段很好地解决了成人学习的工学矛盾。开放教育模式下，成人继续教育从成人学生角度出发，利用"互联网+"的理念和技术资源，尝试线上和线下混合的翻转课堂教学模式进行课程教学改革实践，依托 BlackBoard 网络学堂（简称 BB 网络学堂）平台，基于教学任务单，取 MOOC 资源，可以提高成人学习者的自制力和自主学习能力。

【关键词】开放教育；成人继续教育；翻转课堂教学模式

开放教育环境中，继续教育课程凸显出太多的不确定因素，但同时也具有了更开阔的思路。本文以北京联合大学应用文理学院成人夜校教育的"网络信息资源检索与利用"为例，依托 BlackBoard 网络学堂（简称 BB 网络学堂）平台，基于教学任务单，取 MOOC 资源，采用线上和线下结合的翻转课堂教学模式进行课程教学改革实践，以期对开放教育背景下成人继续教育的课程教学提供参考。

1. 成人继续教育的现状

成人继续教育和其他类型的教育一样，是为人们搭建的一个不断接受教育、更新知识、丰富能力的平台。开展继续教育的初始目的也是为受教育者传道、授业、解惑。但由于成人继续教育的学生普遍存在"工—学—家"的矛盾，学生或是因为上班时间冲突、上班地点远、家庭负担重等原因无法接受规定时段的课堂教学，经常性缺课；或为应付考勤疲于奔命地从单位赶到课堂，然后，似听非听地等到下课；然后，上一课、缺一课地混到期末；然后，有所谓、无所谓地考个及格[1]。

此外，继续教育的核心部分——课程设计很少关注成人学习者的需求，趋普教化倾向。成人继续教育培训系统建设和教学实施大多是在学历教育系统的基础上不断地延续，继续教育课程的教学内容、组织方式、课程资源栏目、教学实施方面一般也照搬传统面授培训的模式，对社会、生活、工作的某种变化或实际需

---

❶ 本文是北京联合大学教育教学改革项目"完善课程中心建设，推动完全学分制改革——基于完全学分制下课程中心功能研究"（项目编号：JJ2017Y002）的成果。

❷ 解建红，北京联合大学副教授，从事教学管理和文献检索教学。

❸ 王彤，北京联合大学图书馆研究馆员，从事信息管理和教学管理研究。

要的反映更新周期长。

成人教育的这种状态对继续受教育者来说显然是不利的：经常性缺课使得学生跟不上学习进度，不仅难以实现大学梦，而且长此以往亦会造成生源流失现象；同时也无法满足他们对与现有工作或未来的工作密切相关的新知识、新技术的渴求。

2. 开放课程背景下成人继续教育的新环境

网络技术为成人高等教育提供了高度信息化、网络化的教育服务环境，继续教育通过纵横交织的渠道，利用电视教学、网络教学等多种现代远程教育的技术手段扩大了教育受众面，很好地解决了人们的工学矛盾。

2.1 翻转课堂教学模式的引入

"翻转课堂"起源于2007年美国科罗拉多州落基山林地高中学校的化学教师乔纳森·伯尔曼和亚伦·萨姆斯开始使用屏幕捕捉软件录制演示文稿的播放和讲解。他们把结合实时讲解和PPT演示的视频上传到网络，以此帮助课堂缺席的学生补课，从而产生了"翻转课堂"这种新型教学模式。2011年"翻转课堂"的教学模式引入中国[2][3]，研究者展开了翻转课堂教学模型的设计和探索[4][5]。翻转课堂以网络技术和信息资源为基础，学生在课下或家里根据教师提供的学习资源（视频文件、电子教材）自主完成课程知识的学习，然后在课堂中通过与同学和老师的讨论，以互动方式完成知识内化。这种模式颠倒了传统课程中知识传授和知识内化两个阶段，改变了传统教学中的师生角色并对课堂时间的使用进行了重新规划，减少了教师在课堂上讲授的时间，并且为主动学习策略的使用提供了更多的课堂时间。

2.2 基于BB网络学堂平台的使用

BB网络学堂是美国毕博（Blackboard）公司和赛尔网络有限公司在2003年共同开发的大型网络教学服务平台。它的主要特点是以课程为中心集成网络教与学的各种功能，提供施教和学习的虚拟环境。

BB网络学堂一方面可以使教师有效地管理课程、制作授课内容、生成作业和加强协作，从而达到与教学、交流和评价有关的重要目标；另一方面，学生可以在线获取各种信息、学习资料，进行在线学习、考试等活动。教师和学生可以不受时间和地点限制，通过控制面板对平台进行操作，教师也可以对平台内容进行组织管理。教师可以在平台上开设网络课程、管理和组织教学内容、编辑课件、在线考试、接收和批改作业、组织在线答疑、统计分析学生学习情况等。BB网络学堂作为目前国内高校普遍使用的网络教学平台，在高校通识课教学中发挥着重要作用，是教学型普通院校大规模开放在线课程落地的重要平台之一。

2.3 慕课（MOOC）网络公开课的兴起

"互联网+教育"是互联网与教育教学的深度融合，是中国教育的4.0时代[6]。以"互联网+教育"为代表的大规模开放在线课程（Massive Open Online Course，简称 MOOC，国内多音译为"慕课"）蓬勃发展，因具有面向大规模学生、没有入学门槛以及泛在学习等便利，有开放性、大规模、自组织和社会性等特点而备受国内外教育界的关注。据统计，2012 年以来国际上迅速发展的有 Coursera、Udacity、edX 等平台的新型开放课程，约有 400 所全球知名大学参与提供 MOOC 教学服务[7]；国内，"中国大学 MOOC""学堂在线""好大学在线""爱课程网""UOOC 联盟（优课联盟）"等具有影响力的 MOOC 平台相继上线。至 2016 年年底，第一慕课公共服务平台"中国大学 MOOC"开设课程 1300 余门次，注册用户超过 620 万，选课人次超过 2000 万，已有超过 21 万人获得学习证书，每天活跃用户超过 20 万；爱课程网在线课程中心云平台与 126 所高校合作开设 SPOC 共 1329 期，支持 38.6 万在校学生开展混合式、翻转式教学，中国大学 MOOC 的移动客户端下载量也突破 420 万。[8]

　　MOOC 对于成人教育课程的学习内容拓展是很有帮助的：MOOC 环境下的课程变化首先显现于教学内容的拓展与深化，某一学科或者课程不再专属于一个高校或者一个教师，学习者可根据自己的爱好和需求选择定制学习内容；其次表现在教学单元的碎片化，MOOC 的特点是依据知识块以单个短小精悍的视频展现，总量较多，每个知识点穿插随堂测验、作业、讨论等帮助学习者强化理解，适时地反馈学习成果，与采用固定时间、固定地点进行的课堂教学不同，更多的是学习者利用自身碎片化的空闲时间来进行学习，有针对性地跳过或者重复学习某些知识点，较容易控制自己的学习进度，这符合成人学习的特点；最后，教学方式的改变带来了更为直接的影响，采用形式多样的授课方式并注重知识的内化与实践，如合作化教学、混合式教学、游戏化教学、趣味化教学等。

3. 开放背景下成人继续教育《网络信息检索与利用》课程设计

3.1 继续教育《网络信息检索与利用》的翻转课堂课程的可行性

　　从当前成人继续教育课程的教学实践来看，开展混合翻转课堂的可行性在于：第一，继续教育学习者本身的学习惯式和个性化学习需求特性。在学习惯式上，他们的学习呈现"碎片化"，多是零散或工余时间，即由自己掌握学习进度和节奏。在学习需求上，也具有"多元化、多层次、社会性、变动性等特点"[9]。翻转课堂可以使学习者利用工作之余的碎片时间进行学习。第二，以 MOOC 为主体的网络学习资源提供了充足的视频资源准备。以《信息检索》课程为例，目前国内可利用的 MOOC 网络资源就有：武汉大学黄如花教授的《信息检索》、中国科技大学罗昭峰老师的《文献管理与信息分析》《信息社会的机遇与挑战》等。[10]第三，《网络信息检索与利用》课程的特性。这是一门实践性、互动性强的课程，可借助成人工作中的难题或项目实施任务驱动式教学，通过 BB 平台采取网络辅助教学，组织自主学习、自主探究类型的教学活动。

3.2 成人《网络信息检索与利用》翻转课堂设计思路

在课程设计中，我们兼顾了"网络在线学习"、传统"面对面教学"和"实践"三个特性，依托 BB 网络学堂平台，基于教学任务单，取 MOOC 资源为课堂资源拓展，搭建线上和线下混合的翻转课堂，从而形成一种课前先学、课堂探索、课后助学式的教学新模式（如图1），通过（课外在线）完成知识传递—（课中线下）吸收及内化—（课后在线）知识升华应用的学习过程，完成课程学习。

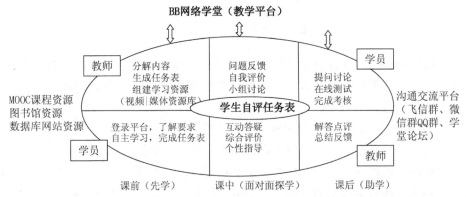

图1　成人继续教育《网络信息检索与利用》翻转课堂教学框架

（1）依托 BB 网络学堂，优化教学模块设计

BB 教学平台提供课程创建模块、资源创建模块、统计评测模块、交流互动模块和控制面板，具有教学资源共享、教学互动交流和教学评测评价三大功能[11]。利用教学 BB 平台，优化教学设计：课程创建模块有课程的相关信息，如教师信息、教学目标、课程基本情况、教学大纲、电子教案和课程文档、课程表可供大家下载；资源创建模块提供各种素材类型，如授课录像、课堂教学资料、WEB 网络资源，实现资源共享；统计评测模块有作业、测验，课程统计和成绩统计等，可设置并修改完成作业和测试的时间、权限，测试题库可随机生成测试题目，学生可以在规定的时间内或课下自行进行测试并提交到教学平台，等待教师批改，"评分中心"可以对需要评分的测验进行批阅反馈，查看学生完整的成绩及进行统计分析，这有助于教师对教学效果进行评价；交流互动模块可围绕特定主题组织独立的讨论话题，也可进行聊天答疑；控制面板可管理课程工具、用户和小组及定制教学风格等（图2为 BB 网络学堂教学框架）。

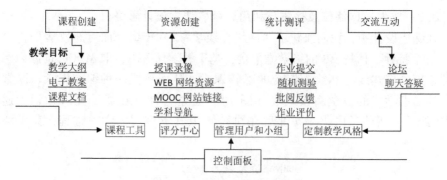

图 2　BB 网络学堂教学框架

BB 网络学堂不受时间和空间限制，课程的教学目标、教学内容、教学资源、教学评价完整，可使学员根据个人的学习进度安排合适的学习时间和学习内容，灵活调整学习范围和深度。

（2）引入任务驱动模式，生成学生自评学习任务单

引入任务驱动模式是一种建立在建构主义教学理论基础上的教学模式，其特点是教师巧妙设计教学任务，将要讲授的知识蕴含于教学任务中，使学生通过完成任务达到掌握所学知识的目的。自评学习任务单的设计包含教学内容、达成目标、问题任务（设计）、学习资源利用、学习要求、任务完成自评分值等项内容。成人网络检索课程的教学任务应基于他们正在进行的项目（合作或单个）或工作中有疑问的难题或毕业设计（论文）选题等为前提，开始文献信息检索与利用（表 1 是自评学习任务单的主要内容）。

表 1　学生自评学习任务单

教学单元	问题任务	达成目标	资源利用	要求	自评分值（优良中差）
认识检索	1. 以课题或研究项目为例认识信息的不同存在形式和信息的分布途径	明确权威信息和信息的创建过程	了解馆藏资源；各类数字检索平台，如公共图书馆、各高校图书馆、CALIS、NSTL、中国高校人文社会科学文献中心（CASHL，开世览文）、Balis 等区域文献保障系统	对研究进行描述，这是开始文献信息调研的前提，根据选题自由组合，2~3 人为一组	
	2. 以所选研究为例分析课题、提取主题词、进行概念扩展；运用检索算符构造检索式；调整检索策略、修正检索结果	能够"战略探索式检索"：学会检索技术，检索策略，熟知信息检索流程	《大不列颠百科全书》网络版中国大百科全书、字典、词典	完成课题检索的一般步骤要求，提交 word 文件至 BB 网络学堂；完成自评和贡献值；课堂探讨后再作修改	

续表

教学单元	问题任务	达成目标	资源利用	要求	自评分值（优良中差）
利用检索	3. 以所选研究为例使用高级检索方法和搜索引擎的命令检索免费学术资源	确立满足信息需求的初步范围及确定话题的信息产生方式和信息获取方式；了解信息及其交流的商品化对信息获取、产生与传播的影响	知识发现：百度学术、360 学术、搜狗学术、微软学术（Bing）、Google 学术、武大珞珈学术、清华水木搜索、北大未名搜索等	借助学生已有的网络检索基本能力，强调网络检索结果准确度的判断；BB 网络学堂小组分享搜索引擎使用技巧	
	4. 整理一份 OA 资源清单		开放获取网络资源	学会利用 OA 资源（开放获取、科学博客、社交网络）	
	5. 以所选研究为例采用不同检索途径对比检索综合信息类型的数据库的资源	判断信息发布的途径和方式，有效获取信息；明白"信息的价值属性"	中国知识资源总库 CNKI、万方数据、EBSCO、Springer LINK 电子期刊、维普资源、龙源电子期刊、人大复印报刊、Science Direct、读秀学术搜索及电子图书数据库等	课堂展示检索结果，讨论不同检索途径对检索结果的影响	
	6. 以所选研究为例检索文摘型数据库、学位论文和专利检索；能否构建虚拟研究团队（通过专家、机构、刊物分布）	培养初步进行学术交流的行为，找到研究领域在开展的学术对话	CSSCI、CSCD、WOS、EI 等文摘型数据库；学位论文、专利信息检索、科技报告等特种文献数据库	撰写基于上述检索的本研究的调研检索报告，在 BB 网络学堂交流分享	
提升检索（学术信息交流和论文撰写）	7. 以所选研究的上述检索为例，尝试撰写学术论文或简短的课题综述和项目报告	确定合适的信息调研范围；认识研究是一种探究活动	学术论文、毕业论文或报告写作规范；文后参考资料著录规则	熟悉写作格式、文后参考资料格式，完善对所选研究领域的细化认识	
		正确引用别人的观点和研究成果		同伴交流提问，小组准备一份课上汇报	
		合理的组织信息、管理信息	学术资源的获取分析和评价；参考资料管理软件的使用方法		

（3）取网络 MOOC 资源的优质微视频，拓展课堂资源

网络 MOOC 及视频公开课是优质开放的教育资源，其学习者规模很大，但注

册率高、完成率低却是它的一个诟病[12]。因而在翻转课堂中除自制简短多媒体教学课件外，可结合网络学堂的教学课件，对应挑选与自评教学任务相符的视频资源作为嵌入教学视频，提供网站链接，补充网络学堂视频资源的不足。如对应教学任务单的问题任务 2 可选取中国大学 MOOC 平台的黄如花教授的《信息检索》中的第 5 讲"信息检索的基本方法"和第 9 讲"利用信息检索解决实际问题的流程"；问题任务 3 可选取第 6 讲"搜索引擎的利用"或选取中国科技大学罗昭锋老师《文献管理与信息分析》中的"搜索引擎与网络学习"；问题任务 7 可选取"个人知识管理"和"手把手教你用 Endnote X7"等。另外，各数据库系统网站的帮助、培训、学习指南等视频也可以拓展课堂视频资源（如万方数据知识服务平台的"宣传片"、CNKI 的 E-Learning 学习视频及 EBSCOhost 数据库提供的在线培训教程和用户指南等）。这些以微视频方式呈现的学习资源，使学生能够按照微视频的操作流程，模拟教师的动作实施操作。

（4）建立课下沟通交流平台

搭建飞信群、微信群、QQ 群、公共论坛等沟通渠道实时与学生交流，减少学生课下学习中可能存在的孤独感。

4. 成人继续教育《网络信息检索与利用》的翻转课堂的实践

基于上述的翻转课堂设计思路，我们在北京联合大学应用文理学院成人夜校 2015 级和 2016 级艺术设计（专升本）的学员《网络信息检索与利用》课程中进行教学实践，其中 2015 级面临毕业，正在准备毕业设计。该课程共 36 学时，计划安排 9 周完成。针对成人学习的实际情况，按照自评教学任务单，9 周的课程时间中 4 周面对面探学，5 周在线自主学习和讨论。

第 1 周线下面对面授课。阐述课程概况、向学员展示在线网络学堂的操作和功能，介绍 MOOC 等在线资源。发放信息素养水平问卷，介绍信息的类型和分布途径，以自己正在设计的作品、参与的项目、工作中的疑难问题或毕业设计（论文）选题等为例，在课堂交流日常的检索习惯及信息源的选择。课后登录 BB 网络学堂，完成信息素养问卷测试并提交。

第 2~3 周、第 5~6 周和第 8 周在线自由安排时间，自主学习。其一以网络学堂电子课件为主要学习资源，顺序完成任务表。第 2~3 周完成 1 和 2（信息素养基础知识点和基本技能）的学习，第 5~6 周完成 3~5（搜索引擎、免费学术资源、商业数据库的利用），第 8 周完成 6（提升检索模块）；其二观看网络学堂上传的图书馆的联机书目检索系统（OPAC）及推荐的 MOOC 视频教学资源（学习信息检索语言、布尔逻辑检索等信息检索技术、检索策略的制订与调整、检索效果的评价指标、数据库网站宣传片、个人知识管理等）；其三登录校图书馆或其他高校图书馆、国图或上图等公共图书馆了解图书馆及其资源的使用方法，获得对信息知识和技术的初步学习；将作业提交到 BB 网络课堂平台，如"研究描述""研究主题概念扩展及检索式的分析""不同数据库同一课题检索结果实例"等，并就研究中存在疑问的内容提出问题至平台论坛或聊天群；教师通过平台作业提交数据和学习者在网络学堂及论坛学习行为的跟踪，了解和预测可能出现的学习问题，并有针对性地设计或调整教学知识点，为课中探学做好准备。

第 4、7、9 周线下面对面探学。面授课堂的学习任务主要有两个：教师集中解难，小组学员之间或组与组之间相互交流借鉴。如对选择的研究课题或研究项目进行合适度分析；如何对选题中主题概念词进行拆分和提取，采用上下位词之类扩大检索等基本检索技能的缺乏；数据库高级检索的检索框中检索式输入及专业检索表达式的有效编制等进行解答（这些多是学员普遍遇到的问题）。小组的相互交流是一种同伴间的共同探究，通过分享检索过程，学会诸如主题词检索和关键词检索的方法，学会在 Web 上查找信息，鉴别利用搜索引擎获得的信息，找到合适的检索工具，激活思维、构建知识，挖掘出最佳的检索思路、检索策略等，自行解决问题。

课程结束后通过 BB 网络学堂在线期末测试评估课程掌握情况。评价学习的标准有任务的完成情况的对比、课堂的互动、讨论的积极性、小组的展示等。教师最终以自评表任务完成准确度和任务完成的质量为主要依据对学生学习知识能力做全面衡量。成绩单由课堂出勤及表现、学生自评成绩（自评成绩占平时成绩的 30%）、教师平时评价成绩、同学互评成绩和期末测试（或以小组的检索综合报告形式的大作业）成绩构成。

综上所述，开放背景下成人继续教育课程的"翻转课堂"教学模式是在反思传统教学的基础上的一个新探索，它从成人学生角度出发，充分利用了"互联网+"的理念和技术资源，这种新型的教学模式不仅受学员欢迎，也可以提高成人学习者的自制力和自主学习能力。但有时也有 BB 网络学堂登录不畅、视频资源需要优化、面对面探学组织细化等问题有待我们去探索、实践。

参考资料

[1] 张蕉兰. 继续教育课程设置改良的时间与空间策略 [J]. 继续教育研究，2011 (2)：126-127.

[2] 张跃国，张渝江."翻转"课堂——透视"翻转课堂"[J]. 中小学信息技术教育，2012 (3)：8-10.

[3] 李敬川，王中林，张渝江. 让课改的阳光照进教育的现实——重庆聚奎中学"翻转课堂"掠影 [J]. 中小学信息技术教育，2012 (3)：16-18.

[4] 王红，等. 翻转课堂教学模型的设计——基于国内外典型案例分析 [J]. 现代教育技术，2013 (8)：5-10.

[5] 张金磊，王颖，张宝辉. 翻转课堂教学模式研究 [J]. 远程教育杂志，2012 (4)：46-51.

［6］"互联网+"教育推动中国教育迈向 4.0 时代 ［EB/OL］. ［2017-01-15］. http://www.chinadaily.com.cn/dfpd/dfjyzc/2015-06-16/content_ 13854189.html.

［7］郑燕林，李卢一. MOOC 有效教学的实施路径选择 ［J］. 现代远程教育，2015（3）：43-52.

［8］中国大学在线开放课程论坛 ［EB/OL］. ［2017-01-15］. http://www.icourses.cn/gjjpkc/sy/yw/20170112/t_ 10441.html.

［9］徐君，等. 机遇与挑战：慕课时代下的成人教育 ［J］. 河北大学成人教育学院学报，2014 （16）：3.

［10］中国大学 mooc 平台 http://www.icourse163.org/course/：学堂在线 http://www.xuetangx.com/courses/；爱课程 http://www.icourses.cn/；好大学在线 http://www.cnmooc.org/portal/；果壳网 http://mooc.guokr.com/course/ ［EB/OL］.

［11］戴红，等. 基于网络学堂的通识教育课程的教学优化 ［J］. 中国电化教育，2014（7）：88-93.

［12］果壳网 2014 年统计显示注册学习 MOOC 的学员中 12% 完成一半，只有 6% 的完成所选课程 ［EB/OL］. ［2017-01-17］. http://mooc.guokr.com/post/610667/.

"三业合一、阶段递进"提升学生信息素养实践能力❶

——基于新框架的《信息资源检索与利用》课程设计思路

解建红❷   王   彤❸   陈翠丽

【摘要】大学生的"课业、学（专）业、职业"，是学生在不同阶段学习和研究活动的重点。以"三业合一、阶段递进"来开展信息素养教育并进行课程教学设计，考虑到了适合学生阶段学习的需要，考虑到了学生学习能力的要求，能体现 2015 年《高等教育信息素养框架》的参与式、合作式的信息素养教育，达到了以渐进而系统的方式融入学生不同阶段的学习和研究活动的目标。

【关键词】信息素养；信息检索；课程设计；信息实践能力

1. 引言

高校图书馆或教务处组织开设的《信息资源检索与利用》是提升大学生信息素养的主要课程，课程的教学内容为培养学生能够熟练掌握信息检索的方法和技巧，灵活使用检索工具与系统，有效获取原始文献，综合利用各类信息资源等，即以有效获取和利用信息为主。但新的信息生态环境和高校教育环境的变化，尤其是 2015 年美国大学与研究图书馆协会（ACRL）《高等教育信息素养框架》的发布，扩展了信息素养的内涵，为信息素养教育实践带来新的思考及实践视角，《信息资源检索与利用》的课程体系和教学模式都亟待突破与创新。笔者根据几年的教学实践，立足《高等教育信息素养框架》，构建"三业合一、阶段递进"的课程教学设计："三业"指学生"课业、学（专）业、职业"，"三业"合一，通过渐进而系统的方式融入学生不同阶段的学习和研究活动中，重视参与式、合作式的信息素养教育。

---

❶ 本文是北京联合大学教育教学改革项目"《信息资源检索与利用》课程重构对信息素养实践能力提升研究"（项目编号：JJ2015Y002）的成果。

❷ 解建红，北京联合大学副教授，从事教学管理和文献检索教学。
❸ 王彤，北京联合大学图书馆研究馆员，从事信息管理和教学管理研究。

2.《信息资源检索与利用》课程体系构建的背景

2.1 信息素养新内涵的扩展

信息素养（information literacy）又译为信息素质、信息能力等，是一个获得持续和广泛关注的话题。网络信息时代，信息素养已然成为国内外研究的热点，国内外的各学术数据库（SCI、CSSCI 和 CNKI）近年关于信息素养的论文数量快速增长，相关理论和实践研究日趋成熟。

信息素养概念最早在 1974 年由美国学者保罗·泽考斯基（Paul Zurkowski）首次提出，他认为信息素养是利用大量的信息检索工具及主要信息源使得问题得到解答的技术和技能。随后有大量文献对其进行了论述，使信息素养的定义不断得到丰富与发展。1989 年美国图书馆协会（ALA）的《信息素养总统委员会总报告》提出"作为具有信息素养能力的人，必须能够充分地认识到何时需要信息，并有能力去有效地发现、检索、评价和使用所需要的信息"[1]，这个定义获得普遍认同。20 世纪 90 年代以来很多国家都制定了高等教育信息素养标准，尤其是 2000 年 ACRL 发布的《高等教育信息素养能力标准》（The Information Literacy Competency Standards for Higher Education），将信息素养教育推向规范化。[2]

2013 年 ACRL 在《学术交流和信息素养的交叉口》（Intersections of Scholarly Communication and Information Literacy）中对信息素养内涵作了进一步扩展，认为在 Web 2.0 环境下，信息素养的内涵还应包括数据素养、媒体（或媒介）素养和视觉素养等[3]；2015 年 ACRL 发布的《高等教育信息素养框架》（简称《框架》）采纳"元素养"（Metaliteracy）概念，形成的信息素养的最新定义为：信息素养是指包括信息的反思性发现，理解信息如何生产与评价，以及利用信息创造新知识、合理参与社区的一组综合能力。[4]同时提出了六个要素或阈概念（Threshold Concepts）构建新时期高等教育信息素养教育体系：权威的构建性与情境性；信息创建的过程性；信息的价值属性；探究式研究；对话式学术研究；战略探索式检索。所谓"阈概念"，是指真正将学生领入学科大门，促使其学术观和学习观彻底转变，实现新学习成果与自身知识体系有机结合的关键性概念[5]，ACRL《框架》的六大阈概念贯穿始终的是让高校学生围绕信息素养的核心进行拓展，在一定程度上将高校信息素养教育推置到一个更高的水平。

2.2 当代大学生培养基本要求的普适性

强化大学生的信息素养一直以来都是高校培养人才的最基本要求，笔者检索最新版《普通高等学校本科专业目录（2012）》的 12 大学科门类的 352 种基本专业、154 种特设专业和 62 种国家控制布点专业的培养要求，无论是理学类（如地理科学的表述：掌握资料调查与收集、文献检索及运用现代信息技术获得相关信息的基本方法，具有分析、归纳、整理相关数据和科学规范撰写论文与学术交流的能力）、工学类（掌握一定的信息技术，具有获取、加工和应用信息的能力或获取新知识和继续学习的能力），还是文史类（汉语、新闻、历史、统计专业的表述：具有不断获取新知识的能力以及一定的科学研究和实际工作能力，具有一定的批判性思维能力或反思批判的学术素养，掌握中外文资料查询、文献检索的基本方法，具有较强的获取信息和知识的能力，初步具备获取所关心问题的解决方案及对这些方案评判的能力）都有信息素养要求的表述。[6]

我国教育部颁布的《普通高等学校图书馆规程（修订）》（2002 年 2 月）总则第 3 条明确规定，"开展信息素养教育，培养读者的信息意识和获取、利用文献信息的能力是图书馆五项任务之一"；第 17 条规定，"高等学校图书馆应通过开设文献信息检索与利用课程以及其他多种手段，进行信息素养教育"[7]。

在当前"泛在信息环境"下，信息的生态环境类型、载体和生成日益多元化，信息存储、获取、传播、交流和应用各方面都发生了变化，如可获取信息数量的增加、信息搜索的便捷化、简单易用的参与式工具的应用等，使大学生不仅是信息的消费者，而且成为信息的创造者、共建者和分享者。这种多样化、复杂化的信息生态系统，挑战了具有传统信息素养的人们的认知，对高校学生应具有的信息素养提出了更高要求。清华大学邓景康馆长在 2016 年全国信息素养教育研讨会中提出，高校学生应具有的信息素养包括：认知多元信息的产生与作用、探索式查找与获取信息、辩证式利用信息与创新、认知信息的伦理与安全（知识产权、信息道德、学术规范、隐私与安全）等一组复合能力。

2.3 高校"信息检索"课教学适应性改革需求

国内高校信息素养教育一直以文献检索、计算机检索、网络信息利用等课程为主，课程教学贯彻的是教育部印发的《文献检索与利用课》等几个文件的要求。1984 年 2 月教育部发布开设"文献检索与利用"课程的规定；[8] 1985年 9 月印发《关于在高等学校开设〈文献检索与利用〉课的意见》和《关于改进和发展文献检索课教学的几点意见》；1992 年，前国家教委印发的文献检索课教学大纲，加强了对文献检索课的统一规划和协调。这几个国字号文件对我国高校《文献检索与利用课》的教学形式、教学方法、教材建设、教学内容以及实习环境等提出了改进意见，提升了文献检索课的重要性——"文检课"旨在通过讲授和实习全面提高学生的信息素养，培养学生信息意识和获取、利用文献信息的能力。在文件精神引导下，国内很多高校开设了"文献检索"类（20 世纪 80 年代是《文献检索与利用》，20 世纪 90 年代以后，许多高校将课程名易为《信息检索课》）的课程，仅 20 世纪 90 年代初期，全国就有 700 多所高校开设了该课程，累计 200 多万大学生修了这门课程。[9]高校的文献检索课程教学绝大部分由高校图书馆承担，高校教务处进行学分和课时管理，[10]讲授的内容渐由以手工检索工具的使用为主与时俱进地向多元现代信息检索转变，包括光盘数据库、网络数据库、搜索引擎检索工具等的计算机检索；教学方法主要是围绕信息的获取（包括信息检索的方法与技巧，使用搜索引擎、数据库等检索工具与系统，有效获取原始文献）、分析和利用（评价数据和数字仓储）来设计；教学目标即培养学生对文献类型的了解程度、信息检索的技能水平等，认为学生能够识别文献类型、掌握数据库检索方法、获得尽可能全面的信息，即具备了较高的信息素养水平。[11]

然而，随着高等教育环境的变迁，目前学生学习知识的过程并不仅是单纯由教师单向传递，更包含师生间创造、交流、反思、情感和批判性思维碰撞的过程。由于教师的角色在于营造积极的学习环境、促进和指导学生学习，所以整合式、混合式、反思式、协作式的学习方式日益受到关注和提倡。同时，随着开放教育资源运动的不断发展，混合式学习也逐渐成为流行的教学模式，[11]单纯通过持续增加课程内容来应对教育环境的变化，并不能从根本上改善教学效果，也不能帮助学生真正理解自身的、潜在的信息空间概念，反而会使学生面对纷繁复杂的信息世界感到茫然，教师也会力不从心。因此，为培养和帮助当代学生适应不断变化的信息生态环境和高等教育环境，信息素养教育要进行适应性改革。

2015 年 ACRL 的《框架》给出的信息素养的新内涵（"对信息的反思性发现，对信息如何产生和评价的理解，及利用信息创造新知识并合理参与学习团体的一组综合能力"）更强调信息素养应与学生学习和学术研究等目标结合，强调学生作为信息使用者和信息创造者的双重角色，强调新环境下信息素养概念的动态性、灵活性，及其与高校学生个人成长的相关性，引导教师在课程设计中应该遵循"less is more"的基本原则削减课程内容，把主要精力集中在那些培养学生理解信息、自主学习、批判思考的能力上。[12]

3. 立足新环境，基于新《框架》的信息检索课程体系设计

3.1 新《框架》的内容特点

2015 年 ACRL 的《框架》由 6 个子框架组成，每部分都包含阈概念（Threshold Concepts）、知识实践（Knowledge Practices）和意向（Dispositions）三个方面的内容。六个部分内容如下：权威的构建性与情境性，权威是人为创造的概念，并且存在于特定环境；信息创造是一个系统的过程；信息是有价值的；研究是反复探询的过程；学术研究过程是一种交互式的对话；检索是讲究策略的。六大核心主题反映了新时代对学生信息素养的要求：在现今信息生态环境中，信

息创造是一个复杂的过程，信息是以多种方式体现价值的；对待权威的资源，应具有怀疑、开放的态度；学校中的任何学习尤其是专业领域的研究是不同的观点被不断提出并争论的过程，需要不断熟悉有关证据、方法、模型等，要能够找出本专业学术领域的会话，并了解会话的方式、内容，以便参与会话；课题研究是反复探求的过程，需要战略探索式检索，需要掌握不同的甚至是互相矛盾的观点，对这些观点进行有效评估，并形成自己的观点。

《框架》没有将信息素养孤立起来，而是将信息素养作为学术过程的一部分，把信息素养与学术过程有机地融合在一起。[13] 在《框架》的附录中提及：本《框架》旨在挖掘信息素养的巨大潜能，使其成为更有深度、更加系统完整的学习项目，涉及学生整个在校期间的专业技术课、本科研究、团体学习以及课程辅助学习等各个方面。实施《框架》并非只是在学生的学业当中安排一次信息素养课，信息素养需要通过渐进而系统的方式融入学生不同阶段的学术活动中，培养学生在 web 2.0 环境下的学术信息能力，使他们能够使用现代信息工具，以批判的、有效的、道德的方式获取、理解、评估、使用、创造、分享所有格式的学术信息和媒体内容，参与个性化、专业化的学术活动。[13]

3.2 "三业合一、阶段递进"的信息检索课程模式设计

信息检索要达成学生信息素养培养任务，教学设计应当考虑适合学生阶段学习需要，考虑学生学习能力要求，以渐进而系统的方式融入学生不同阶段的学习和研究活动中。

首先，教学目标要体现"适应性学习"，以"适合需要，实现课程效果最大化"为教学导向，依照"认知检索—利用检索—提升检索"三段式，融合课业、学（专）业、职业的基本框架进行教学组织与实施，达到阶段递进，即"三业合一、阶段递进"。

"适应性学习"是斯坦福大学提出的 21 世纪的本科教育目标，斯坦福大学认为没有一种教育能够完全培养学生未来需要的全部知识和能力，要真正使学生具备持久的活力，本科教育目标必须融入一个非常重要的元素，即"适应性学习"。"适应性学习"是学生能够运用所学的知识和能力创建新的连接，从教育经历中整合不同的元素，去适应各种新环境，为不可预期的挑战做准备。[14]

"适合需要，实现课程效果最大化"是要了解学生的起点和各阶段学习特点，结合"课业、学（专）业、职业"的需要，分段实施，提供帮助，适应学习，达到有效的教学效果。

"三业合一、阶段递进"，指以学生"课业、学（专）业、职业"为核心，在校四年循序渐进地实施"分阶段"教学目标：普通本科培养方案中课程体系是一个依次递进的体系，本科生基础课程（通识教育课程）、本科生中级课程（学科大类教育课程）、本科生高级课程（专业教育课程）、本科生拓展课程（素

质拓展课程)[15]。大学一年级为通识教育阶段，学生在一个共同的平台进行学习，主要学习活动以课业为主，多数学生在专业选择时徘徊犹豫，相关文献需求动因弱，检索重在引导学生进行课业规划，认知信息源；大学二、三年级已选择主修专业，专业课程和专业文献需求强烈，有部分学生参与课题科研，检索重点在于推动学生学（专）业规划，触发学生创新精神；大学三、四年级为提升拓展阶段，检索重在分析学生职业生涯信息需求，即当前以及未来的环境对其提出的信息需求，诸如就业、创业及深造等。

其次，教学内容依托阶段课程，采用灵活的教学形式，有针对性地开展信息检索培训，提升学生信息素养。

在教学内容的安排上，大学一年级不设集中教学，检索内容主要是借助学生已有的网络检索基本能力，通过高级检索方法和关键词的选择，强调网络检索结果准确度的判断；引导新生关注权威信息资源，尽可能减少因缺乏信息评价能力而导致的网络迷失，包括馆藏资源介绍及图书馆的资源服务类型、检索工具的介绍、数字资源平台的使用推荐及数字信息资源的类型及其特征，也推荐日常需求的文献资源信息源，如课程课件、视频、时效时政信息。教学目标即认知检索：指导大学新生上网获取知识并掌握基本检索知识，了解信息质量标准及不同创建过程所产生信息的优势及其局限性。教学时间安排上有：新生入学教育、图书馆宣传月的培训讲座、平时课堂（如面向大学一年级开设的跨专业新生研讨课和通识教育选修课），从课业需求中将检索知识传递给学生。

大学二年级全年和三年级上学期，以必修（或选修）课程的形式，面向各专业学生集中授课，课时为 24 学时，计 1.5 学分。授课内容主要有：信息资源检索基础（包括信息检索原理、检索语言、检索技术、检索策略、检索效果评价、检索方法及步骤）、信息资源检索的利用（包括网络免费学术资源、OA资源、电子期刊全文检索、电子图书检索、事实数据检索、特种信息检索等）；学科专业信息资源检索（包括学科信息类型、学科资源分布、学科检索工具、学科专业数据库、学科文献内容评价）。教学目标即利用检索：通过集中课堂，使学生了解数字信息源，掌握各类数据库的使用，能够"战略探索式检索"。同时结合专业课程、教师课题和学生自主申请的课题（如启明星、学生实践能力提升项目、跨专业实践教学项目）让学生明白信息需求或信息检索行为，主动进行信息的实际查找、下载、获取、阅读和资料管理，然后撰写课题调研检索报告，作为结课考核。课堂组织形式有随堂演示、课堂讨论与专业课教师跟踪辅导等。

大学三年级下学期至四年级全学年为提升拓展阶段，这个阶段很多学生对未来的发展已确立明确的目标，即就业、创业和深造，检索指导以学年论文、科研论文写作指导、职业发展与就业指导等课程形式嵌入进行。检索的内容主要包括检索信息分析与评价、外文资源获取、学术信息交流与学习、科学研究课题的申报、学科未来发展、论文撰写与发表、工作面试技巧等。教学目标即提升检索：通过学年论文的选题、立项及研究进展分析，能够"探究式研究"；通过学术论文的写作及过程指导、发表，明白"信息的价值属性"，获得"对话式学术研究"的培养；通过查找企业、专业"牛人"，提高职业素养。图1所示为"三业合一、阶段递进"的信息检索课程模式设计。

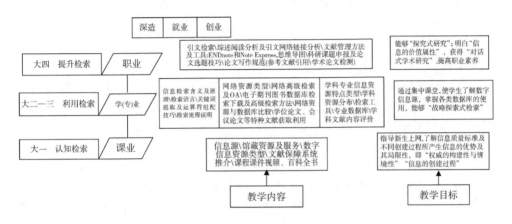

图1　"三业合一、阶段递进"的信息检索课程模式设计

4. 课程教学实践和计划

北京联合大学是面向地方应用性型人才培养的一所城市型大学，自1978年办学以来，个别专业在教学培养方案中就分别开设了文献检索、科技文献检索、信息检索、计算机信息检索、网络信息资源开发与利用等课程。2011年修订培养方案后，应用文理学院增加了通识教育必修课《信息资源检索与利用》，32学时，2学分，2014年后改为24学时，1.5学分，在文科大类学生中以通识教育选修课形式开课，但在档案学专业中，一直作为专业教育的限选课程，32学时，2学分。

开课多年来，从偏向基础理论的授课方式，逐渐转向重视实践环节的授课方式。从2012年开始，以"模块化教学"的设计思路为基础，结合学院多学科多专业的特色，对《信息资源检索与利用》课程的内容进行重组，即以"任务学习表"为主线，将全部内容分解为三大模块：通用模块——检索理论，专业模块——专业信息检索，综合模块——检索知识应用，构建"知识模块，任务驱动"的综合性模块化课程结构。每个模块中再以检索知识点为中心，将总体教学目标细化为可执行、易操作、利于评价的单元任务和子任务，显示在学生自评学习表单中，学生通过完成与学习单元目标相对应的任务（或子任务），来最终实现总体教学目标。课程团队同时采用自己编写的讲义，与课程完全适配，学生对于教师自编的讲义认可度高。

随着课程内容和教学方法的不断改革，逐步地适合和满足学生的信息需求，但通过结课考核（大作业或文献检索调研报告）及对学生毕业论文的实践调研仍显示，很多学生并不能以批判性的、符合伦理的并且有效的方式获取、检索、理解、评估和使用、创造、分享各式的信息和媒体内容，学生的文献检索水平、检索思维能力、科技写作的基本素质等需要提高。"三业合一、阶段递进"的课程模式还在进行实践。

参考资料

［1］ Presidential Committee on Information Literacy：Final Report ［EB/OL］. ［2016-10-30］. http://www.ala.org/acrl/publications/whitepapers/presidential.

［2］ ASSOCIATION of COLLEGE and RESEARCH LIBRARIES. Intersections of scholarly communication and information literacy：creating strategic collaborations for a changing academic environment ［EB/OL］. ［2016-10-17］. http://www.ala.org/acrl/sites/ala.org.acrl/files/content/publications/whitepapers/Intersections.pdf.

［3］ AMERICAN LIBRARY ASSOCIATION. Information literacy competency standards for higher education ［EB/OL］. （2000-01-18） ［2016-11-01］. http://www.ala.org/acrl/standards/informationliteracycompetency/.

［4］ 韩丽风，王茜，等. 高等教育信息素养框架 ［J］. 大学图书馆学报，2015 （6）：118-126.

［5］ 杨鹤林. 阈值概念：构建美国《高等教育信息素养框架》 ［J］. 图书馆杂志，2016 （5）：68-74.

［6］ 中华人民共和国教育部高等教育司. 普通高等学校本科专业目录和专业介绍 （2012 年） ［M］. 北京：高等教育出版社，2012.

［7］ 中国图书馆学会. 中国图书馆年鉴 2003 ［M］. 北京：科学技术文献出版社，2004：339.

［8］ 关于在高等学校开设《文献检索与利用》课的意见 （教高 ［84］ 004 号），1984.

［9］ 庄妍. 基于大学生信息素质培养的文献检索课教学改革研究 ［D］. 长春：东北师范大学，2007.

［10］ 肖可以，马力晖，姜勇峰. 泛在信息环境下高校图书馆文献检索课程建设现状调查分析 ［J］. 现代情报，2013，33 （11）：137-146.

［11］ 秦小燕. 美国高校信息素养标准的改进与启示——ACRL《高等教育信息素养框架》解读 ［J］. 图书情报工作，2015 （19）：139-144.

［12］ 彭立伟. 美国信息素养标准的全新修订及启示 ［J］. 图书馆论坛，2015 （6）：109-116.

［13］ 刘彩娥. ACRL 的《高等教育信息素养框架》解读与启示 ［J］. 图书情报工作，

2015（9）：143-147.

[14] 刘海燕，常桐善. 能力、整合、自由：斯坦福大学 21 世纪本科教育改革 [J]. 清华大学教育研究，2015，36（04）：31-35.

[15] 北京联合大学 2015 版本科培养方案制（修）订工作实施方案.

学科一体化建设中的文科大类专业
大类培养运行机制研究概述[1]

刘守合[2]　陈翠丽[3]　解建红

【摘要】本研究是以教学改革实践为基础和导向的实证化研究，并借鉴国内外相关研究和实践经验，边实践边研究边解决实际问题，不断将项目研究与教学管理改革推向深入。通过本项目研究与实践，顺利将文科大类专业大类运行机制推进到完全学分制改革，实现了人才培养模式改革与教学管理模式改革的有机结合，落实了大类培养的指导理念"文理兼修、大类培养、自主选择、鼓励探究"。

【关键词】学科一体化建设；文科大类专业；大类培养模式；教学管理模式

1. 项目研究背景与工作开展情况

1.1　什么是大类招生和培养

大类招生和培养在各高校的实际运作时存在很大差异。归纳起来大类招生大致有四种模式：

（1）按学院招生。这一模式在一般"211工程"高校中实施最为普遍，即在同一学院中，不分学科和专业，只按院系大类填报志愿。（2）按学科门类招生。学生在进校时按法学、管理学、哲学、理学、工学、医学、农学、艺术学等13个门类招生。（3）以"基地班"或一些特殊实验班招生。如北京大学"元培计划实验班"、清华大学的"人文科学实验班""社会科学试验班"、湖南大学的"李达实验班"、北京科技大学的"理科试验班"、浙江大学的"工科试验班"、中南大学的"临床医学教改班""工程试验班""升华班"等。（4）对新生进行通识教育。新生入校统一进入一个学院不分专业进行通识教育，待大二再分专业。通识教育最重要的一点就是打破专业限制，不分文理先学习基础课。如复旦大学于2005年对3700名新生不分专业，全部进入复旦学院的4个学院学习，不

---

❶　本项目获得北京联合大学2015年度校级教育教学研究与改革研究项目支持"文科大类专业大类培养运行机制研究与改革"，项目编号：JJ2015Y00。

❷　刘守合（1975—），山东人，副研究员，任职于北京联合大学应用文理学院教务处，从事教学管理。

❸　陈翠丽（1977—），河北人，任职于北京联合大学应用文理学院教务处，从事教学管理。

同专业、不同学科的新生混合重组，分编成 42 个班级，学院构建了与教学改革相适应的全新的书院式学生管理体制。[1]

1.2 目前大类培养现状

我国高校逐渐推行大类招生培养是时代和社会发展的必然要求，符合高等教育教学发展趋势。从根本上说，大类招生培养是"以学生为中心"、突显学生中心地位和主体地位的培养模式的改革[2]。

目前，国内许多大学，尤其是综合性大学多数都开展了按大类招生和培养，其中既有国内一流的复旦大学、浙江大学、北京大学，以大面积或有选择试点的方式实施了大类培养模式，并成立了实施大类培养的专门性学院，如复旦大学复旦学院、浙江大学求是学院、北京大学元培学院；也有地方高校的宁波大学、山东理工大学、首都经贸大学等也实施了这一模式。但总体来看，目前国内高校实施的大类培养基本局限在相同或相近学科大类内专业，如经济管理类、机械类等学科大类等，较少跨学科大类培养模式，只有宁波大学、上海大学、北京航空航天大学等少数高校在做跨学科多专业大类培养模式改革。其中以研究型人才作为培养目标的学校多按照以较大的类进行招生培养，而以应用型人才作为培养目标的高校多以相近专业分类。

1.3 大类培养的意义

（1）有利于考生合理填报志愿

因为很多高中生对自己的未来和兴趣爱好都是没有明确的认识，他们不知道自己的兴趣爱好所在，对自己的人生未来没有明确规划，往往都是听从家人的意见。很多学生入校以后，发现这个专业根本不是自己的兴趣点所在，这个时候想换专业已经来不及了。按"大类培养"在一定程度上能帮助缓解学生因为专业没选择好或被调剂的尴尬。这样一来，可以在很大程度上帮助学生提高填报专业志愿时的准确度。

（2）有利于学生开阔眼界，提高社会适应生存能力和创新能力

实行大类培养的学校在一定程度上打破了原有的一些课程体系、课程框架、培养目标，更加充分利用现有的教学资源优势，构建宽口径的课程体系。这样的培养模式，可以给学生提供多方面的知识，不仅是专业上的，还有很多其他专业知识。除了平时的课程，还会有一些其他的课程训练，发展学生的潜在能力，深入打造学生潜力，让学生明白自己的能力所在。这些技能，对于学生以后的学生生活发展，都是极其有益的，能够培养出更多创新型人才。

（3）有利于加强并巩固学生学习热情

高中毕业之后，传统的高校招生模式，大多数是根据学生和家长的自我意愿来选填报考学校和专业的。入学之后，你就只能学习这一专业，大多数情况下，转专业和换专业根本就不现实。因为高考之后的学生，大多数都是刚刚成年甚至

没有成年，他们对自己的未来和认识基本是没有规划的，所以选择专业上很多都是听从父母的意见，而这就会导致学生入学后，通过学习发现自己并不喜欢这一专业，也就会导致学生接下来缺乏学习热情。加之高校的管理方式又比较宽松，只要学生不犯大错，都能顺利混到毕业。所以这就更造成学生的学习懒散，毫无目的性，接下来是得过且过。而按大类培养，学生在专业选择上，拥有了较高的选择权和自主权，专业认同感也会更加提高，可以促进学生的积极主动学习。[3]

1.4 已有工作基础

在对接国（境）外文理学院人才培养模式的学院综合改革过程中，通过研究借鉴国内外高校大类培养模式运行机制，探索跨学科实施大类培养模式改革的途径和措施，建立与之相适应的学分制管理制度体系，为教学实施提供保障（见图1）。

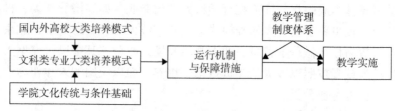

图 1 研究路线

在进行深入调研和研究的基础上，本项目组对应用型人才培养模式及运行机制进行了长期研究和实践，应用型本科人才培养及运行管理研究方面进行了理论探索，积累了较为丰富的实践经验，尤其是 2014 年集中对北京航空航天大学、首都经济贸易大学、复旦大学、宁波大学、浙江工商大学等京内外五所大学的大类培养教学管理和学生管理模式进行考察调研，深入学习了解各校大类培养的培养模式和管理经验。

2. 项目主要研究内容与实践应用

为积极推动学科一体化建设，本项目以"文理兼修、大类培养、自主选择、鼓励探究"为指导思想，将大类培养运行机制研究与学分制改革相结合，积极探索建立学科一体化建设中的文科大类专业大类培养运行机制，并紧密结合一线实践教学，不断提升研究理论的实践运行效果。

（1）完善了通识教育课程体系，建设了一批通识教育必修课程和选修课程，建成了课程中心，丰富了优质课程资源。在文科大类培养专业中增设了《大学数学》《逻辑学》《英语口语》3 门通识教育必修课程，对学生数学逻辑和英语应用能力进行系统化培养和训练；分批对专业核心课程进行院级重点建设和培育，确保学生核心能力培养得到高质量保障；分批重点建设通识教育选修课程，增加学生的选择性，提升通识教育选修课程的质量；评选院级优质课程，鼓励教师投入课程建设，为学生提供高质量课程。同时录制课程宣传片，更直观展示课程内容及教师的风采。在此基础上，建设了应用文理学院课程中心，将专业培养方案、课程文件、教师信息等进行集中展示，为学生自主选课、选专业、选教师等提供支撑。

（2）完成了 2016 级、2017 级学分制人才培养方案修订，建立了课程地图，为学生个性化、多元化培养奠定基础。在坚持一年级（第一学期）大类培养基础上，分别完成 2016 级、2017 级学分制人才培养方案修订，在 160 学分毕业学分保持不变的基础上，允许学生拿出 20 个学分用于跨专业选修，为复合型应用型人才培养奠定制度基础；一年级第一学期文科专业保持大类培养，只开设共同的通识教育必修课程（文科专业）及学科基础课程（理科专业），第二学期开始进入专业学习阶段。

（3）推进了完全学分制改革和全面实行主辅修制，完善了导师制、书院制等配套制度，实现了学生通过选课确定专业的管理机制，给予学生充分的自主权。导师职能主要有三个方面：一是指导学生的日常学业；二是宣传和推广通识教育理念；三是率先垂范，导师丰富的学识、高尚的师德风范和人格魅力、言行举止成为通识教育非常重要的载体。将大类培养推进到完全学分制改革，使大类专业分流变成学生通过自主选课来实现自主选择专业，并在此基础上全面实行主辅制，每个专业都对其他专业开放辅修选课。对导师制进行完善，推出导师坐班制和书院导师辅导，为学生提供选课等指导。

（4）完善了教学质量保障体系，形成教学质量常态监测和动态调整有机结合，为人才培养质量提供可靠保障。建立了稳定的督导专家队伍，并经常化开展教育教学督导工作，开展全员听课等，为人才培养质量提升构建了保障体系。

研究成果的实施效果及推广使用价值。项目成果被应用于学院 2015 级、2016 级和 2017 级本科学生，共 1300 余名学生受益；参与院级重点课程建设和优质课程评选教师 50 余人，提升了课程建设质量。学院学分制改革经验在学校教学例会上进行了展示，为学校全面推行学分制改革提供了借鉴和参考；大类培养和学分制改革 2017 年 6 月 27 日被《北京青年报》和北青网进行了报道以后，被新华网、网易、人民网、搜狐、中国搜索等进行了转载，产生了一定的社会影响。

3. 存在的问题与进一步研究设想

3.1 部分课程的开课量难以满足实际选课需求

试行大类培养带来两个问题：一是仅依据大类培养方案，无法实现学期课程修读需求与课程总体资源完全匹配[4]；二是在专业确认前的大类培养阶段，大类学生专业尚不确定，学生既有可能在大类内确认专业，也有可能跨大类确认。这两个问题都有可能导致某些课程的实际开课需求集中在某个学期，从而超出师资、场地的资源上限。

3.2 选课遗留问题多、效率偏低，学业指导薄弱

选课分多个阶段进行，每个阶段的选课处理均按专业优先进行概率筛选。这种方式虽然保证了选课公平性，但是存在明显不足。学生总会有部分课程被通知选错了教学班，需要重新选择该课程的其他教学班，甚至还会因时间冲突而需要调整前面已经选好的课程。很多学生也不太了解选课过程的渐进性，不熟悉选课相关政策，尤其是专业确认暂未成功的学生碰到的选课问题比较多。这在大类培养环境下因学生前期专业的不确定而显得特别突出。[5]

3.3 大类培养宣传力度不够，专业分流方案不成熟

学院在专业班级可容纳的前提下，依次以学生志愿、学分绩点为依据，进行大类分流的方式。这种方式既考虑到学生的第一志愿，又考虑到学院的承受范围；既维护了学生的选择自主权，又满足了学院的宏观调控。但是每年的4~5月进行专业分流时，因多数同学虽进校近一年时间，但对学院的各个专业了解有限，仅少数同学会选择舍弃原来招生进来时的专业，选择新的专业，多数同学仍选择留在原来的专业，有些学生甚至到大学三年级才真正明白自己想学什么专业，到时后悔想转专业已经没有机会了。

3.4 导师制不健全

虽然学院对导师制进行完善，推出导师坐班制和书院导师辅导，但学院对导师的工作没有具体、量化硬性的要求。责任心强的导师会与学生构建良好关系，责任心弱的导师则形同虚设。

3.5 难构建平台大类课程，培养方案中的部分课程缺乏师资

跨学科的大类培养在国内地方高校鲜有成熟经验，尤其是将大类培养与学分制改革统筹进行研究、实践，还比较缺乏，部分尝试过跨学科按文理大类进行培养的高校，如山东理工大学等已经放弃了跨学科大类培养模式，主要问题是跨学科大类培养难以找到共同的学科基础课，即平台大类课程，只能在公共平台课程上下功夫，比如我们在改革过程中为文科大类专业开设了大学数学、逻辑学、英语口语公共平台课程（通识教育必修课程），但逻辑学师资问题一直没有得到很好解决，因此大类培养、学分制改革存在的最大的问题就是师资制约问题，这也是课程资源建设最大的限制因素。

概而言之，本项目研究本身存在的最大问题是过于专注于实证研究和改革实践，对理论梳理和升华明显欠缺，缺乏能说明相关改革成效的数据支撑，这些都需要在今后进一步努力，挖掘改革后的成效数据，与改革前相关数据进行对比研究分析，并撰写理论研究论文，为深化改革提供理论支撑和方向引导。

参考资料

［1］李斌，罗赣虹. 高校大类招生：精英教育的一种推进模式［J］. 大学教育科学，2012（05）：11-16.

［2］黄晓波. 高校"人类招生培养"改革反思［J］. 华南师范大学学报（社会科学版），2013（6）：43.

［3］梁春花，戴海燕，刘占柱. 本科高校"专业招生，大类培养"模式的研究［J］. 高等农业教育，2018（03）：64-67.

［4］唐苏琼. 高校实施大类招生的利弊分析［J］. 中国高教研究，2009（1）：88-89.

［5］谷辉，刘向东. 基于大类培养的教学运行机制改革探索［J］. 中国大学教学，2013（12）：66-68.